U0827983

股市法则与跨时空纠缠

左侧唤醒与右侧纠缠循环

李洪伟 著

中国财富出版社有限公司

图书在版编目（CIP）数据

股市法则与跨时空纠缠：左侧唤醒与右侧纠缠循环/李洪伟著.—北京：中国财富出版社有限公司，2022.12（2025.2重印）
ISBN 978-7-5047-7855-0

Ⅰ.①股…　Ⅱ.①李…　Ⅲ.①股票交易—基本知识　Ⅳ.①F830.91

中国版本图书馆CIP数据核字（2022）第254309号

策划编辑	杜　亮	**责任编辑**	张红燕　张思怡	**版权编辑**	李　洋
责任印制	梁　凡	**责任校对**	卓闪闪	**责任发行**	董　倩

出版发行	中国财富出版社有限公司		
社　　址	北京市丰台区南四环西路188号5区20楼	**邮政编码**	100070
电　　话	010-52227588转2098（发行部） 010-52227566（24小时读者服务）		010-52227588转321（总编室） 010-52227588转305（质检部）
网　　址	http://www.cfpress.com.cn	**排　　版**	宝蕾元
经　　销	新华书店	**印　　刷**	北京九州迅驰传媒文化有限公司
书　　号	ISBN 978-7-5047-7855-0/F·3528		
开　　本	710mm×1000mm　1/16	**版　　次**	2023年3月第1版
印　　张	16	**印　　次**	2025年2月第3次印刷
字　　数	245千字	**定　　价**	68.00元

版权所有·侵权必究·印装差错·负责调换

我心中有一万个世界

每一个都比今天精彩

目录

contents

绪 论

道之为物，惟恍惟惚。惚兮恍兮，其中有象；恍兮惚兮，其中有物。

——《老子·二十一章》

一、对自然规律的认知就是大道

《老子·二十五章》中云：有物混成，先天地生。寂兮寥兮，独立而不改，周行而不殆，可以为天下母。吾不知其名，字之曰道……人法地，地法天，天法道，道法自然。

《新约·约翰福音》篇首言：太初有道，道与神同在，道就是神。这道太初与神同在。万物是藉着他造的；凡被造的，没有一样不是藉着他造的。

东西方的两部哲学巨著都在论道，老子说“道可道，非常道”，认为道很难言传身教；圣经说掌握了道的就是神，“道与神同在”，可见得道之难。

几千年来，无数先贤、哲人都在试图从哲学上解述道的真相，却终不得其法，直到一批科学巨匠诞生——伽利略、笛卡儿、高斯、欧拉、牛顿、莱布尼茨、达尔文、麦克斯韦、爱因斯坦、拉瓦锡、门捷列夫等。他们从科学的角度，用数学、物理、生物、化学等方法解读自然，认知自然。

于是诞生了几何学、函数、微积分、牛顿运动定律、万有引力定律、电磁学、进化论、化学元素周期表……由地球到宇宙，从宏观到微观，科学引领人类走出迷途，彻底改变人类对自然的认知。

于是，我们被引领着走在认知自然规律的大道上，离真理越来越近。原来，对自然规律的认知就是大道。

本书原意只述股市[①]之道，却发现难以局限于股市，因为股票价格运动的规律本就是自然规律的一部分。

二、存在能长期稳定获利的分析技术吗?

技术分析无用论一直存在，认为技术分析是“事后诸葛亮”。因价值投资闻名于世的巴菲特曾说，如果说技术分析都是骗人的，未免有些太绝对；但如果说它在大多数情况下是骗人的，决不会冤枉了它。这句话代表了大多数人的观点。

但是，2022 年白马股的巨幅回调[②]同样动摇了价值投资派的军心。

其实，根本就不存在所谓的价值投资，只存在是否有投资价值的波动周期。

虚假的技术分析确实同庸医、假药一样害人，投资者若想靠一些粗浅的 K 线知识、技术指标和模型稳定获利，本质上就是自欺欺人。

股市真的不存在精准的分析技术，还是没人点亮这暗夜中的灯塔?

人们没有掌握精准的分析技术并不代表它不存在，好比千万年来自然规律一直在起作用，人类却在最近半个世纪才开始认知它。

股市的运行看起来神秘莫测，令人捉摸不定，然而，运用统计物理学的原理与方法，就可以从无数的偶然性中把必然性提炼出来，找到 K 线运行的规律。

我认为：

真正的分析技术应该像数学一样精确、严谨。

不能用科学理论解释的分析技术是假技术。

不能精准预测的分析技术也是假技术。

下士闻道，大笑之。

上士闻道，勤而行之。

---

① 本书中“股市”的概念代表所有有价证券投资市场。

② 五粮液的股价从 2021 年 2 月的高点 351.59 元回落到 2022 年 11 月初的低点 132.23 元，跌幅为 62.39%。贵州茅台股价从 2021 年 2 月的高点 2565 元跌到 2022 年 10 月底的 1311.09 元，跌幅巨大。

第一章
证券投资理论与分析技术回顾

道常无名，朴虽小，天下莫能臣。

——《老子·三十二章》

天生万物。

人类创造出很多事物，政治、经济、文化都是构成人类文明的核心要素。在经济领域，人类创造了商品、货币，以及股票、债券、期货等基础金融产品和金融衍生品。人类可以对自己创造的事物施加影响，但是这些事物本身又有其自身的演化规律，人类可以影响这些规律的演化节奏，却无法从根本上改变其演化方式。

因为从诞生之初就打上人类的烙印，所以证券市场有与人类一样的“情绪”——低迷、平淡、兴奋、激情。那些跳跃在屏幕上的 K 线，有它们独特的运动规律，每一根都有意义。上市公司赋予它们生命，但它们的运动周期大多与所代表的公司无关。

图 1-1 中的阳线与阴线到底表达了什么？仅仅是代表上涨与下跌吗？几乎每一个证券投资者都知道阳线与阴线，犹如人类熟知太阳每天都会升起一样。

但是人类仰望星空几千年，却并不十分了解宇宙；人们每天沐浴阳光，却并不完全了解太阳。我们会说碧空如海，闲云堆雪，宇宙距离实在太远。好吧，那么，身边的树叶，我们真正了解吗？叶片内含有成千上万个细胞，每个细胞外形不同，携带的 DNA 也不同。叶片内部结构之巧妙，人类至今无法复制。

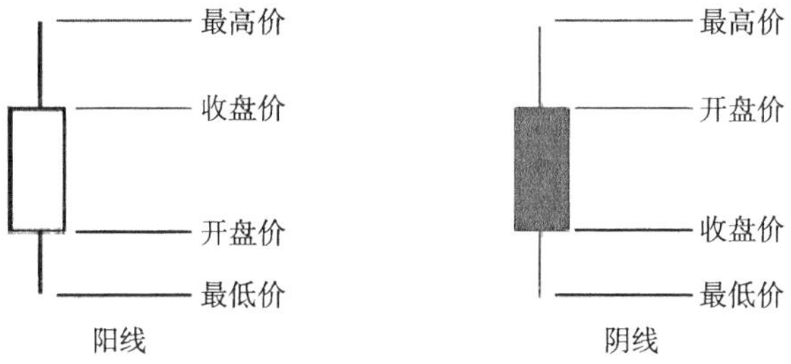

图 1-1 阳线与阴线

看吧，无论是远处还是近处的事物，尽管我们很熟悉它们，但我们未必知道真相。

如同我们不了解一片树叶一样，很多投资者不了解阳线与阴线的真正含义。如果将 K 线的超长运行周期比喻成一棵大树，这一根根阳线和阴线恰恰是这棵树上的叶片，它们吸收交易的能量，决定着后市的涨跌。

我们并不真正了解的由 K 线构成的股市，是我们心中的样子吗？它难道只是一个单纯的交易市场吗？它到底隐藏了什么，让我们看不到它真实的面目？

历史上那些令人心动的牛市大浪，裹挟着巨量的财富，它们将在未来的何时开始？又将在何时结束？到底有没有预测未来的水晶球？

至 2022 年，荷兰股市已历经 413 年，英国股市已 249 年，美国股市也已 211 年。中国股市虽仅仅历经 30 多年却已取得巨大发展，总市值一度突破 100 万亿元。

股市如海洋中的波浪裹挟着巨量财富起起伏伏，吸引着人们对其价格运动进行分析解读，力图掌握其运行规律，由此产生了证券投资分析理论。

几百年来，人们发现，导致证券价格波动的因素很多，包括各种政治和经济因素、技术因素、投资者心理因素引发的羊群效应等，主要分为两类：基本因素和技术因素。

相应地，影响较大的证券投资分析方法也有两大理论体系：基本分析法和技术分析法。

一、基本分析法

影响证券价格波动的基本因素主要包括国家及世界的政治形势、重大政治事件、重大卫生事件、政府政策、宏观经济运行态势、行业发展趋势、公司经营状况等。因此，基本分析就是对影响证券市场供求关系的基本因素进行分析，确定有价证券的真正价值，判断证券现行价位是否合理并描绘出它长远的发展空间，依此为投资者提供选择股票的依据。

基本分析法认为影响证券内在价值的因素有三类：一是政治形势、政府政策、宏观经济环境；二是所处行业发展状况；三是上市公司经营治理状况。如果经营得当、盈利丰厚，内在价值就高，反之内在价值就低。

基本分析法的一般思路是：利用丰富的统计资料、多种多样的经济指标，采用比例、动态的分析方法，从宏观的政治、经济形势入手，进行中观的行业兴衰分析，再从微观角度分析企业的经营状况和发展前景，从而对有价证券做出接近现实的评价，并尽可能预测未来的趋势，作为投资者的投资依据。

基本分析法的确立以1934年本杰明·格雷厄姆和大卫·多德的《证券分析》一书出版为标志，此后出现以沃伦·巴菲特为代表的价值投资流派和以彼得·林奇为代表的增长投资派。基本分析法的精髓在于把分析的重点放在宏观政治经济的走势及证券的内在价值上，而忽略那些引起价格短期波动的因素。

格雷厄姆在《证券分析》一书中，区分了投资与投机的定义："投资是一种通过认真分析研究，有指望保本并能取得满意收益的行为。不满足这些条件的行为就是投机。"很明显，他认为通过动机比外在表现更能区分投资与投机——借款去买证券并希望短期内获利的决策就是投机。

格雷厄姆根据自己的研究分析，提出了股票投资的三种方法：横断法、预期法和安全边际法。其中，横断法即投资组合。格雷厄姆认为应以多元化的投资组合取代个股投资，相当于ETF（交易所交易基金）。预期法分为短期预期法与成长股预期法。格雷厄姆认为这两种都不易判断，短期预期法相当于短线炒作，成长股预期法相当于现在炒新能源预期。安全边际法是指通过对公司内在价值的估算，比较其内在价值与股票价格之间的差价，当两者之间的差价达到安全边际（即通常说的价格低于价值）就可以进行投资。

格雷厄姆是价值投资理论的奠基人，他的证券分析理论影响了一代又一代投资者，如沃伦·巴菲特等新投资大师，更是价值投资理论的践行者。沃伦·巴菲特进一步丰富了价值投资理论，核心为三大要素：

安全边际（市场提供）

精选企业（宽宽的护城河）

长期持股（和时间做朋友）

价值投资派认为，没有人能够预测利率、经济形势及股票市场的走向，不要去搞这些预测；投资标的是投资的公司而非股票，应该集中精力了解你所投资的公司状况，研究目标公司的内在价值，然后在处于安全边际时买入目标公司股票并且长期持有。

在几大证券投资分析方法中，基本分析法与技术分析法、现代数学模型等其他分析方法相比，处于无可撼动的地位。

一生重视基本分析的巴菲特成为世界巨富，有力地证明了基本分析法相比其他分析方法确有优势——那就是找到最好的，然后在最好的时间段长期拥有。

在政权社会中，人们能认识到的最好的东西大多有迷人的表象：肥沃的土地、精美的珠宝、宏伟的宫殿、传世的名画……而在证券市场中，最好的东西则多隐藏于表象之下，循环于周期之中，所以找到并拥有就成了考验投资者鉴别能力的寻宝之旅。

不过，巴菲特在资本市场的巨大成功有其独特的、复杂的历史经纬，很难复制，那就是在超级大国中投资了全球最杰出的上市公司，并且与其一起成长。这些优秀公司与这个发达国家的国运相连，具备资本获得廉价性、管理文化先进性、企业文化渗透性及科技产品领先性等特质。而这些投资条件当时在其他国家中很难同时具备。

所以源于基本分析法的价值投资理论，与其说是一种理论，不如说是一种基于概率论的最佳选择、最优策略。

而这些基于主观逻辑的策略，恰恰是基本分析法的可取之处。

二、技术分析法

技术分析法是证券投资的一种重要的传统方法。它主要从市场行为本身出发，运用统计学、心理学等科学原理及方法，分析价格、成交量等已经发生的市场资料数据以预测价格的变动趋势。由于技术分析法多用图表和各种技术指标作为市场分析的工具，又被称为图表分析法。与基本分析法相比，技术分析法主要有以下几个特点。

（1）技术分析法运用公开的市场信息。公开的市场信息来自市场本身，包括价格、成交量和技术指标。技术分析派认为只有市场信息是与之相关的。

（2）技术分析法的重点在于价格变动而不是价格水平。技术分析通过对价、量、技术指标等市场信息的分析，判断价格变动的趋势，决定投资的时机，它不考虑有价证券的价格水平是否有投资价值。而基本分析法侧重于分析有价证券的内在价值，根据“价格低于价值”做出投资决定。

（3）技术分析法侧重于投资时机的分析，帮助投资者决定何时买卖金融商品；基本分析法侧重于金融商品内在价值的分析，帮助投资者决定买卖何种商品。

（一）技术分析法的理论基础基于三大假设

（1）认为市场行为涵盖一切信息。这是技术分析的基础。技术分析派认为影响股票价格的所有因素都反映在市场行为中。

（2）价格沿趋势而动。这是技术分析最根本、最核心的因素。该假设认为股票价格的变动是按一定规律进行的，股价有保持原来运动方向的惯性。

（3）历史会重演。该假设是从人们的心理因素方面考虑的。如同杰西·利弗莫尔说“华尔街没有新事物”一样，投资者的行为必然受某些心理因素的制约。比如在某一场景下，如果一个人得到某种结果，那么下次，当同样的场景出现时，他就会认为会有相同的结果，在投资中，就会倾向于采用相同或相反的操作。

（二）技术分析法的四要素

价、量、时间、空间。

价和量是市场行为的最基本的表现，证券价格走势的基本表现就是成交价和成交量，证券的历史就是成交价和成交量的历史。

量价关系充分反映了买卖双方对市场的认可程度和心理状态。交易双方对股价的反向认同程度通过成交量的大小得到确认：看多的会买入，看空的会卖出；反向认同程度越高，成交量越大；反向认同程度越低，成交量越小。当反向认同程度降低，成交量呈缩量状态，多空能量趋于平衡，此时市场随时可能发生变盘。

但是由于市场心理的复杂性，在股票走势中所表现出来的量价关系同样具有复杂性。

放量、缩量、背离、同步是四个重要概念，它们不仅形成了整个量价关系的基础，也对股票的未来走势产生深刻影响。

（1）放量。

放量是指某个时间段的成交量与其历史成交量相比明显增大的状态。

（2）缩量。

缩量是指某个时间段的成交量与其历史成交量相比明显减小的状态。缩量与放量呈相反的对等关系，理解了放量就理解了缩量。

（3）背离。

背离即量价背离，是指成交量增减与股价涨跌不匹配，也就是说成交量增减的幅度与股价涨跌的幅度不一致、不匹配。

背离按趋势可分为上涨背离和下跌背离，就是股票在上涨或下跌过程中所出现的背离状态；按量价关系可分为正背离和负背离；按区域可分为单日背离和区域背离。

一个完整的背离状态都是由以上三种性质构成的。

上涨正背离，即价涨量缩，是指股价大涨而成交量呈缩量的状态。

上涨负背离，即价低量增，是指股价小涨或不涨而成交量大增的状态。

（4）同步。

量价同步，是指成交量增减与股价涨跌相匹配。量价同步可分为上涨同步和下跌同步，分别表现为：成交量增加，股价上涨，形成价涨量增的状态；成交量减少，股价大跌，形成价跌量减的状态。

（三）技术分析的主要流派

技术分析的主要流派包括：道氏理论、艾略特波浪理论、循环周期理论、切线和形态分析理论、技术研判指标、移动平均线理论、K 线理论。

技术分析法的共同特点是：试图从股票价格过往的波动中归纳出股票价格的波动规律，并以此来预测未来的股价变化。

1. 道氏理论

道氏理论由《华尔街日报》的编辑查尔斯·亨利·道于 19 世纪末创立。道氏于 1884 年首先编制了道琼斯股价平均指数，并认为，如果平均指数的波动在一段较长的时期内，其高点一个比一个高，而低点同样一个比一个高，那就是上升趋势，称为“牛市”；反之，如果指数的高点一个比一个低，而低点同样一个比一个低，就是跌势，称为“熊市”。

道氏理论将股价的波动分为长期趋势、中期趋势和短期趋势，认为牛熊市都由三个阶段组成。

（1）长期趋势。

长期趋势又叫原始趋势、主要趋势，是指股票市场持续 1 年或 1 年以上的价格变动趋势。股票市场长期趋势包括两部分：一是长期上涨趋势，形成多头市场；二是长期下跌趋势，形成空头市场。《股市晴雨表》作者汉密尔顿认为，多头市场的平均长度约为 25 个月，而空头市场的平均长度大约为 17 个月。

（2）中期趋势。

中期趋势又叫次要趋势，是指长期上涨趋势中股价的中期下跌，或者长期下跌趋势中股价的中期上涨现象。道氏认为，中期趋势的持续时间为 2 周到 1 个月，其调整幅度大约为长期上涨或下跌趋势的 1/3、1/2 或 2/3。中期趋势与长期趋势密切联系，相互配合，是长期上涨或下跌过程中的必要的短期性调整，不影响主要趋势的方向。

（3）短期趋势。

短期趋势又叫日常波动，是指股价 1 周内的小幅度波动。短期趋势对次要趋势起整固作用，不影响次要趋势的方向。由于短期的股价波动持续时间比较短且容易受人为操纵的影响，其趋势分析的意义不强。不过，股价的短期趋势是中期趋势和长期趋势形成的基础。

道氏理论开创了技术分析的先河，但失效于个股的缺陷也非常明显。

2. 艾略特波浪理论

艾略特波浪理论是拉尔夫·纳尔逊·艾略特发明的一种价格趋势分析工具，即根据周期循环的波动规律来分析和预测股市指数和价格的走势。

艾略特波浪理论运用了趋势理论，考虑了价格与时间因素，运用了黄金分割率，内含斐波那契数列（1，1，2，3，5，8，13，21，34，55，89，144，…）。

艾略特波浪理论认为，一个完整的价格运动包括两个过程：上升过程、下跌过程。

最基础的浪形分为：推动浪、调整浪。一个推动浪分为 5 个小浪，一个调整浪分为 3 个小浪。这个过程又称 8 浪循环。股价连续经历 5 次波动而上升，当完成了 5 次波动上升（推动浪）后，接着会出现 3 次波动下降（调整浪）。如此 8 次波动构成股价变动的一个循环。

一个循环结束后，接着又开始第二轮 5 次波动上升和 3 次波动下降的调整。最后以 5 次波动上升宣告全部上升过程结束，得出波浪比率及形态。

另外，推动浪的 5 个组成浪有四个规律，分别是在同一级循环中：

（1）2 浪绝不能低于（上升浪）或高于（下降浪）1 浪的起点。

（2）在 1、3、5 浪中，3 浪的长度不能是三者中最短的一个。

（3）假如 1、3、5 浪中任何一个浪成为延长浪，其余两个浪的持续时间及幅度会趋于一致。3 浪通常为延长浪，是最具攻击力及幅度最大的主浪。

（4）4 浪的底不可低于 1 浪的顶（上升浪）。

艾略特 8 波浪如图 1-2 所示。

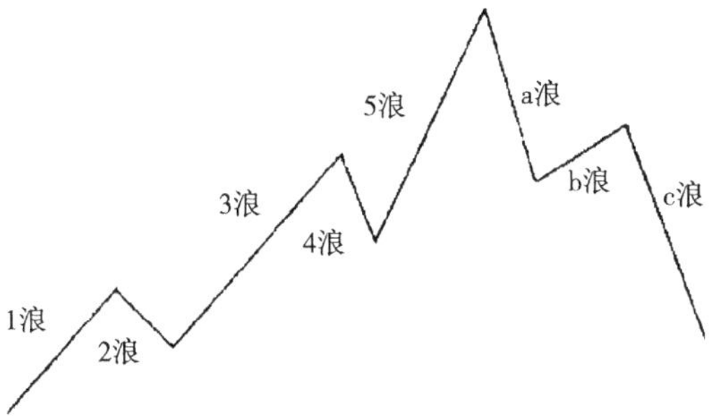

图 1-2　艾略特 8 波浪

（1）1 浪是 8 浪循环的开始，通常是上升 5 浪中最短的，且上升浪中的延长浪的幅度大小是由 1 浪决定的。所以，多数投资者将 1 浪的大小作为入市的重要依据。

（2）1 浪上升后，由于空头的压力还大于多头，2 浪回调的幅度往往很深，有时会跌到接近 1 浪的起点。

（3）3 浪往往是最有攻击力的延长浪，这段行情上升的持续时间经常最长，幅度也大。

（4）在 5 浪中，题材龙头股票涨幅常常大于其他股。

（5）下跌 a 浪出现时，多数人心态还比较乐观，持观望态度，实际上这已是熊市开始的信号。

（6）b 浪表现出上升行情，投资者经常陷入表象上的“多头陷阱”而被套牢。此浪通常被称为逃命浪。

（7）c 浪是跌势强劲、幅度大、时间长的全面性下跌浪，此时投资者要谨慎出入股市，尤其要分清这是上升浪的调整波，还是下降浪的调整波，前者会出现股底，后者则是股顶。

艾略特认为，大周期波浪可分为超级循环（约 50 年）、循环（约 10 年）、基本循环（1~4 年）、次级循环（约 6 个月）、短期循环（约 6 周）。所有这些循环都是按斐波那契数列展开的。超级循环由上升 1 浪、下降 1 浪（共 2

浪）构成；循环由上升 5 浪、下降 3 浪（共 8 浪）构成；基本循环由上升 21 浪、下降 13 浪（共 34 浪）构成；更小的次级循环由上升 89 浪、下降 55 浪（共 144 浪）构成；短期循环则是由上升 377 浪、下降 233 浪（共 610 浪）构成。也就是说，浪中有浪。

大周期波浪中的循环如图 1-3 所示。

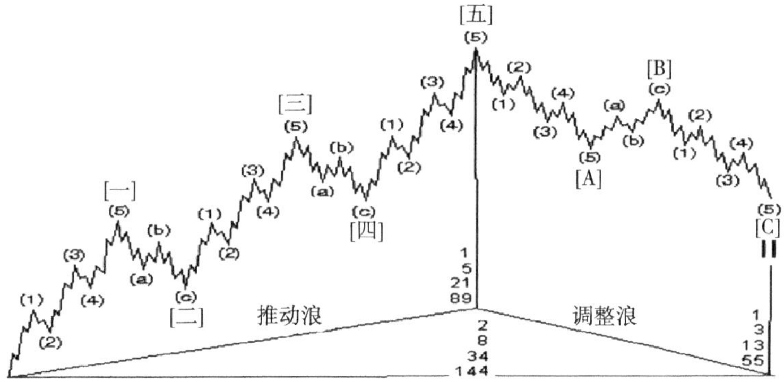

图 1-3 大周期波浪中的循环

资料来源：360 百科，《艾略特波浪理论详细的规则和指引》。

艾略特波浪理论存在主观性，最大的缺陷是难以应用，浪的层次的确定和浪的起始点的确定是应用波浪理论的两大难点，让人迷糊。投资者，甚至包括艾略特本人，很多时候都会受一个问题的困扰：一个浪是否完成，是否开始了另外一个浪呢？有时一个人认为是一浪，另一个人认为是三浪，而且各有道理。看错的后果在风险极高的股票市场中十分严重。

投资者在实际应用艾略特波浪理论时，在遵循其基本规定的前提下，仍存在难以辨别浪形级别的问题，一个浪存在几种级别的可能，也就是投资者常说的“千人千浪”，这也是许多人认为艾略特波浪理论难以应用的重要原因。

因此，艾略特波浪理论是主观分析理论。

3. 循环周期理论

循环周期理论认为事物的发展过程遵循一定的时间周期，比如康波周期。康波周期的核心观点认为金融市场会以 50~60 年为周期进行波动，一个大波里面包含四个小波：繁荣、衰退、萧条、回升。这也是美林投资时钟理论的基础。但是康波周期的时间跨度过长，对投资者的具体指导作用不够明显。

4. 切线和形态分析理论

切线和形态分析理论是在道氏理论的基础上，遵循趋势理论发展起来的股票理论。切线包括支撑线、压力线、轨道线、扇形线、黄金分割线等反映趋势变化的切线，为投资者追踪K线趋势提供了很多判断技巧。

形态分析是根据价格图表中过去一段时间所走过的轨迹形态，分析、预测价格未来变动趋势的一种方法，形态主要包括反转形态和整理形态。反转形态有M头、W底、头肩顶、头肩底等；整理形态有三角形、楔形、扇形、旗形、喇叭形、矩形、箱形等。

切线及形态分析理论只是K线技术分析法的工具，投资者应该“择其善者而从之”。

5. 技术研判指标

一些投资者根据各种技术分析的研判指标做出投资决策。

（1）MACD指标，又叫指数平滑异同移动平均线指标，是一种研判股票买卖时机、跟踪股价运行趋势的技术分析工具。

（2）KDJ指标，又叫随机指标，综合了动量观念、强弱指标及移动平均线的优点，被广泛用于股市的中短期趋势分析。

（3）威廉指标（W%R），又叫威廉超买超卖指标，是目前股市技术分析中比较常用的短期研判指标。

（4）相对强弱指标（RSI），又叫力度指标，是目前股市技术分析中比较常用的中短线指标。

（5）CR指标，又叫中间意愿指标，是一种分析股市多空双方力量对比、把握买卖股票时机的中长期技术分析工具。

（6）SAR指标，又叫抛物线指标或停损转向操作点指标，是一种简单易学、比较准确的中短期技术分析工具。

（7）CCI指标，又叫顺势指标，是一种重点研判偏离度的技术分析工具。

（8）MTM指标，又叫动量指标，是一种专门研究股价波动的中短期技术分析工具。

（9）BOLL 指标，又叫布林线指标，是一种研判股价运动趋势的中长期技术分析工具。

以上各种技术研判指标是技术分析者常用的工具，每一个技术研判指标都有其运用范围和条件，并非放之四海而皆准。当投资者依据技术研判指标发出的信号做出买卖决策时，并不意味着行情一定会按照指标预设的方向演化。

6. 移动平均线理论

移动平均线也是投资者常用的指标。移动平均线的研判法则如下。

（1）买进法则。

当移动平均线从下降转为水平，并且向上移动，而收盘价从平均线的下方与平均线相交并越过平均线，形成多头发散的趋势时，买进。

当收盘价在移动平均线上方运行，虽然出现回调，但没有跌破移动平均线又回头补量上升时，买进。

若收盘价曾一度跌至移动平均线下方，但移动平均线仍保持上升势头，可以买进。

若收盘价在移动平均线下方运动，突然股价暴跌，距离移动平均线很远，买进。

（2）卖出法则。

若股价在移动平均线上方运动，并呈现上升趋势，离移动平均线越来越远，可以止盈卖出。

当移动平均线由向上逐渐转为水平且呈下降趋势，股价从移动平均线的上方与其相交之后跌至其下方，形成空头排列的趋势时，卖出。

若收盘价在移动平均线下方移动，反弹时没能突破移动平均线，而且移动平均线正处于下降趋势，卖出。

当股价在移动平均线附近徘徊，而移动平均线正呈明显的空头发散形态时，卖出。

以上就是投资专家葛兰威尔提出的移动平均线八大买卖法则，如图 1-4 所示。

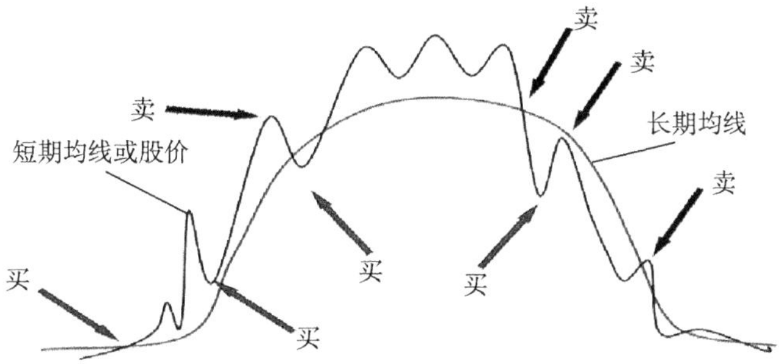

图 1-4 葛兰威尔法则

移动平均线有以下特点：趋势追踪性、反应滞后性、趋势稳定性、助涨助跌支撑性和具备压力线的特性。

移动平均线的缺点很明显：在行情盘整时，买卖信号过于频繁，投资者无所适从；移动平均线的最佳日数与组合，确定起来十分困难。因此，仅靠移动平均线的买卖信号，投资者无法获得确定的赢利。

7. K 线理论

K 线理论是指利用 K 线形状及其组合情况，推测市场中多空双方力量对比情况，判断多空优劣及其性质的一种理论。

K 线图源于日本，被当时日本米市的商人用来记录米市的行情与价格波动，后因其细腻独到的标画方式而被引入股票及期货市场。用这种方法绘制出来的图因形状颇似一根根蜡烛而被称为蜡烛图，这些蜡烛又有黑白之分，因此 K 线图也叫阴阳线图（见图 1-5 中阳线）。

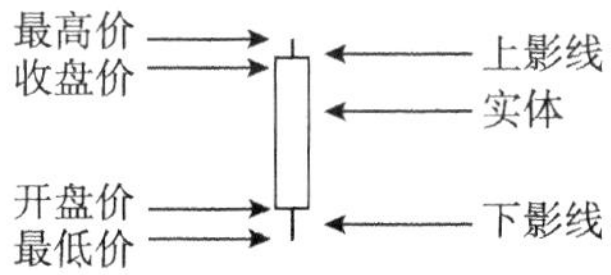

图 1-5 K 线（阳线）

单根 K 线记录的是某只股票某一时间段（如一天）的价格变动情况，把 K 线按时间顺序排列在一起就成了 K 线图。在短线分析中常用 5 分钟、15 分钟、30 分钟、60 分钟、120 分钟 K 线图，日常分析中常用日线、2 日线、周线和月线图。

根据有无上下影线、开盘价与收盘价位置的不同，单根 K 线呈现多种形态，这些形态的 K 线都是由 K 线的基本形态演化而来的。一般来说，K 线的基本形态包括上下影阳线、上下影阴线、光头阳线、光头阴线、光脚阳线、光脚阴线、光头光脚阳线、光头光脚阴线、十字星、T 字线、倒 T 字线、一字线 12 种。

投资者常用单根 K 线或多根 K 线组合来研判后市，并命名为锤头线、吊颈线、启明星、黄昏之星、红三兵、乌云盖顶、阳包阴、阴包阳等等，在此不一一列举。同时，还可以把 K 线与移动平均线结合起来进行分析。也可把 K 线与其他分析手段结合起来使用。

但是投资者在应用 K 线分析技术时应注意的问题很多，主要是技术认知的碎片化导致 K 线分析的错误率是比较高的。在应用过程中，K 线分析方法必须与其他方法相结合而且必须根据实际情况，不断修改、创造和调整组合形态。各种 K 线组合的意义不尽相同，对新手来说，掌握难度太大。

但即使是熟知 K 线理论的投资者，也做不到稳赚不赔。因为现在的 K 线理论仍然是基于经验统计的应对策略，没有反映出真正的价格运行规律。

（四）基本分析法与技术分析法的缺陷

综上，就目前而言，基本分析法和技术分析法都存在缺陷，只是提出了基于逻辑概率和经验统计的主观应对策略，而没有发现并确认精确且具备客观性的运动法则。

这些基于逻辑概率和经验统计的应对策略，要么只见树木不见森林，要么只见森林不见树木，理论宽泛化，技术解析主观化，相对股市的真相而言仍处于盲人摸象和摸石头过河的阶段。

特别是在现有的几种技术分析理论中，技术分析四要素——量、价、时间、空间各自为战，未能出现综合四要素的统一的理论，距离真相好像还有很远。

人们常说，有涨有跌是股市规律，如同几千年来人们知道太阳东升西落一样，这只是一种宽泛的认知。而直到1543年哥白尼提出了日心说，人类才知道是地球自转形成了太阳东升西落的现象，又经历了300多年之久，地球自转现象才被法国科学家傅科的摆动实验证实。至此，人们对太阳的东升西落现象从基于经验的宽泛认知过渡到科学的理论认知。

所以，证券市场中不是没有精确而客观的规律，而是我们对事物真相的认知过程是一点点拓展的，它建立在无数前人探索的基础之上，就像牛顿所言："如果说我看得比别人更远些，那是因为我站在巨人的肩膀上。"

自然界中的一切事物都有其结构及规律，从生物细胞结构到元素周期表排列，从天体运行轨道到原子结构——我们身边的一切事物都在依精确的规律运行。

那么，股市运行的规律到底是什么？

苏格拉底说："承认自己的无知，乃是开启智慧的大门。"

现在就让我们清空之前对证券市场的主观认知，一起从本书中学习股市真正的运行法则，了解惊人的真相。

参考文献

[1] 谢三百．证券投资学［M］．北京：清华大学出版社，2005.

[2] 吴晓求．证券投资学［M］．5版．北京：中国人民大学出版社，2020.

第二章

重新认识箱体运动

道生一，一生二，二生三，三生万物。

——《老子·四十二章》

一、箱体运动的特征

首先，我们把技术分析法中的切线理论和形态理论统一整编为箱体运动理论，去芜存菁，原有形态理论中的几何形态为箱体的外形，保留箱体的边轨线，其余的统统扔掉。

历史是螺旋式上升、波浪式前进的，股票的 K 线运动也是，而且前进过程中又呈现鲜明的箱体运动特征。

波浪的反转节点形成箱体边轨，同时又受制于箱体，犹如人类建造了房屋，同时又受限于房屋。

怎么理解箱体呢？

箱体无处不在，包括有形的和无形的，限制着事物的活动范围。星体受制于轨道，生物受控于形体，江河宽而有岸，山岳高而有边——这些就是箱体；国家、朝代、民族、政党、宗教、五洲四洋、动物的领地，以及个人的家庭、单位、朋友圈——这些也是箱体；宏观如宇宙、银河系、太阳系、地球，微观如细胞、病毒、原子——这些还是箱体。

箱体，就是事物在某一个领域的活动范围、认知范围、认同及被认同范围、接受及被接受范围，所以万事万物无时无刻不处于多个箱体之中。

江山易改，禀性难移。人的本性就是顽固的箱体。道不同不相为谋，说的就是认知箱体。

箱体具有舒适性：比如单位、集体、团队、家庭、信仰、房间等，让人有归属感、方向感、安全感、舒适感。

箱体具有约束性：共同的认知形成规则，对箱体内的事物形成约束，箱体内的自由是受限制的。

箱体具有局限性：箱体会抗拒任何试图击破它的力量，本能地排斥箱体外的事物，固守自己的认知，最终因循守旧。

任何新的箱体终有一日会变成旧箱体，除非进行自我革命主动转换箱体，否则早晚会被新的箱体取而代之，但自我革命不同于螃蟹脱壳、蟒蛇蜕皮，那只是换汤不换药。转换箱体必须符合事物的发展方向。

如果不能以自我革命的方式转换，旧箱体就会于认知的末端在内因和外因的作用下破碎。历史上无数次流血革命，都是新箱体取代旧箱体的过程。

革命会招来镇压，创新也经常会被质疑和笑话。所以，革命和创新都是九死一生，因为成功的箱体突破只有一次。

因此也可以说，事物是以箱体运动的方式向右侧循环的。

二、箱体运动在技术分析中的应用价值

K 线的波浪运动呈现出鲜明的箱体特征，单根 K 线同时处于或大或小的多个箱体之中。

图 2-1 中，海信家电（000921）运行五年多还没有走出老箱体。

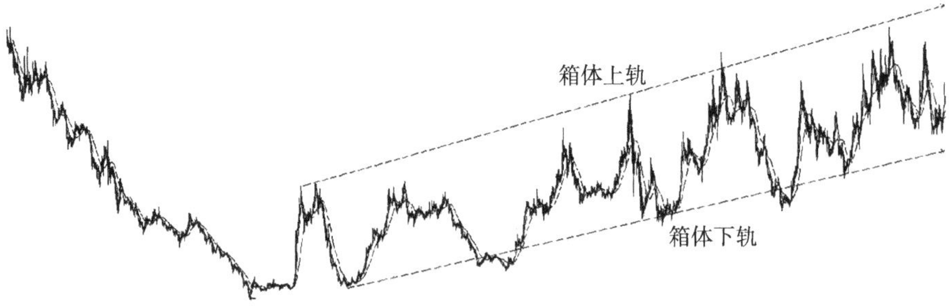

图 2-1 海信家电（000921）K 线

飞亚达（000026）运行了二十多年的箱体，偶有突破，终又回归，如同离家玩耍的孩子，离开家不知所踪，回来后就放心了，因为家控制了孩子的活动空间（见图 2-2）。

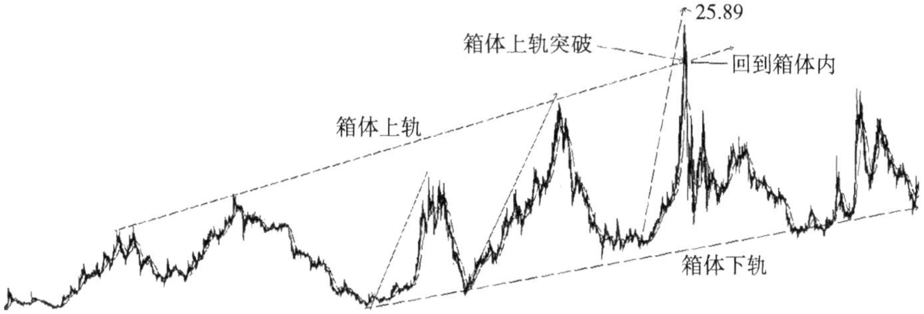

图 2-2　飞亚达（000026）K 线

声光电科（600877）运行十几年的宽大箱体，上下轨间接近 4 倍振幅，此股票完美诠释了箱体与浪形的纠缠互生理论（见图 2-3）。

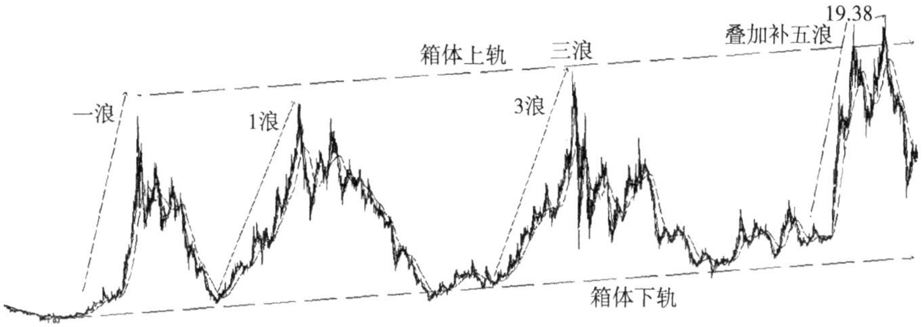

图 2-3　声光电科（600877）K 线

图 2-4 中，伊利股份（600887）周线图这种箱体因为运行时间太长而疲态尽显，箱体下轨被击破是迟早的事。

从以上的图中可以看出，波浪的形态与箱体结构纠缠互生，波浪的转折点形成箱体边轨，箱体是波浪运动的阶段几何形态。

事物总是在运行到箱体的上下轨时发生转折，因为上下轨是有阻力的。比如，有些人在挑战道德底线时会受到斥责，因为这是人们不能容忍的，道德底线就是箱体下轨；运动员在挑战世界纪录成功时，会得到鲜花与掌声，

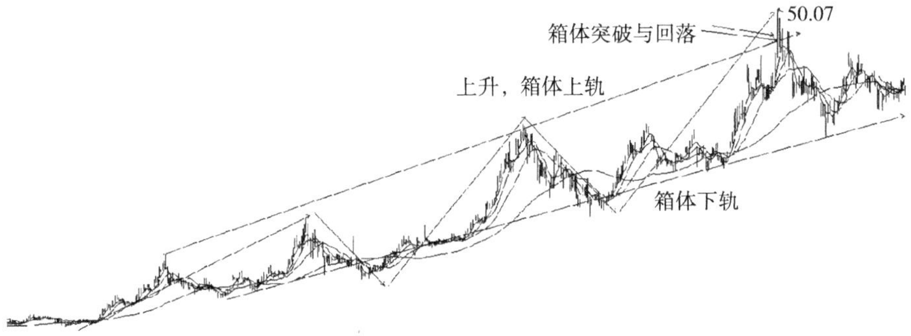

图 2-4 伊利股份（600887）周线

因为这是绝大多数人望尘莫及的箱体上轨。

婚姻亦如此。为什么婚前海誓山盟的夫妻会离婚呢？因为恋爱阶段，人们互相展示的是最好的一面，因精心准备而光鲜靓丽、举止优雅、幽默风趣、魅力十足，这是人生箱体的上轨区域；婚后，人们不可避免地显露出下轨区域，生气、疲惫、邋遢、抱怨、懒惰、粗野、小气种种，直到其中一人说“我受够了”，于是婚姻走到终点。离婚的人通常接受不了婚姻中另一半在人生箱体下轨区域的表现，只想拥有好的一面。

图 2-5 为鲍斯股份（300441）倾斜向上收缩的三角形箱体，可以看到，股价在跌破收缩箱体下轨后一泻千里。

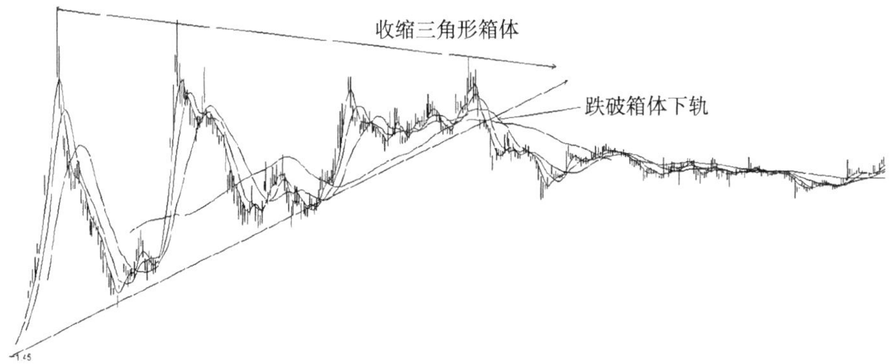

图 2-5 鲍斯股份（300441）K 线

深刻理解箱体运动的本质，利用箱体内运动的可控性，结合浪形分析，可以预判右侧 K 线的大致运动范围。

国家在调控宏观经济发展时常说要保持经济运行在合理区间，这个“合理区间”就是箱体。它的上下轨都不能被轻易击穿，上轨被击穿表明经济过热，下轨被击穿则有可能带来经济增长失速。

股票运动箱体同样存在这个道理。

图 2-6 中，江苏索普（600746）箱体上轨存在压力，下轨存在支撑。

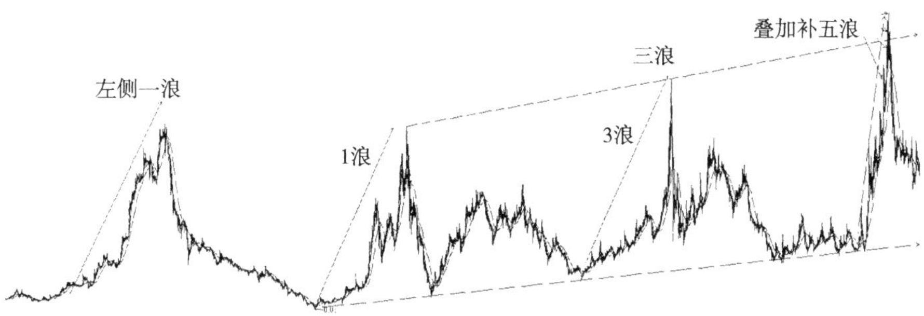

图 2-6 江苏索普（600746）K 线

箱体与浪形纠缠互生。比如一国的疆域和动物的领地（即箱体），既可以通过侵略行为扩大，又可能因被侵略而缩小。

因此在股票操作时，要遵循箱体运动的规律。在历史穿越浪中，要以最陡箱体跟踪股价。一旦浪形高点叠加上轨击穿，极可能出现止盈高点。在调整区间开仓时，要以小箱体下轨为止损线，一旦股价向下走出箱体，就要果断止损，因为箱体内是可控的，而且你还不知道将要形成的箱体是什么样子。

图 2-7 中，中盐化工（600328）左侧箱体虽相隔时空仍然影响着右侧大浪的走势，右侧浪形高点与箱体上轨击穿动作叠加，出现确切的止盈高点。

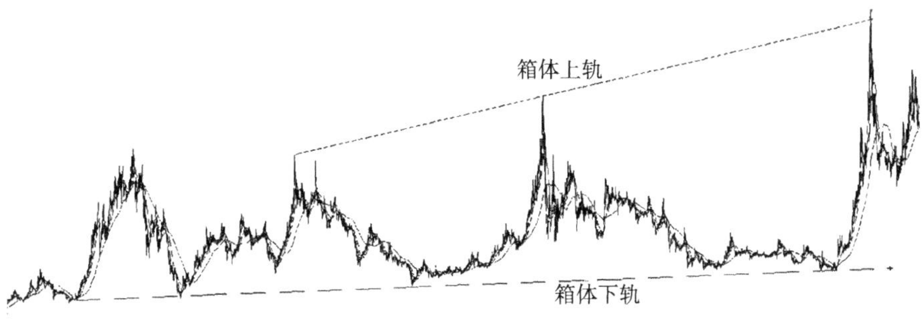

图 2-7 中盐化工（600328）K 线

综上，箱体运动理论在技术分析中有如下作用：

（1）在形成鲜明箱体特征的股票中，左侧箱体上下轨可以作为预判右侧K线运动范围的参考。

（2）一个长期的调整周期如果要改变运动状态，首先要进行箱体突破，在此之前，调整箱体的上下轨线就成了压力线和支撑线，压力线的突破与否就成为判断箱体是否转换的信号之一（见图2-8）。

（3）大箱体的上轨结合浪形结构分析可用于判断止盈区域；建仓点位所处的小箱体下轨通常作为设置止损位的参考。

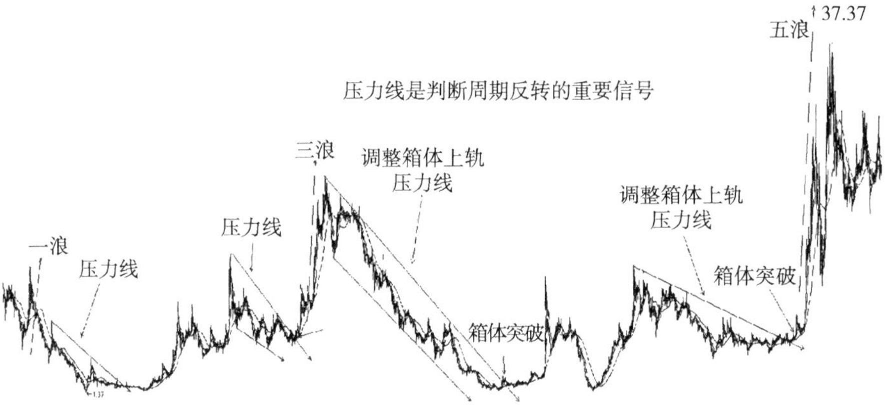

图2-8　深华发A（000020）K线

箱体运动理论仍是基于经验统计的总结，在箱体边轨的设定上存在主观性，每个人的画法不尽相同，因此，箱体运动理论只能作为技术分析的辅助工具使用，只能择其“擅”者而用之。

第三章

准确定义五浪基本结构

人法地，地法天，天法道，道法自然。

——《老子·二十五章》

一、斐波那契数列、最小势能原理与五浪基本结构

多数投资者熟悉 K 线理论，但并不了解每根 K 线的真正意义。K 线是股票价格运行图，每根 K 线都是其所在周期的组成部分，除了常用的日线、周线、月线，根据分析需要还可以设为 45 分钟线、120 分钟线、2 日线、3 日线等。每根 K 线都处于开始循环、接续循环之中，脱离左侧运动周期谈论单根 K 线是没有意义的。

（一）K 线基本知识

K 线以波浪形式循环运行。下面我们再来复习一下艾略特波浪理论。

艾略特根据股票市场资料，结合斐波那契数列发现股票价格运动遵循五个上涨浪、三个下跌浪（即五上三落结构，称八浪循环）而循环进行。一般认为这种浪形是股价运动的基本结构。

但艾略特波浪理论发现了上涨的五浪结构，没发现下跌浪也是五浪结构，而不是 a 浪、b 浪、c 浪或以其他浪形下跌。

也就是说，股票的 K 线运动始终遵循五浪上涨与五浪下跌的基本结构，即正五浪与负五浪（见图 3-1）。

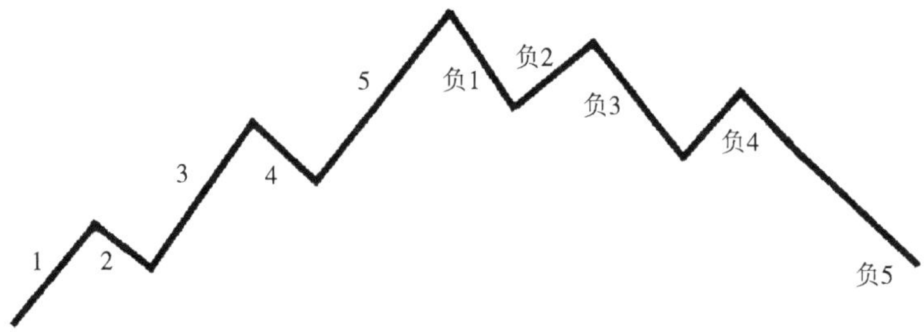

图 3-1　正五浪与负五浪

（1）上涨基本结构。

一浪上涨、二浪回调、三浪上涨、四浪回调、五浪上涨的上涨基本结构，也称“正五浪基本结构”。

（2）下跌基本结构。

一浪下跌、二浪反弹、三浪下跌、四浪反弹、五浪下跌的下跌基本结构，也称“负五浪基本结构”。

我将之称为正五浪与负五浪，简称五浪基本结构。

图 3-2 是国投电力（600886）运行 20 余年的大五浪周期。

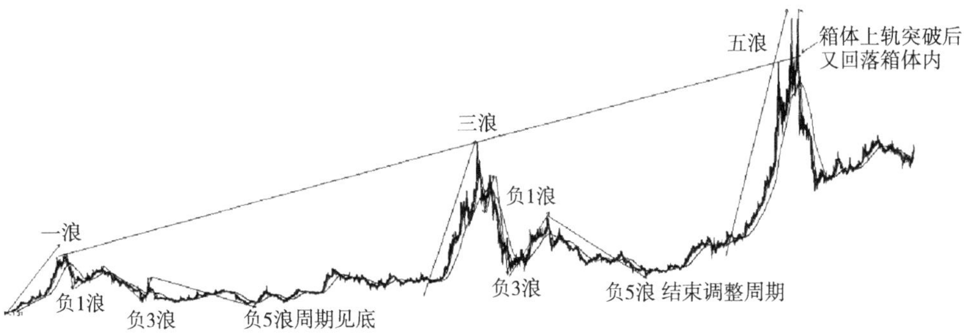

图 3-2　国投电力（600886）大五浪周期

（二）五浪基本结构的斐波那契原理

下面我们来详细了解五浪基本结构的斐波那契原理。斐波那契数列源于自然，是自然界最省力结构的一种数学表达。

斐波那契数列是数学家斐波那契以兔子繁殖为例引入的，如下：1，1，2，3，5，8，13，21，34，55，89，…

这样一个完全由自然数组成的数列，通项公式却是用无理数来表达的。而且当 n 趋近无穷大时，前一项与后一项的比值越来越逼近黄金分割数值 0.6180339886…

1÷1=1，1÷2=0.5，2÷3=0.666…，3÷5=0.6，5÷8=0.625，…，55÷89=0.617977…，…，144÷233=0.618025…，…，46368÷75025=0.6180339886…

所以，斐波那契数列又称黄金分割数列。

自然界中黄金分割数列无处不在，人们在各个领域都发现了斐波那契数列，比如人类在观察大自然时发现，树木在生长的过程中会长出分枝，如果我们从下到上去数分枝的个数，就会发现经常是 1，1，2，3，5，8，13…，刚好形成斐波那契数列；大自然中的花朵各有各的美丽，但几乎每朵花花瓣的总数都会选择斐波那契数列的数字。

这些植物懂得斐波那契数列吗？并非如此，它们只是按照自然的规律进化成这样。这是种子排列的“最省力结构”，它能使所有种子具有差不多的大小又疏密得当，不至于在圆心处挤得太多而在圆周处稀稀拉拉。叶子的生长方式也如此，对于许多植物来说，每片叶子从中轴附近生长出来，为了在生长的过程中一直都能最佳地利用空间获取阳光，每片叶子和前一片叶子之间的角度应该为 137.51°，形成“黄金角”。向日葵的种子排列形成的斐波那契螺旋有时能达到 89 条螺线，甚至 144 条螺线。1992 年，两位法国科学家通过对花瓣形成过程的计算机仿真实验，证实了在系统保持最低能量的状态下，花朵会以斐波那契数列长出花瓣。

斐波那契数列是自然规律的数学表达之一，在自然界中的表现同样符合最小势能原理。

根据最小势能原理，在几何可能的一切容许位移中，真实的位移使总势能取最小值；反之，使总势能取最小值者也必是真实的位移。使总势能取最小值的方向就是物体运动阻力最小的方向。

最小势能原理属于物理学范畴，但同样可以用来解释自然现象。植物在生长的过程中面临残酷的生存竞争，经过漫长的自然选择，枝、叶、花、果的生长排列方式必须符合最小势能原理，才能使自身获得的宝贵能量的利用效率最大化，这样才得以生存、繁衍。

所以斐波那契数列也是最小势能数列。

二、K 线运动始终遵循五浪基本结构

斐波那契数列的前五项是 1，1，2，3，5。

你会发现，在 5 之后，数列前后项之间的差距开始拉大，也就是说，越向后排列，保持稳定性就需要越多的基础势能。

这一点，我们可以通过南宋数学家杨辉发现的杨辉三角来加深理解。

在数学中，杨辉三角是出现在概率论、组合学和代数中的二项式系数的三角形数组。杨辉三角中的对角线之和，就是斐波那契数列，如图 3-3 所示。

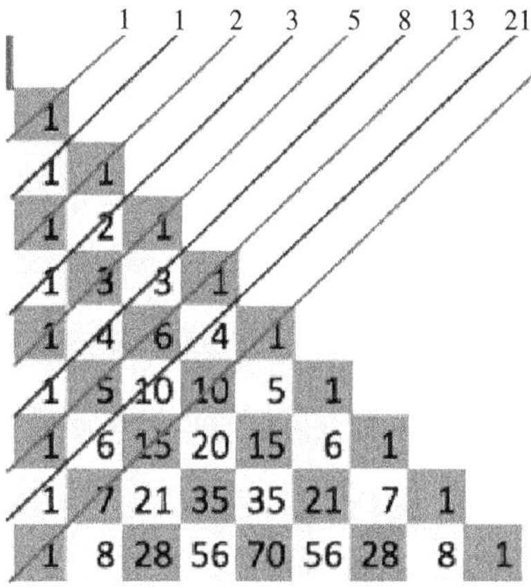

图 3-3 杨辉三角

资料来源：《科技日报》2022 年 2 月 24 日刊载文章《大自然的隐秘技能：神奇的 Fibonacci 数列》。

杨辉三角向下可以无限延展。随着数列项的增加，三角可以无限向下拓宽延展，1，1，2，3，5 数列项永远处于尖顶位置。从上向下看，1，1，2，3，5 是斐波那契数列的起点；从下向上看，1，1，2，3，5 反而是杨辉三角永恒的终点，永远处于这个无限延伸大三角的最小压力位置。

K 线运动遵循的五浪基本结构符合斐波那契数列与最小势能原理，因为 K 线的运动方向也必须是阻力最小的方向。

五浪结构是 K 线运动的基本结构。所有的周期浪形，无论相隔时空长短，都始终遵循并终将完成五浪基本结构。

如果把股市比喻成亚马孙的丛林，那么五浪基本结构既是所有植物的根，又是它们的干和叶，也是它们的形，贯穿于所有植物的整个生命周期。

从图 3-4 中可以看到，五浪结构是 K 线全周期（所有周期）运行的基本结构。

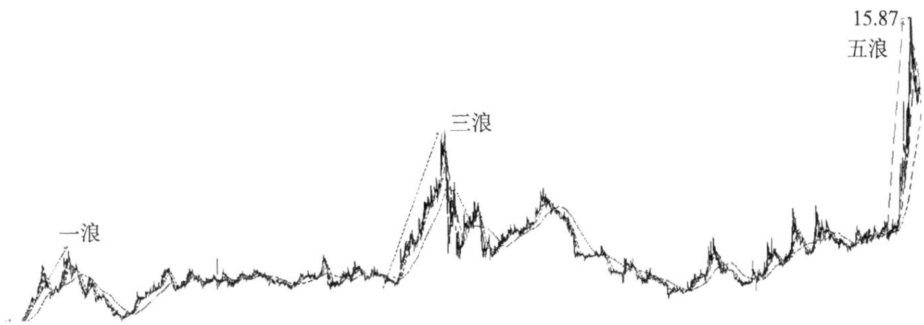

图 3-4　农发种业（600313）五浪结构

图 3-5 中，中青旅（600138）的每浪之间相隔七八年，最终走完大五浪结构。

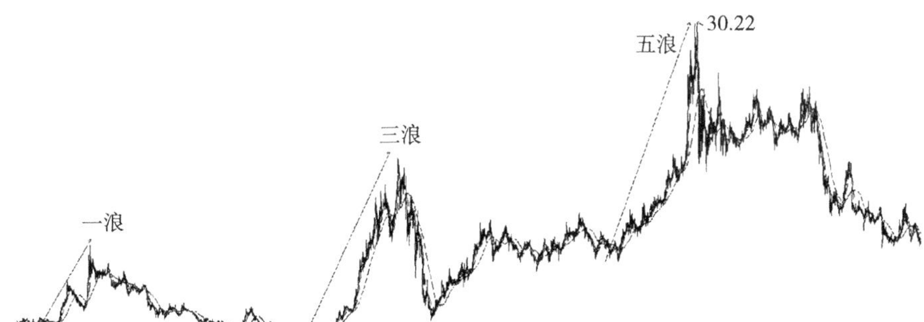

图 3-5　中青旅（600138）大五浪结构

图 3-6 中，中牧股份（600195）在 20 多年间走完大五浪结构。

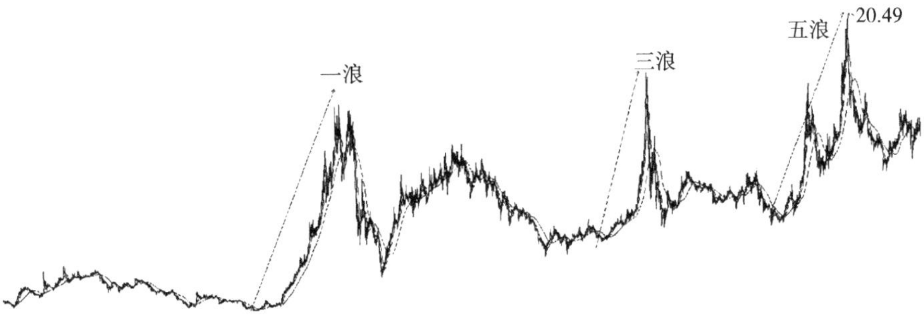

图 3-6 中牧股份（600195）大五浪结构

图 3-7 中，厦工股份（600815）这只股票用 28 年完成了一个超级大五浪结构。

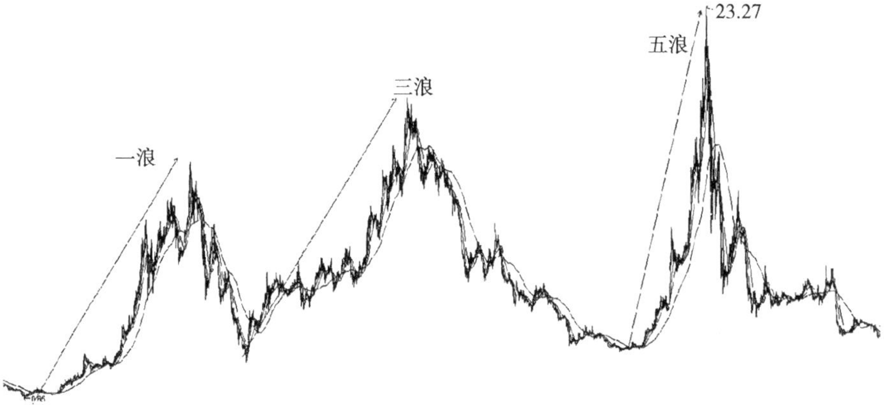

图 3-7 厦工股份（600815）超级大五浪结构

正如宇宙中有正物质也有反物质，事物有正循环也有负循环一样，K 线的波浪运动也有正五浪和负五浪。

K 线的运动始终遵循正负五浪的基本结构。

图 3-8 是北京君正（300223）完整的负五浪调整及之后的大补五浪。

图 3-9 为大宗商品之王纽约原油期货的周 K 线图，负五浪下跌结构清晰且完美。

图 3-10 中，天齐锂业（002466）负五浪下跌周期结束后产生反弹浪。

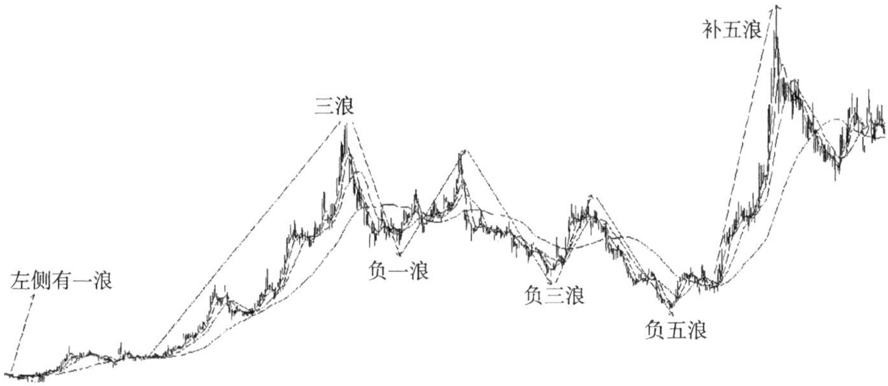

图 3-8 北京君正（300223）完整的负五浪调整及之后的大补五浪

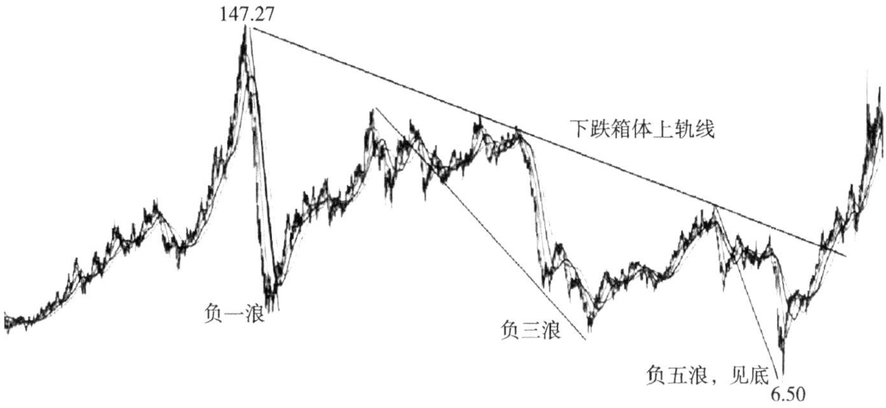

图 3-9 纽约原油期货周 K 线

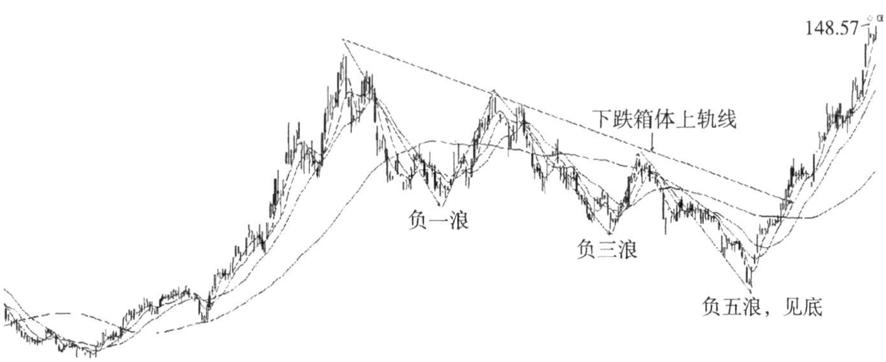

图 3-10 天齐锂业（002466）K 线

图 3-11 是天山铝业（002532）负五浪调整周期与之后的补五浪，最后完成上涨大五浪结构。

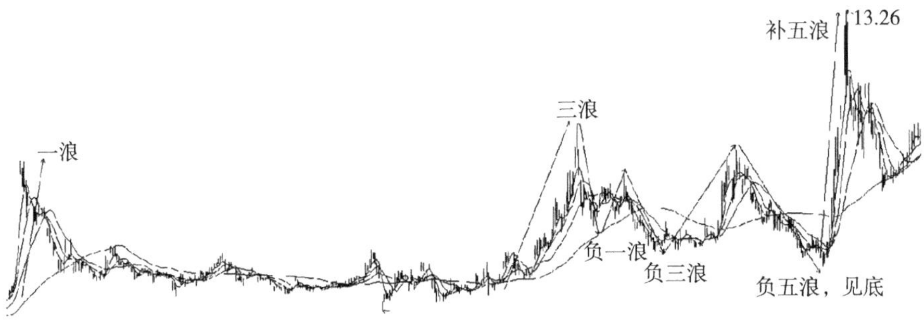

图 3-11 天山铝业（002532）K 线

K 线的正五浪与负五浪运动都遵循斐波那契数列，而斐波那契数列是自然界最省力结构的数学表达之一。不管在任何周期中，周线、日线、120 分钟线、60 分钟线、30 分钟线，甚至是分时运动，都一样遵循正五浪与负五浪的基本结构。

图 3-12 中，云铝股份（000807）负五浪调整周期结束后恢复上涨周期。

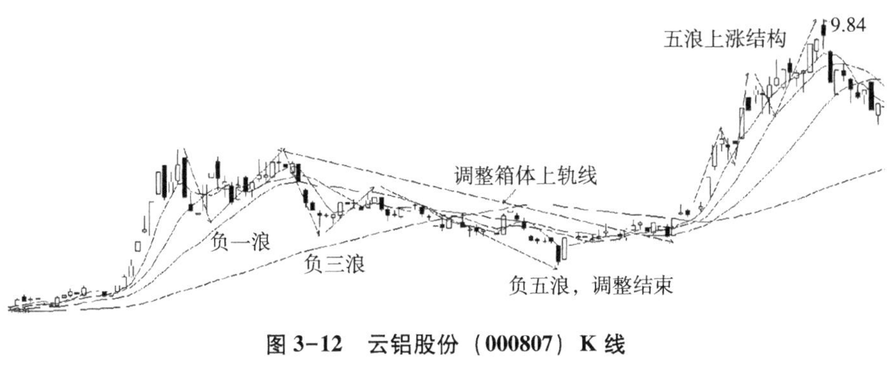

图 3-12 云铝股份（000807）K 线

图 3-13 是鲁西化工（000830）负五浪调整与之后的补五浪。

图 3-14 是美股英伟达（NVDA）日线，可以看到，在 T+0 的交易市场中同样遵循五浪结构，无论周期的大小。

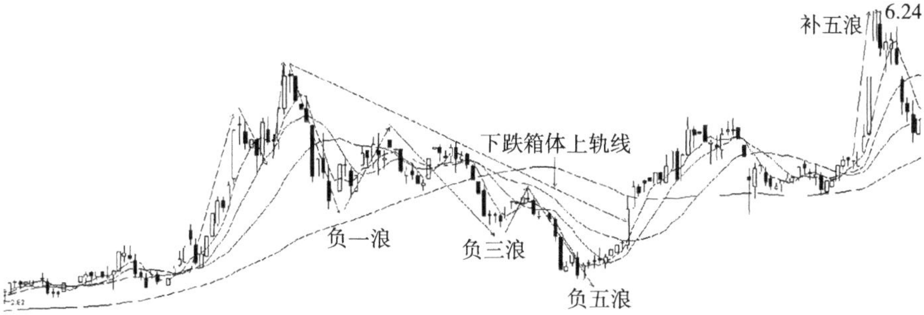

图 3-13　鲁西化工（000830）K 线

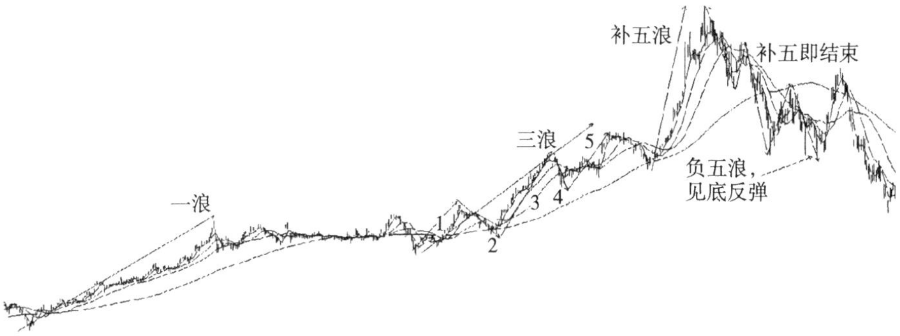

图 3-14　美股英伟达（NVDA）日线

三、一三指方向，补五即结束

《易·系辞上》云：易有太极，是生两仪，两仪生四象，四象生八卦。

《老子·四十二章》又云：一生二，二生三，三生万物。

言尽万物纠缠循环之道。

风起于青萍之末，浪成于微澜之间。亚马孙森林里的蝴蝶振翅就可能引起得克萨斯州的一场风暴，一切大循环都源于微不足道的小循环。任何历史穿越大浪都源于最小的周期，这就是每一根 K 线的意义所在。

既然任何周期都遵循并终将完成五浪基本结构，这里就存在一个规律，那就是不管在上涨周期还是下跌周期中，只要五浪基本结构结束，股价便开始转向；在五浪基本结构中，一浪、三浪起到了指示股价的五浪运动方向的作用，即正一浪、正三浪指出正五浪的运动方向，负一浪、负三浪指出负五浪的运动方向。而五浪就是结束浪，是左侧一浪与三浪的补浪，我称之为补五浪。

为了便于应用，我将之总结为：

一三指方向，补五即结束。

“一三指方向，补五即结束”明确了每一浪的运动性质，是对K线五浪基本结构的提炼。

图3-15是2019年的5G牛股东方通信（600776）的K线图，左侧一浪、三浪特征鲜明，五浪从低点计算，涨幅近10倍，最后“补五即结束”，股价大幅回调。

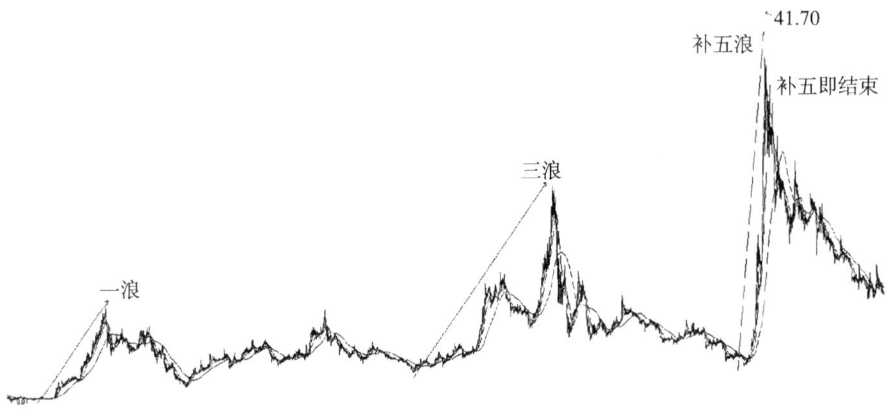

图3-15 东方通信（600776）K线

图3-16显示了精华制药（002349）完美的五浪结构，补五浪出现后上涨周期结束。

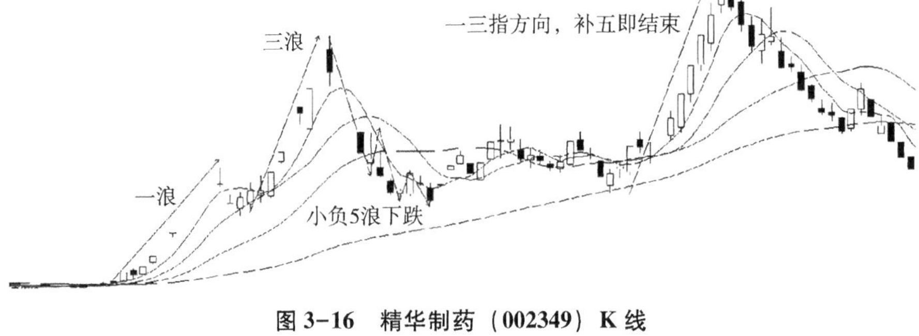

图3-16 精华制药（002349）K线

图 3-17 中，东方通（300379）完成大五浪结构后“补五即结束”。

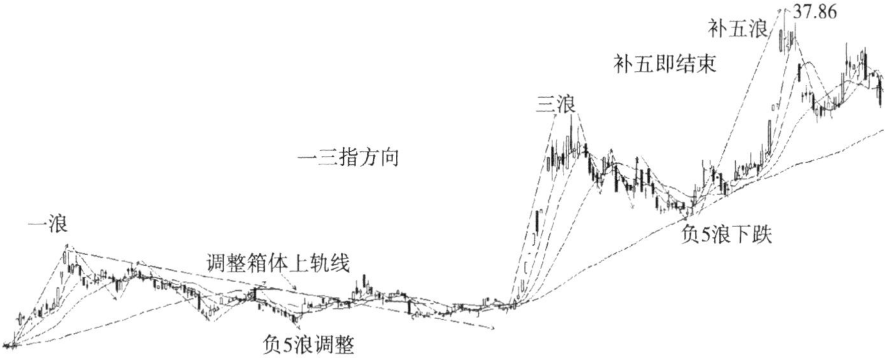

图 3-17 东方通（300379）K 线

图 3-18 是京投发展（600683）横跨 30 年的大五浪结构，图中一浪、三浪特征鲜明，而后“补五即结束”。

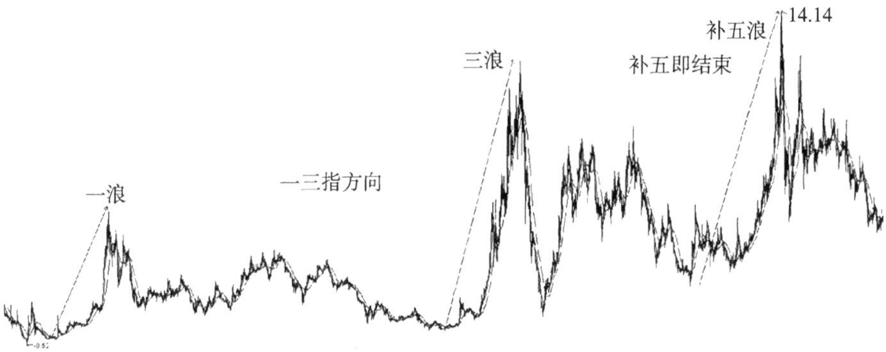

图 3-18 京投发展（600683）K 线

在这里，我们会看到一个现象：在大周期中，出现一浪、三浪后，并不是立即就会出现五浪，五浪通常会出现在跨时空的右侧，在时空右侧将一浪、三浪形成后的五浪补充完整，因此称为“补五浪”。

若左侧存在技术特征鲜明的一浪和三浪，右侧就存在补五浪，只是时空间隔长短而已。补五浪一定会高过三浪高点，但会高出多少应该具体分析。

所谓技术特征鲜明的一浪、三浪，就是指三浪在涨升过程中的速度和量

能大于一浪，或者说三浪的浪形结构大于一浪的浪形结构。

图 3-19 中，川投能源（600674）的超大五浪结构周期跨越 10 余年，一浪、三浪技术特征鲜明，三浪的浪形结构大于一浪的浪形结构。

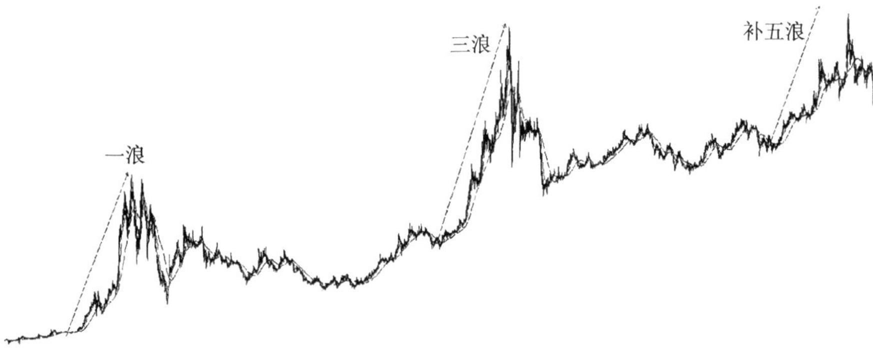

图 3-19　川投能源（600674）K 线

“一三指方向，补五即结束”无论周期大小都适用，因为这是股价波浪形态的基本法则，在大周期中“补五即结束”，在小周期中则“补五即回调”。在大周期中，一浪、三浪、五浪会间隔很远，甚至长达数年，而补五浪总会出现。

每一浪的顶点又都是自身周期的补五浪，并且在补五浪后，时空回撤都十分巨大，会进入漫长的负五浪结构。

图 3-20 是上海石化（600688）横跨十几年的大五浪结构，气势磅礴，美如画卷。

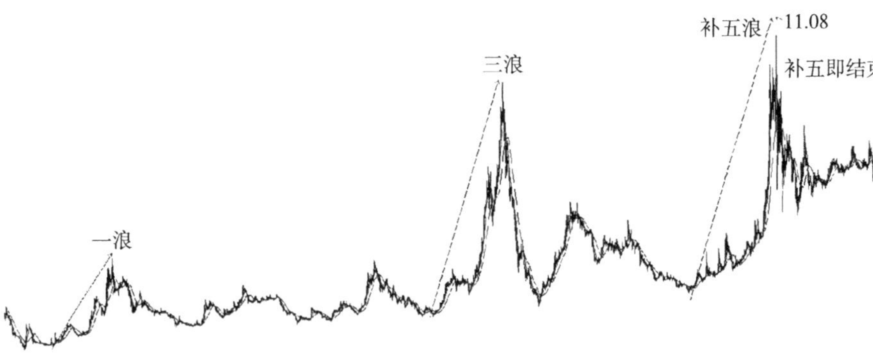

图 3-20　上海石化（600688）K 线

图 3-21 中，深振业 A（000006）补五即结束后股价甚至跌回原点。

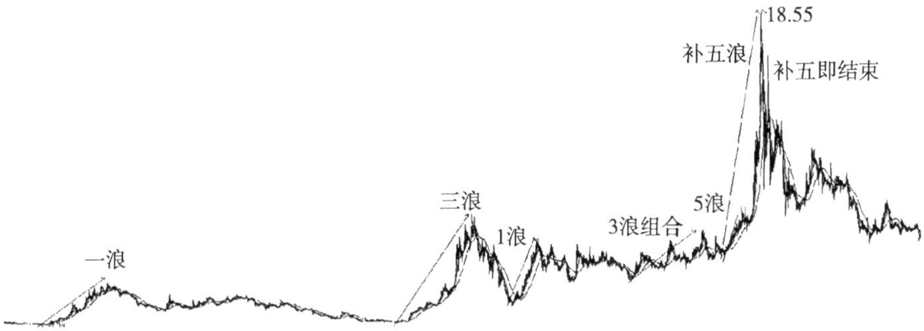

图 3-21 深振业 A（000006）K 线

图 3-22 是美股理想汽车（LI）日线，可以看到五浪上涨结构与负五浪调整周期。

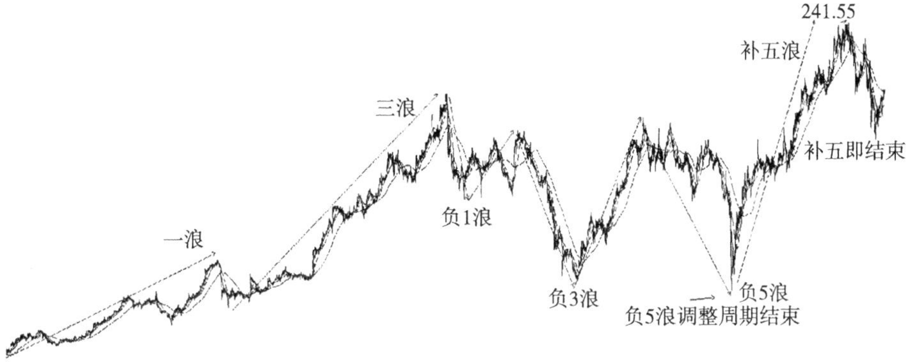

图 3-22 美股理想汽车（LI）日线

既然是规律，就有普适性。“一三指方向，补五即结束”的重要性排在第一位，它适用于所有周期、所有投资市场，从底部小阴小阳类极小的周期浪形，到与左侧历史大浪发生纠缠的历史穿越大浪。它是 K 线波浪运动的基本法则。

如同细胞是生物体结构的基本单位一样，五浪基本结构就是 K 线运动的基本结构。

图 3-23 为伦敦金属交易所铜期货周 K 线大五浪走势图，其三浪中的补五

浪尤其经典。

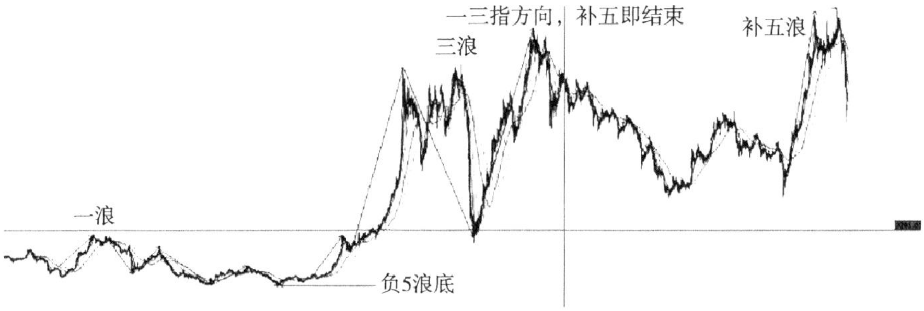

图 3-23 伦敦金属交易所铜期货周 K 线大五浪走势

图 3-24 为伦敦金属交易所铝期货周 K 线图，完美诠释了"一三指方向，补五即结束"的运动规律。

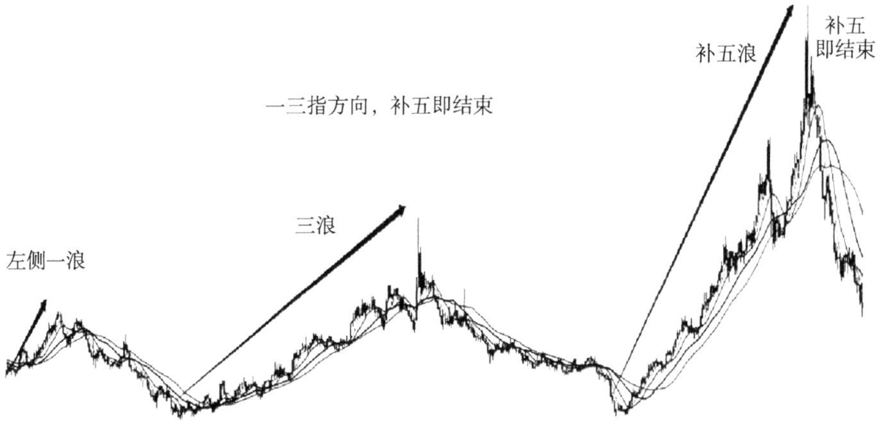

图 3-24 伦敦金属交易所铝期货周 K 线

如果哪一天你贪心没卖出，后来股价大幅回调，一定是大周期补五浪结束；如果哪一天你刚开仓就被套，一定是该股票刚结束小周期补五浪。

特别是大级别补五浪浪形顶部，既是自身的拉升五浪顶部，又必定是左侧历史大浪的补五浪，双浪叠加，股价必定大幅回调，进入漫长的下跌周期。若此时不卖出或买入，简直就是悲剧，实力再雄厚的基金也是枉然。

图 3-25 为比特币价格运行图，可见补五即结束是铁律。

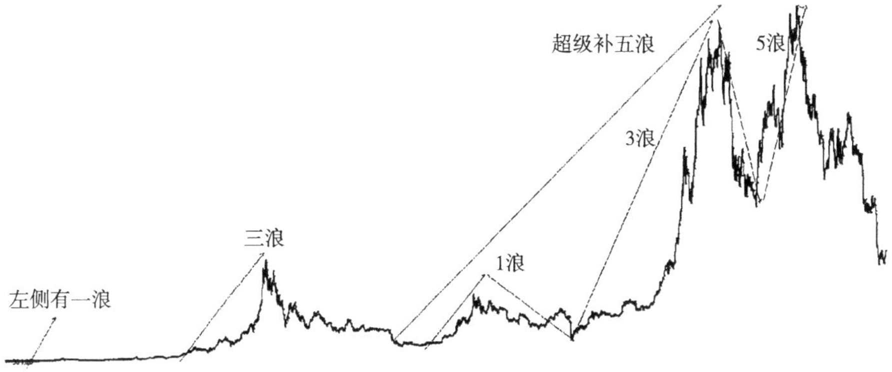

图 3-25　比特币价格运行图

比特币可谓人类在数字世界想象力的神来之笔，催生了巨大的炒作泡沫，无数人为之疯狂，其价格暴跌，也让无数人的财富梦成空。比特币曾经催生了挖矿机等庞大的经济链，但是同样逃不过“补五即结束”的宿命（此例仅用来说明“补五即结束”的普适性，本人极不赞成炒作虚拟货币）。

在 2017 年的雄安新区行情中，多少巨资在补五浪位置上买入，之后股价慢慢下跌，跌到比起点还低。

图 3-26 中，冀东水泥（000401）的第七个一字板正好打开在补五浪位置，当天所有买入资金都“悲剧”了。

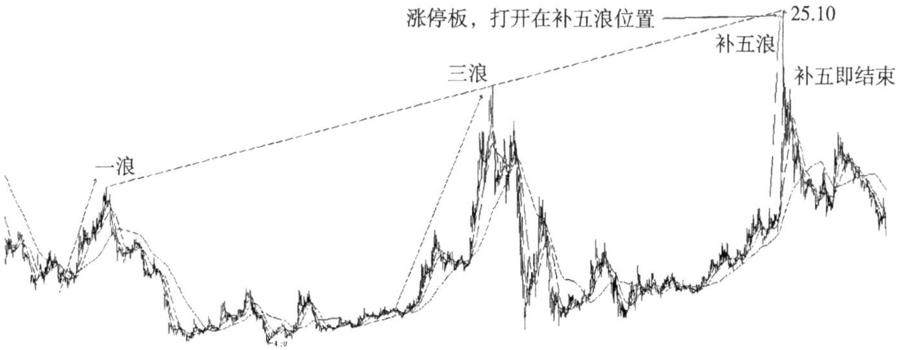

图 3-26　冀东水泥（000401）K 线

图 3-27 是创业环保（600874）在 2017 年雄安新区行情中形成的流畅的五浪结构。

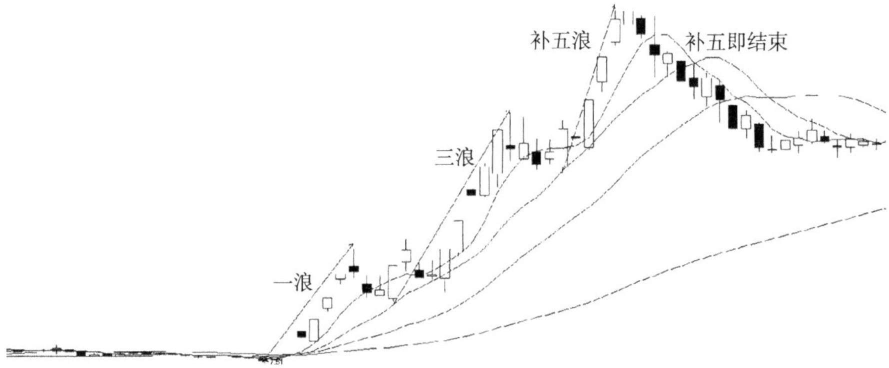

图 3-27 创业环保（600874）K 线

有些激进型投资者喜欢打板，经常有当天封板封得很好，次日却直接出现跌停板的现象，令人一头雾水。投资者可以检查一下，当天追进的涨停板可能位于分时上攻浪的补五浪上，同时可能是左侧相应节点的补五浪，两个结束周期叠加，导致“补五即结束”。

图 3-28 中，在英力特（000635）补五浪的位置，封板也无用，左侧小 5 浪周期结束。

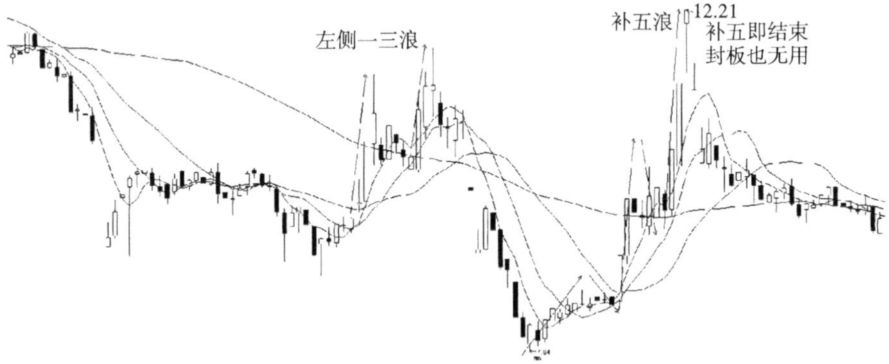

图 3-28 英力特（000635）K 线

图 3-29 中，如果投资者在长城电工（600192）补五浪上追板将会出现巨亏，因为不懂“补五即结束”的法则。

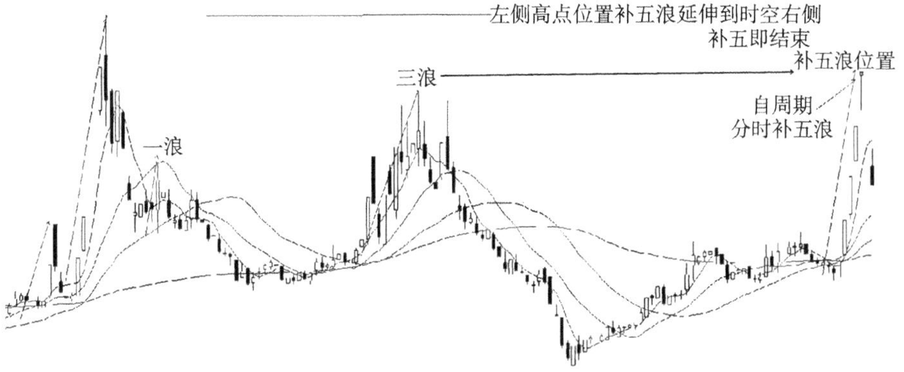

图 3-29　长城电工（600192）K 线

图 3-30 中，江化微（603078）的补五浪上是实体涨停板，但处在左侧一浪、三浪和自周期（右侧即时运动所处周期称为自周期，以区别于时空左侧周期）两个补五浪的叠加纠缠上，涨停也是结束，所谓“强弩之末，势不能穿鲁缟”，就是这个道理。

深幅回调后小周期重建，补上左侧浪的五浪周期后仍然是结束，因为右侧同样是五浪结构，补上左侧浪的同时自身也是补五浪，两个补五浪，就更是结束了。投资者要细细体会。

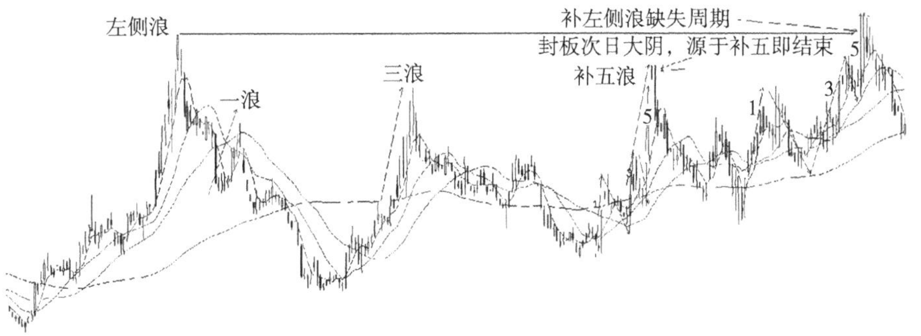

图 3-30　江化微（603078）K 线

“一三指方向，补五即结束”是对五浪涨跌规律的深化与提炼，但读者不可机械地背口诀。只有灵活结合浪形结构、运动箱体，包括后面讲的“补量补价”，才能运用自如，否则就好比有的学生虽然能熟练背诵各个公式定理，却依然做不对试卷中的考题。

比如，连续拉涨停板是最疯狂的分时上涨浪周期，一字板是分时的继续，可以与前一日的分时走势连接起来。每次涨停板的打开、打开幅度都不是无缘无故形成的，都是有意义的，代表着分时最快五浪结构的极短线二浪、四浪回调周期，当这种分时五浪结构走出补五浪，即使是涨停板也要出局，因为次日极可能直接出现跌停板。

很多盲目的“打板客”交了无数学费，还是没弄懂这个道理。

大利空引发的股灾周期同样如此。在连续的跌停板中，每次跌停板的打开动作都是极短线分时五浪结构的组成部分。明白了这些，你就会知道在哪个打开动作该迅速出局，在哪个位置又会出现强劲反弹。

为什么有些明确的利好消息却导致股价高开低走而后“跌跌不休”？为什么有些利空消息却使股价低开高走而后“涨涨不停”？高开在左侧浪形的补五浪上当然会高开低走，低开在负五浪上自然就会低开高走。一切都取决于股价处于纠缠浪形的什么位置。

所以，“一三指方向，补五即结束”虽然只有 10 个字，运用起来却是奥妙无穷。

那么，什么样的涨停板可以追？相对左侧纠缠即将开始的、自身浪形周期未结束的。

什么样的下跌浪可以抄？左侧出现强一、三转向浪后，回调浪正好跌到负五浪位置的；如果是大补五浪后的下跌，就要等待负五浪的-5 浪出现。如图 3-31 所示，股价在左侧的正五浪时空结构中创下 91.13 元的历史新高，而后“补五即结束”，进入“负五浪时空结构”，其中负五浪又由下跌的“-1、-3、-5”组成。这个负五浪的“-5”浪出现后，即可入场抄底。因为此时将开始一个完整的反弹五浪周期。

当然，这些都是雕虫小技，难成大器。我极不鼓励打板、抄底这种超短线频繁的交易，在此讲解超短线的运动规律，只为帮助读者深入理解运动规律的普适性和必然性。有做超短线的工夫，投资者更应该去捕捉疯狂而稳定的历史穿越浪，那才是阳光大道（后文述）。

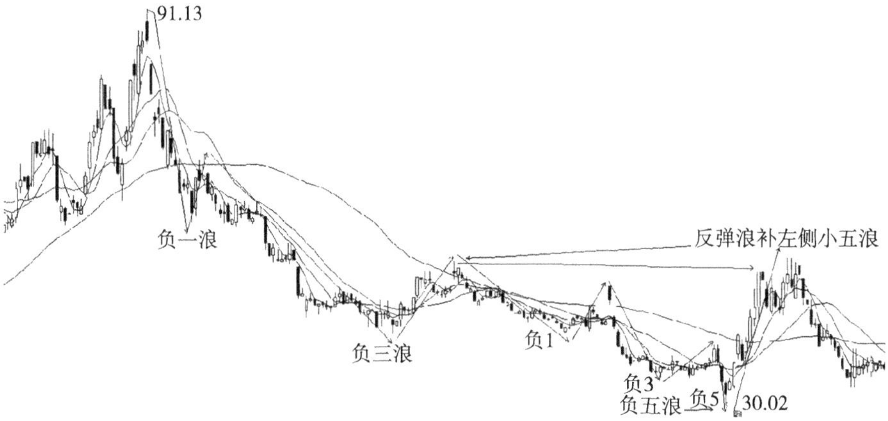

图 3-31 复星医药（600196）K 线

下面出道例题。图 3-32 中，左侧 1、3 和底部 1、3 四根阳线分别有什么意义呢？

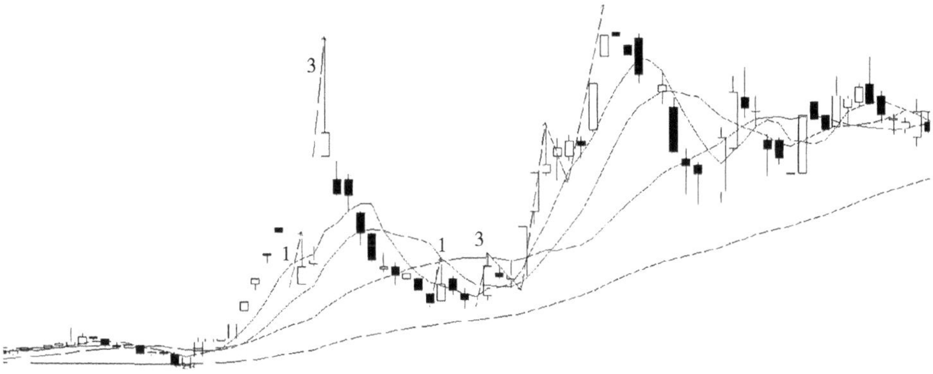

图 3-32 攀钢钒钛（000629）K 线

左侧 1、3 两根阳线上攻强劲有力，3 的上攻速度与量能都大于 1，根据五浪上涨浪形结构中的“一三指方向”，预测后面必有补五浪，所以 3 的高点必被刷新。那么什么时候出现针对 1、3 两根阳线的补五浪呢？我也不知道，直到出现了底部 1、3 两根上冲阳线，说明右侧循环的子周期已搭建好，扭转了左侧阳线 3 上影线下跌以来的调整箱体，说明补五浪就要开始了。这里依据的仍是“一三指方向”，小五浪开启，形成补左侧五浪结构，刷新左侧阳线

3 的高点，形成完美的五浪周期。结果是：左侧 1、3 阳线组合形成的缺失浪在右侧得到了完美修复。

你可能会问：开仓点在哪里？在底部 1、3 阳线出现后的四浪小回调中。止损点设在底部 1、3 阳线搭建的小箱体下轨。如果后面只是刷新底部阳线 3 的子周期高点，股价就下来了，并逼近止损位，那就要果断止损。这说明，针对左侧的补五浪还没出现，还将延伸到更远的时空右侧。

除此之外，投资者还要再学会一点："一三指方向"中的一浪、三浪并不仅仅指时空左侧的大浪，像上图中底部的小一浪、三浪也是"指方向的一三浪"，它们代表了分时的上攻浪。一浪、三浪分时上攻越猛烈，速度越快，代表着后面的补五浪级别越高，这就是很多带长上影线的阳线的意义之一。同样地，在下跌箱体中，带长下影的阴线带来的通常都不是什么好消息。

图 3-33 是雅本化学（300261）的分时图，可以看到负五浪调整与上涨五浪结构。

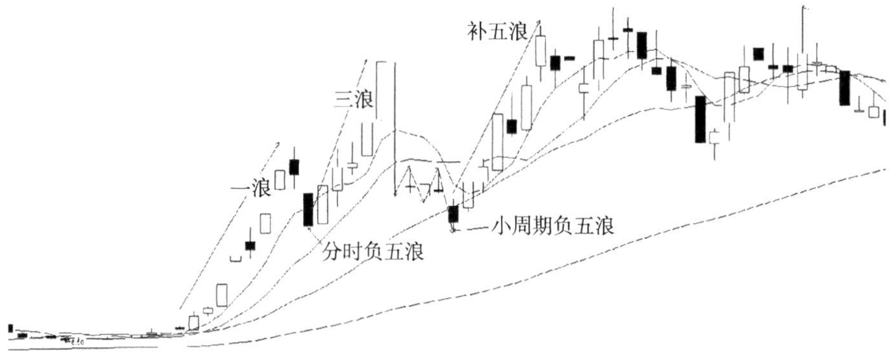

图 3-33 雅本化学（300261）分时图

因此，"一三指方向，补五即结束"口诀中的补五浪，是投资者要大胆积极收割的获利浪。而补五浪中的 5 浪顶，是投资者离场的关键技术信号。

图 3-34 是中国卫星（600118）补五浪中的小 5 浪结构，补五浪中的上涨 5 浪出现通常是止盈离场信号，因为即将出现两个结束周期的叠加。

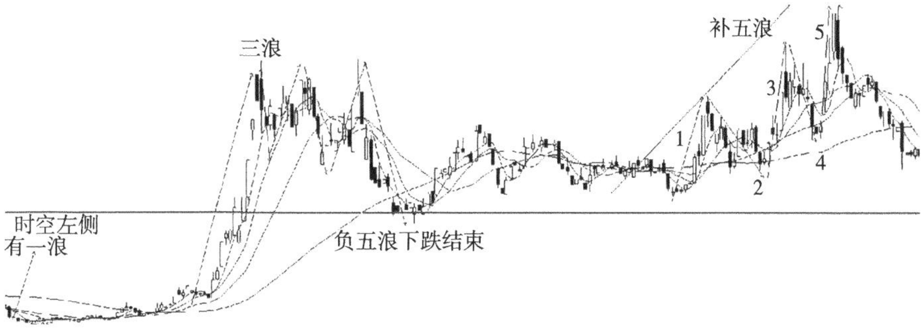

图 3-34 中国卫星（600118）K 线

图 3-35 日经指数周线图中，补五浪是左一浪、右三浪组合与右侧一浪、三浪组合的共振浪，一样遵循“补五即结束”法则。

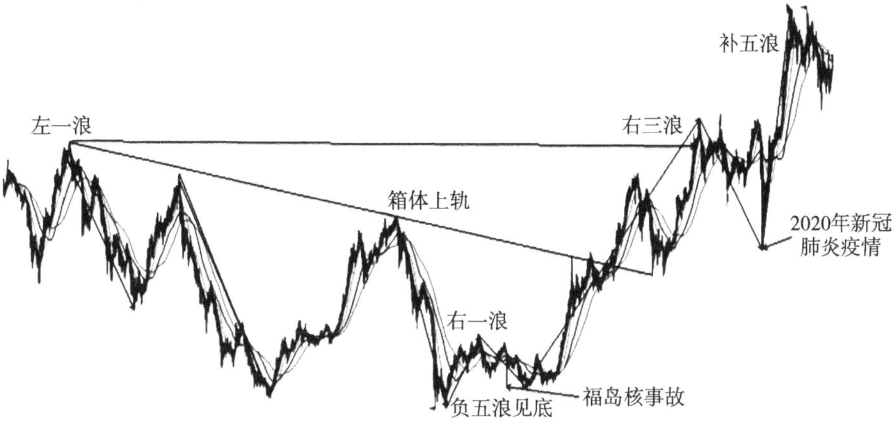

图 3-35 日经指数周线

知道什么时候开始很重要，知道什么时候结束更重要。

“一三指方向”，给我们以时空右侧存在补五浪的确定信号；“补五即结束”，则告诉我们一个完整的五浪结构走完了，是明确的获利离场或做空信号。它们是各个周期运动的基本规律，是股价运动的核心法则。

可以说，投资者在交易中犯的任何错误，都是没有严格遵守这两条铁律造成的。

四、大盘重要指数出现补五浪结束，会发生什么？

2022 年，公募、私募及普通投资者备受煎熬，基金净值大幅回撤，股市“跌跌不休”，利空接踵而至，那么，这些利空与股市下跌有关系吗？有关系，但不是决定性因素。前面我们说过，如果上涨周期没走完，那么再大的利空也阻挡不了它的上涨。2022 年股市的下跌，根本原因是代表价值投资的上证 50 指数和沪深 300 指数走出了“补五即结束”的技术形态，指数在 2021 年 7 月见顶，个股必然泥沙俱下。

图 3-36 是上证 50 技术分析图，显示了清晰的“补五即结束”技术特征。

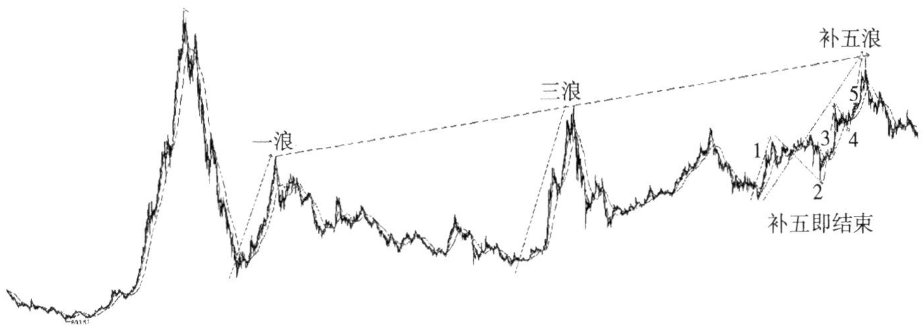

图 3-36 上证 50 技术分析

你或许会问：这是事后的走势图，如果在当时的高点如何判断这是大波的回调？我要告诉你的是，“补五即结束”是铁律，特别是当几个不同周期的补五浪出现叠加的时候。上图中就出现了两个补五浪的周期叠加。

如图 3-37 所示，2021 年 2 月，三个补五浪叠加见顶——时空左侧大浪的补五浪，中间一浪、三浪的补五浪，右侧小 1 浪、3 浪的补 5 浪，所以结束后回调得更厉害。

当大盘指数叠加补五浪见顶，个股也出现补五浪见顶，技术共振就开始了，那么这个顶部就要很久之后才能再次突破，因为这是一个完整周期的结束，要重启新周期，还要先走出小 1 浪、3 浪。

图 3-38 显示了三一重工（600031）2021 年 2 月补五大浪结束，与沪深 300 指数共振见顶，而后巨幅回调，高位买入的基金回撤惊人。

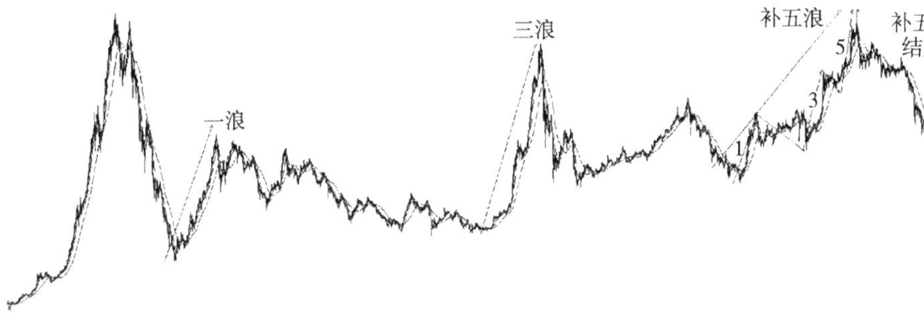

图 3-37 沪深 300 技术分析

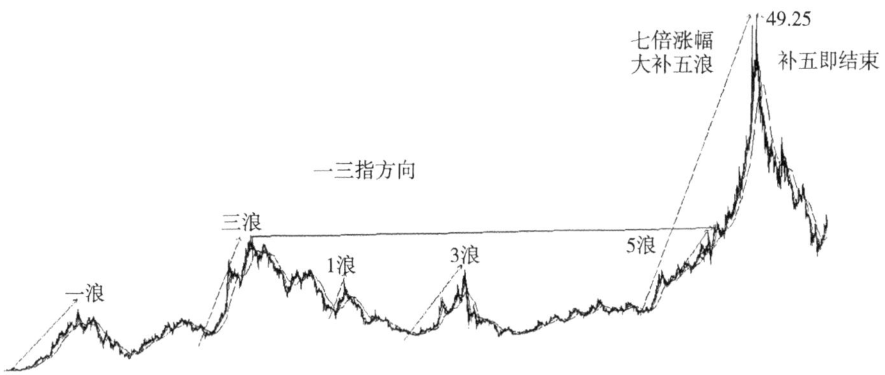

图 3-38 三一重工（600031）K 线

图 3-39 中，中国重汽（000951）同样在 2021 年 2 月与上述两大盘指数共振见顶，之后跌幅惊人，真的是“补五即结束”。

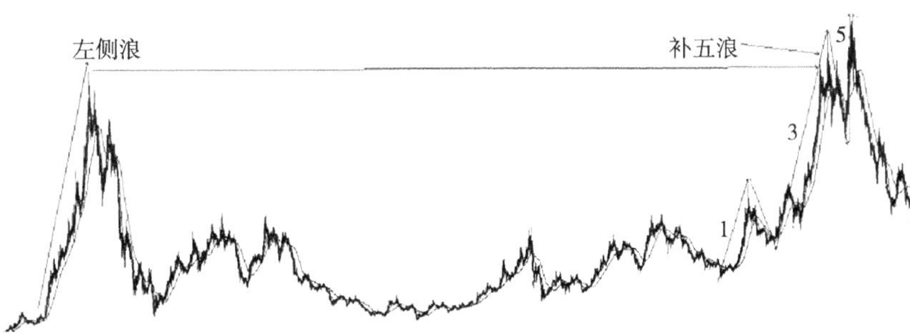

图 3-39 中国重汽（000951）K 线

所以任何时候都不能忽视大盘指数，就像大作手利弗莫尔所言：不要和大盘作对。个股技术分析必须与大盘指数、所属板块指数的技术分析同步进行。

真正有用的分析技术不是闭门造车，而是要符合自然规律，顺应自然规律。正所谓“人法地，地法天，天法道，道法自然”。

第四章

揭开股市真相

——跨越时空的纠缠

反者道之动，弱者道之用。天下万物生于有，有生于无。

——《老子·四十章》

一、股票的生物特性：股价是有记忆的

上市公司创造了巨大的物质财富，锚定于上市公司的股票因此具有物理概念上的物质属性，又因为是人类创造的经济活动的衍生品而具有生物特性。

不同的股票如同地球上不同的生物，各自有不同的习性。如果把整个股市比喻成一片森林，那每只股票就是一种植物，牛市如同春夏，一片欣欣向荣，有花有草；熊市如同秋冬，万物肃杀，但也不乏生机。每只股票都像生命体一样不停歇地向右侧循环，股价不停地突破左侧的高点或低点，它们从诞生之初就成为自然的一部分，按照自然规律运行不息。

生物向右侧繁衍后代以延续文明，股票向右侧波浪循环以延续周期。股价同人类一样有记忆，它记得左侧的所有经历，记得曾经的上涨与下跌。

有心的投资者会发现一个现象：当分时股价越过左侧上影线最高点时总会猛然拉升一波；当它跌破左侧下影线最低点时，总会猛然向下急杀一波。而且，所有大盘综合指数的分时运动都有这种现象。

图 4-1 和图 4-2 中，股价越过左侧高点猛然拉升。

图 4-3 中，股价跌破左侧低点迅猛下跌。

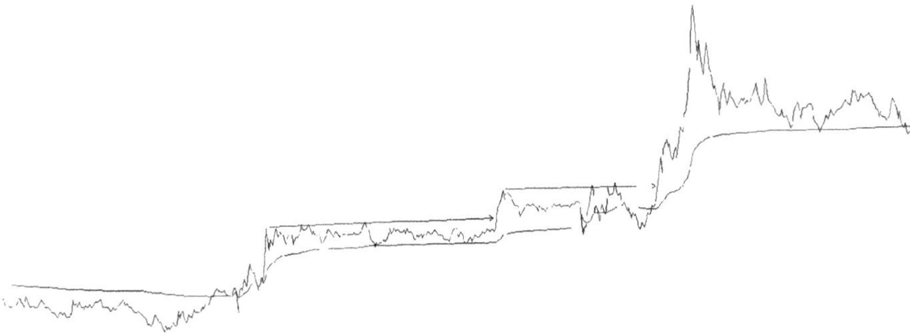

图 4-1　越过左侧高点猛然拉升（1）

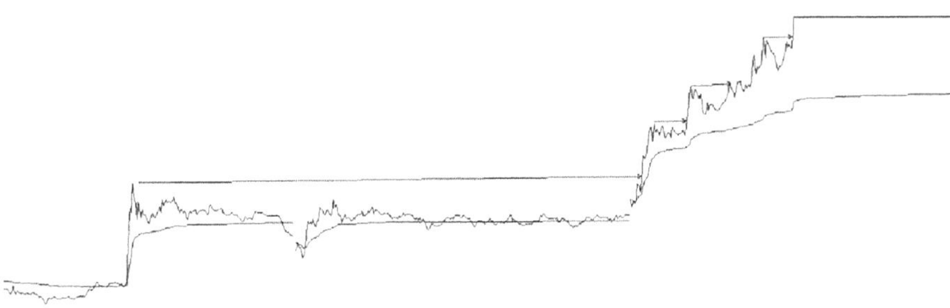

图 4-2　越过左侧高点猛然拉升（2）

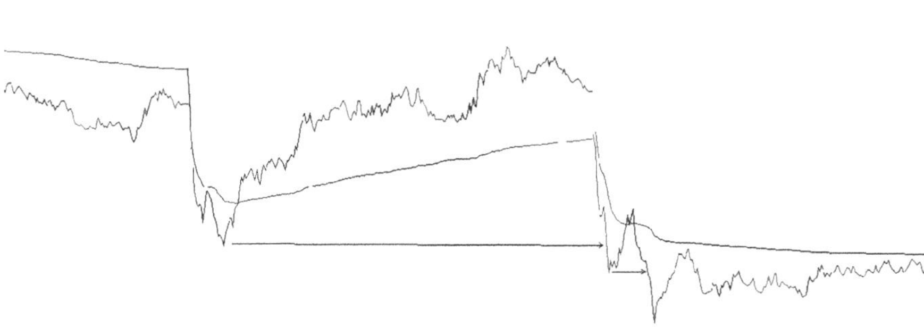

图 4-3　跌破左侧低点迅猛下跌

有人说，这是电脑自动化交易的加仓与止损动作造成的，但是自动化程序不会应用在所有股票交易上。

其实，这个现象就是股票价格的记忆特性。

有一个周一，我问刚从湖北出差回来的朋友二岗："出差的感觉还好吧？"

"不怎么样，就是路过荆州时想起我在荆州财校求学的时光，那是多么美好的三年啊。”

他打开了话匣子，记忆喷涌而出，讲了很多求学时的快乐事情，仿佛昨天才从那儿毕业。

看哪，记忆一旦被触发、唤醒，人们就一下子回到了过去。

特别是当你少小离家老大回，唤醒的记忆尤其清晰。

股价也是如此，它在经过左侧曾经连续大涨的历史区域时，通常会继续大涨；在经过左侧曾经大跌的历史区域时，通常会继续大跌。

不管是分时，还是波段，也不管时间长短，几天、几个月还是几年，股价都记得左侧曾经发生过的事情。我把这个现象称为“股票价格的左侧唤醒”。就像人们经常拍着脑门说：“哦，我想起来了。”

我们在电影里看过这样的桥段：一个法力无边的妖魔被咒语尘封了几千年，一日醒来，还是妖魔，还会继续干坏事。自然界中，长期休眠的病毒遇到合适的条件会重新苏醒，继续危害其他物种；经历了寒冬的树木在春天会发芽吐枝，延续生长。

股票也是如此，左侧的所有节点都会被记忆触发、唤醒，于是它会继续左侧没做完的事情，把左侧的缺失周期走完。

怎么表述这个现象呢？

二、记忆的左侧唤醒与右侧纠缠循环

我跟二岗说过一个故事：

有一个贤惠的妻子，想养几只蛋鸡，吃新鲜的鸡蛋，于是让丈夫在庭院角落修建一个鸡窝，男人被迫放下电视上的足球赛，倒腾来黄沙、水泥、砖块，开始设计。

他决定修建三层，一层是鸡舍，二、三层做成半开放隔断，供母鸡下蛋。

于是男人动手，叮叮当当——一层还没建好，电话响了：

“嘿！抓紧过来，看谁来了，过来喝一杯。”

听到很长时间未见的一个老朋友来了，男人不顾妻子的抱怨和白眼溜了。因为次日开始上班，鸡窝的修建暂停了一周。

下一个休息日，在妻子严令下，男人继续建造工作并很快建好了第二层。这时正好几个亲戚来访，于是他们聊天、吃饭、打麻将。

总之，修建工程被打断多次，又过了两周之久，男人总算把鸡窝建好，妻子养起了蛋鸡，男人吃上了新鲜鸡蛋。

看吧，如果我们把修建鸡窝的整体工程视为一个完整周期，它不是一下子完成的，会被各种因素打断，但工程会继续下去，直到完工。

K 线就是这样，它运动的目的就是完成左侧未竟的周期，它会先被左侧唤醒，然后在右侧继续左侧的循环。

如图 4-4 所示，从上海凤凰（600679）2012—2017 年的 K 线图中，我们能清楚地看到每一次当股价越过左侧重要浪形高点时，都会被左侧的股性唤醒，在右侧循环中猛涨一波，如是者三。可以预测，如果股价再次越过 45.98 元的历史高点，这种上冲浪又会重演。

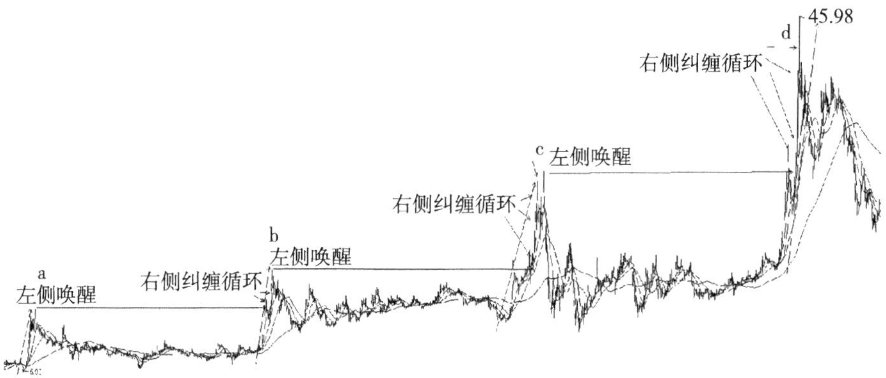

图 4-4　上海凤凰（600679）2012—2017 年的 K 线

图 4-5 为英维克（002837）全景 K 线图，尽管相隔数年，股价每次越过左侧历史高点后股性都会恢复，涨势猛烈。

图 4-6 为正威新材（002201）K 线图。股价每次越过左侧历史高点都被记忆唤醒，恢复涨势，走出气势磅礴的五浪大周期。

大周期如此，那么小周期呢？

特力 A（000025）是 2015 年市场的明星股，“妖气”逼人。我们可以看

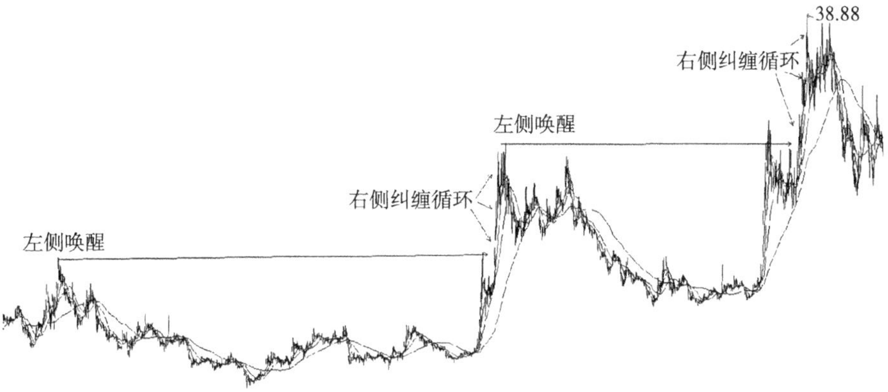

图 4-5　英维克（002837）全景 K 线

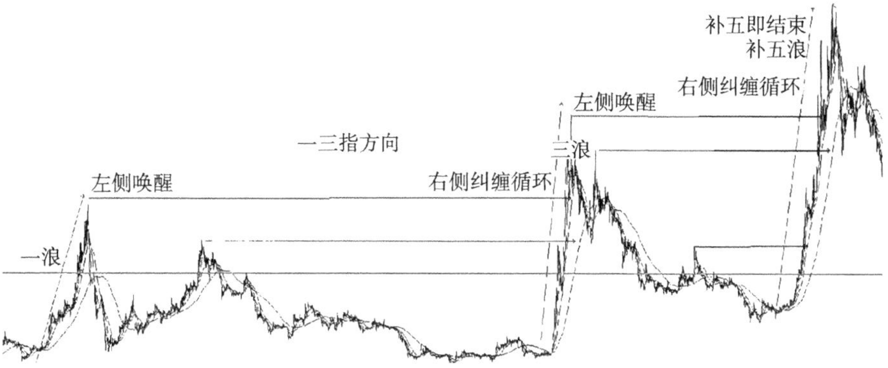

图 4-6　正威新材（002201）K 线

到，每次股价越过左侧高点，股性恢复，直到清晰的五浪结构浪形结束；“补五即结束”后，股价从最高点 74.4 元跌到了 10 元附近（见图 4-7）。

这就是 K 线的左侧唤醒与右侧纠缠循环，左侧记忆被唤醒后会在右侧继续未完成的循环周期。

那么，K 线右侧循环的意义何在？

这还要回到生命的本质。

鬼谷子云：“变化无穷，各有所归，或阴或阳，或柔或刚，或开或闭，或驰或张。”意思是事物的变化是没有穷尽的，但是都以趋存避亡作为各自的归宿。

所有生命的终极目的都是生存与繁衍，繁衍是生存的延续。鲑鱼不远万

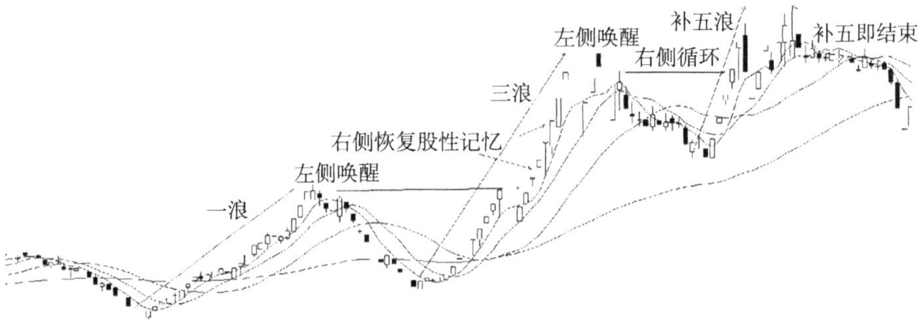

图 4-7 特力 A（000025）K 线

里也要洄游产卵，海龟要到记忆中的沙滩下蛋，这不消多言。

宇宙间的任何事物都有适应其自身的运行规律，不管是大自然创造的还是人类创造的。

股票也是如此。它运行的目的是以波浪的方式完成周期，在不同的周期中完成循环。一个个右侧循环浪形成一个个完美的周期，使股票得以延续。

“股票会‘下蛋’吗?”你可能会问。

会。你看，每只股票在曾经的历史高点区域留下的辉煌片段，就是它们的“蛋”。无论过去多少年，只要价格再次来到这儿，这个沉睡的片段就开始复活，开启右侧的循环。

图 4-8 中，国脉文化（600640）右侧股价越过左侧高点后，股性恢复，以五浪为基本结构开启右侧循环，最终完成大级别五浪结构。

图 4-9 中，万业企业（600641）每次左侧唤醒后的右侧循环浪组成如诗画卷。你会看到纠缠互生的五浪结构，而且每次都是“补五即结束”。

图 4-10 中，深物业 A（000011）被左侧唤醒的右侧循环几乎完全恢复了左侧的股性。

图 4-11 中，金发科技（600143），无论相隔多久，左侧股性都会在右侧被唤醒，继续右侧循环之路，最终完成五浪大周期。

股票背后的上市公司，其季报、年报、利好或利空消息会影响股价，但只会形成 K 线的技术割裂，改变不了股票原来的运动大趋势。它们甚至会被 K 线当作养分吸收，最后消化在 K 线的历史中。

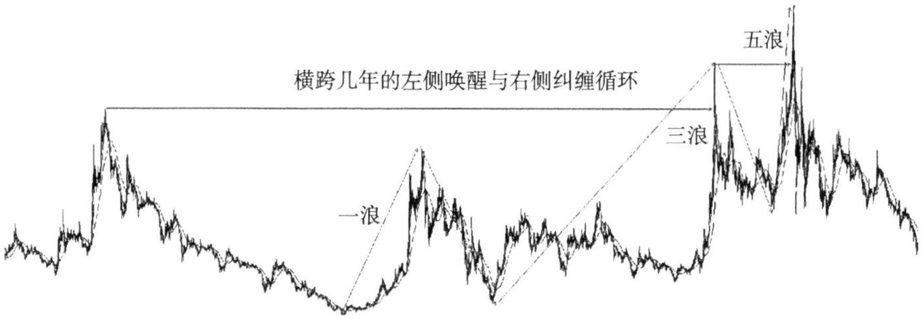

图 4-8 新国脉（600640）K 线

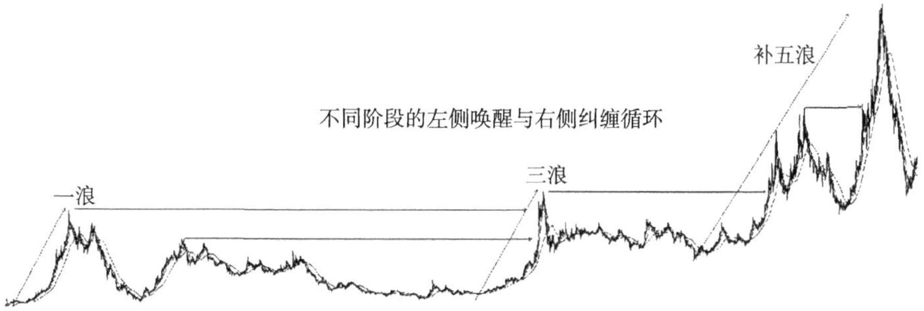

图 4-9 万业企业（600641）K 线

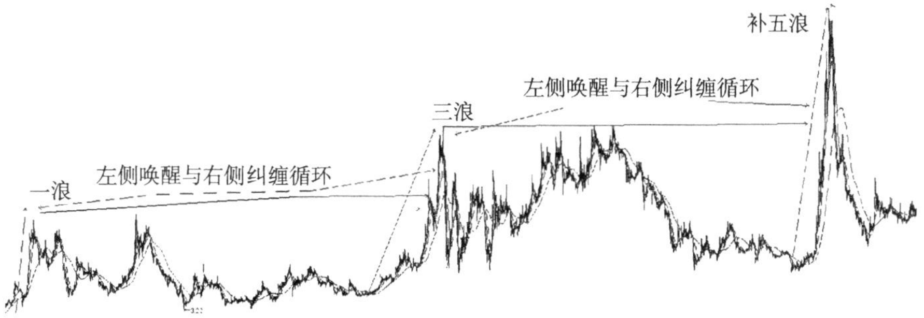

图 4-10 深物业 A（000011）K 线

新城控股（601155）2019 年 7 月出现大利空，股价由 39.9 元跌到 2019 年 8 月 6 日的最低点 19 元，但到了 2021 年 2 月 26 日，股价却涨到了 51.23 元，不仅收复失地，还创下历史新高。图 4-12 显示了该股的五浪结构。

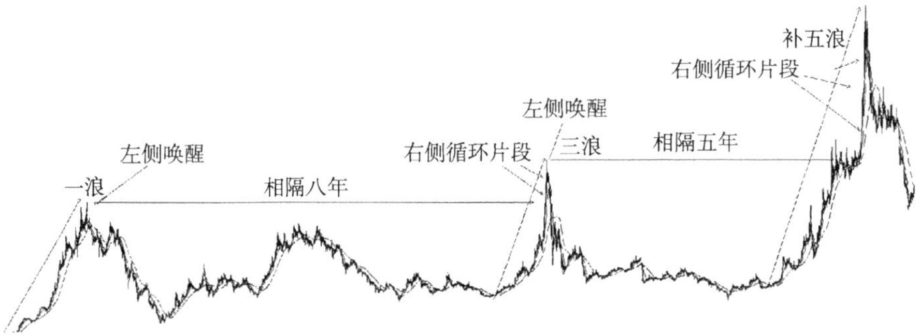

图 4-11 金发科技（600143）K 线

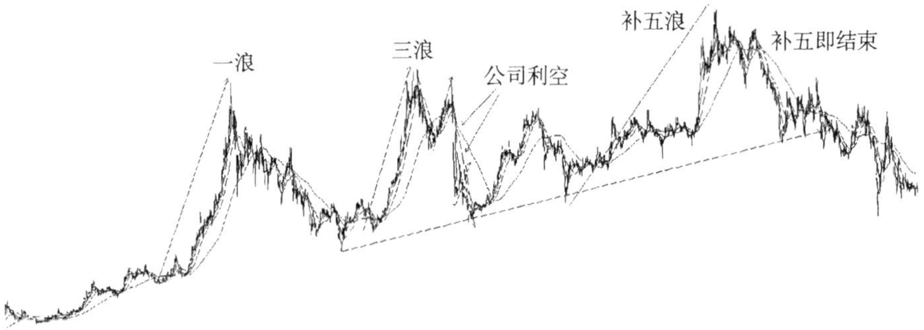

图 4-12 新城控股（601155）K 线

同样地，中兴通讯（000063）2018 年 4 月因美国制裁出现连续 8 个跌停，但是到了 2020 年 3 月，股价由低点 11 元涨到了 56.00 元，收复失地创新高，涨幅惊人。图 4-13 为该股形成的五浪结构。

为什么会这样？利空改变了什么？或许改变了上市公司的财务状况，却没有改变股票的上涨大五浪周期，没有改变阻力最小的方向。

回想一下当年利空缠身的重庆啤酒，看看它当时的 K 线吧。

重庆啤酒（600132）从三浪开始的调整负五浪最低点 5.35 元起，涨到 207.99 元，补五浪涨幅近 40 倍，达到一浪、三浪高点所指箱体上轨的极限，简直是惊涛骇浪。图 4-14 为该股形成的五浪结构。

从上述例子中，我们看到五浪周期运动的确定性：如果上涨五浪周期没有走完，那么再大的利空也阻挡不了它的上涨。反之，如果下跌五浪周期没

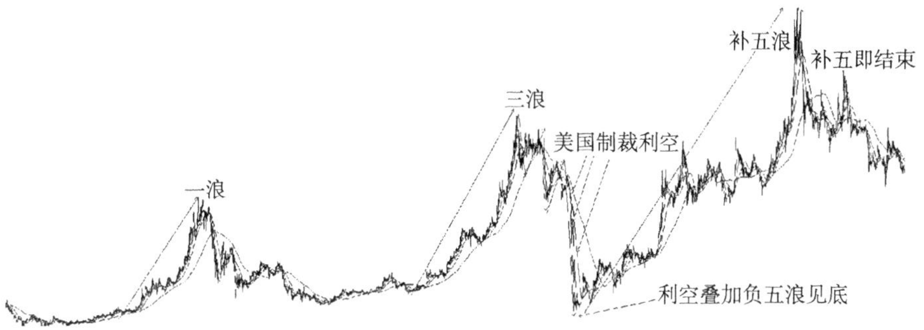

图 4-13　中兴通讯（000063）K 线

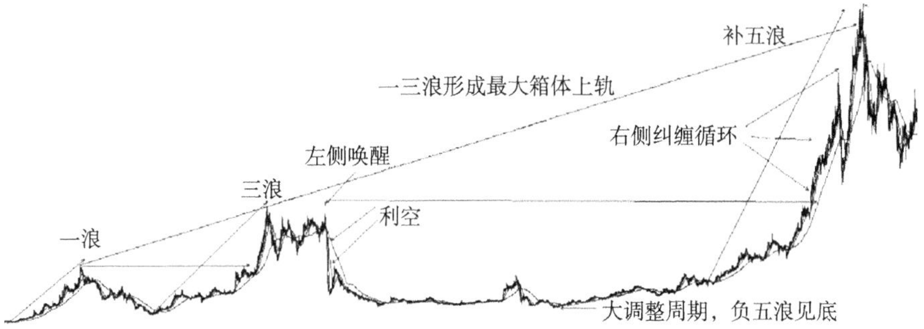

图 4-14　重庆啤酒（600132）K 线

有走完，再大的利好也阻挡不了它的下跌。

一切都取决于股价所在的周期位置。甚至可以说，在合适位置发生的利空或利好因素反而会加速反方向周期的到来。所以说 K 线运动始终遵循并终将完成五浪结构。

那么，为什么把右侧循环又称为右侧纠缠循环呢？因为股票在右侧上涨中回应时空左侧的一些行为表现与量子纠缠现象相似。

量子纠缠的通俗解释就是两个暂时耦合的粒子，不再耦合之后，彼此之间依旧维持联系，具备鬼魅般的超距离作用，不管相距多远。即使你把其中一个粒子置于月球，另一个置于地球，当你对地球上的粒子施加影响时，月球上的粒子会瞬间产生相应的反应。

这是经典物理学无法解释的现象，因为这种超距离传递信息的速度似乎超过了光速。但量子纠缠现象真真切切地存在并被实验一次又一次证实。

神奇的是K线的价格运动中也存在这样的现象。无论相隔多久，当股价开始恢复上涨后，它总是从分时结构开始小心翼翼地一点点修复时空左侧的缺失周期，就像文物工作者修复古墓中出土的残缺古画一样，一天天，一点点，最后呈现出完整的画面。

从最小周期的修复到左侧的最大浪周期，都遵循一样的五浪基本结构的运动规律。就好像有人时刻提醒它："哦！不行，伙计，你不能随心所欲，你只能这样运动。"

图4-15中，宝通科技（300031）的K线图中就存在多个隔空纠缠的五浪循环周期：右侧图示补五浪是左侧一浪、三浪的修复浪，同时又是右侧五浪结构中的第3浪；右侧阳线d是左侧一浪、三浪顶部阳线实体a、b小浪的小补五浪，同时阳线d又与阳线c组成转向小1浪、小3浪，催生右侧小3浪中的涨停板；右侧小3浪的涨停板与左侧一浪、三浪中的涨停板组合成完美的带板五浪结构。所有周期都遵循股价五浪运动法则，纠缠互生，呈现从小到大、逐级修复的特点。

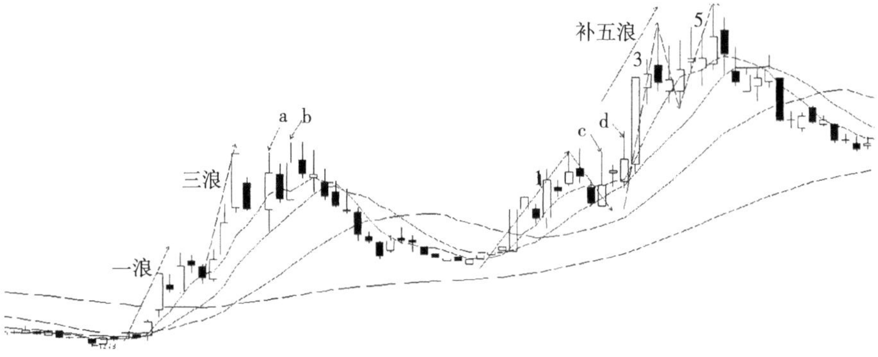

图4-15 宝通科技（300031）K线

图4-16中，洲明科技（300232）的右侧补五浪由a、b、c小五浪组成，由底部小1浪、小3浪催生。其中，a浪跨时空修复左侧d浪，是d浪的小补五浪；同时，d浪与a浪又组成跨时空的小1浪、小3浪，右侧的b浪就是d浪、a浪的补五浪，c浪又是a浪、b浪的补五浪；同时，a、b、c小五浪组合

又是以 d 为顶点的左侧浪的补五浪；最后“补五即结束”。另外，图中右侧（4）区域既是底部小 1 浪、小 3 浪的补五浪，又是左侧（1）（2）（3）区域的叠加修复浪。

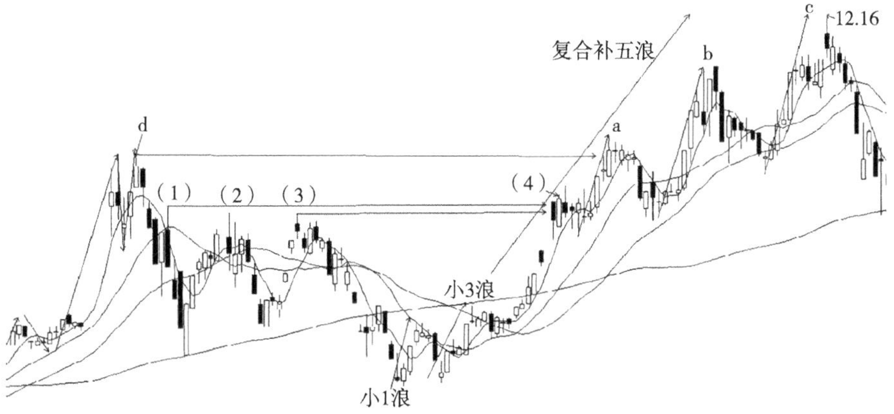

图 4-16　洲明科技（300232）K 线

右侧浪在上涨过程中始终遵循五浪结构，对时空左侧缺失浪形从小到大、逐级修复。

我把 K 线的这种行为——从最小周期开始逐级修复时空左侧缺失的五浪结构的行为，称为右侧对左侧的纠缠，把这种因纠缠特性而产生的右侧循环周期，称为右侧纠缠循环。

图 4-17 是青山纸业（600103）的左侧唤醒与右侧纠缠循环。右侧浪在拉升过程中被左侧逐级唤醒，对左侧逐级修复，每一波右侧浪都是左侧的纠缠循环浪，都是时空左侧一浪、三浪与右侧浪的叠加补五浪。

图 4-18 中，金健米业（600127）的一浪、三浪、五浪为最大五浪组合，1 浪、3 浪、5 浪为次级五浪组合，补五浪自身又是单独的五浪结构，各周期纠缠互生。在左侧唤醒的基础上，任何周期都遵循“补五即结束”的运动规律。

K 线的右侧纠缠属于股价左侧唤醒的延伸，不过这种在任何周期都隔空相补的行为着实令人惊叹，好像时空停滞，又回到了昨天，一切都没有改变。

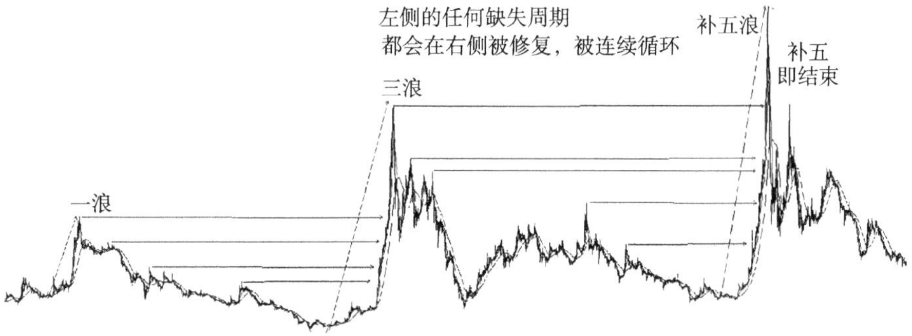

图 4-17 青山纸业（600103）K 线

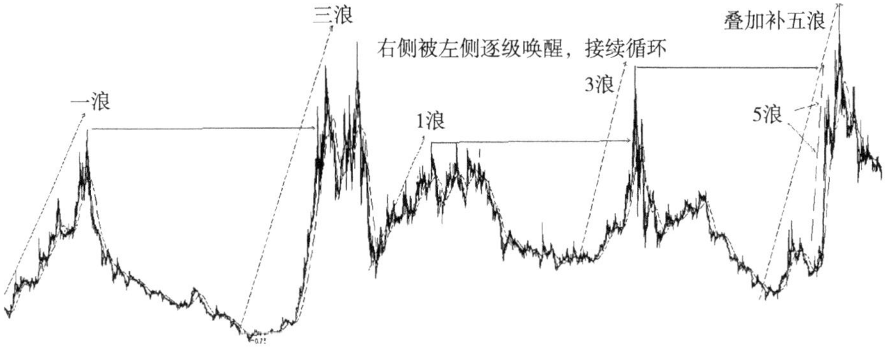

图 4-18 金健米业（600127）K 线

图 4-19 中，京基智农（原康达尔，000048）2015 年上演的右侧纠缠循环可谓“旷世绝恋”，股价跨越时空，相隔 15 年“亲吻”左侧历史高点。痴痴等待了 15 年的左侧，终于“相思梦圆”。此情景不输于任何伟大的爱情故事，怎不叫人两泪涟涟。

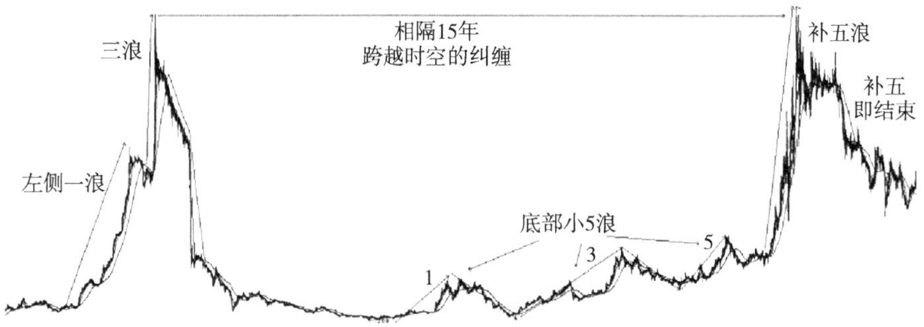

图 4-19 京基智农（原康达尔，000048）K 线

三、跨越时空的五浪结构

看任何一只股票的 K 线图，你都会看到时空右侧 K 线对左侧 K 线存在相应周期的浪形修复，并且在修复过程中严格遵循五浪基本结构。

五浪结构跨越时空，有则延续，无则再生。

任何周期中，如果时空左侧相应位置存在一浪、三浪，那么就会在时空右侧完成补五浪；如果左侧相应位置只有一浪，那么右侧就会出现三浪，然后走出补五浪；如果左侧相应位置连一浪也没有，比如左侧是分时无反弹大阴线，那么右侧在通过时就会先出现分时一浪和三浪，再走出补五浪。

这种跨越时空的运行规律，就是“五浪时空结构”运行法则。

图 4-20 显示了华蓝集团（301027）完美的五浪上涨结构，特别是补五浪对左侧的逐级修复可谓经典。图中 a、b、c 为小五浪组合，叠加补五浪中的涨停板是一浪、三浪组合的补五浪，更是三浪中 1 浪、3 浪涨停板组合中的精确补五浪，又补了时空左侧上市第一天分时的五浪（可打开上市首日分时走势叠加右侧最高点体验时空纠缠的奇妙之处）。用后文中介绍的“右侧左移，填平补齐”方法，可精确预测补五浪浪形。这是我做的接近完美的短线，做到最高点，每次高抛低吸都建立在提前预测的基础上。其实我不建议投资者做超短线，太累。但此处讲解此例有助于加深读者对规律的感悟。

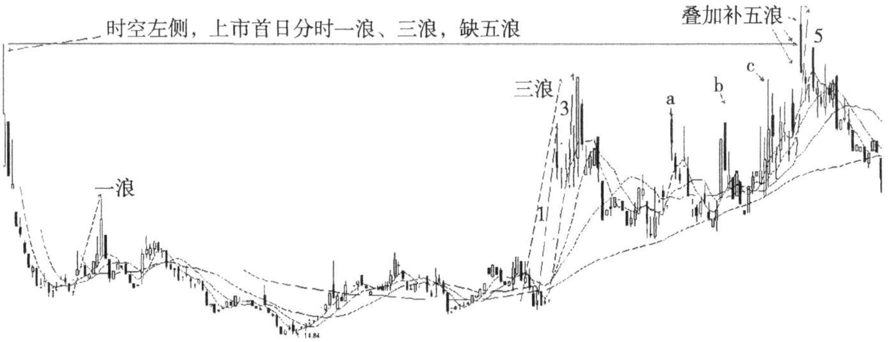

图 4-20　华蓝集团（301027）K 线

图 4-21 中，大烨智能（300670）右侧的五浪既是一浪、三浪的补五浪，又是 1 浪、3 浪的补五浪，三浪与 3 浪又是同一浪，所以补五浪是多周期的叠加态。

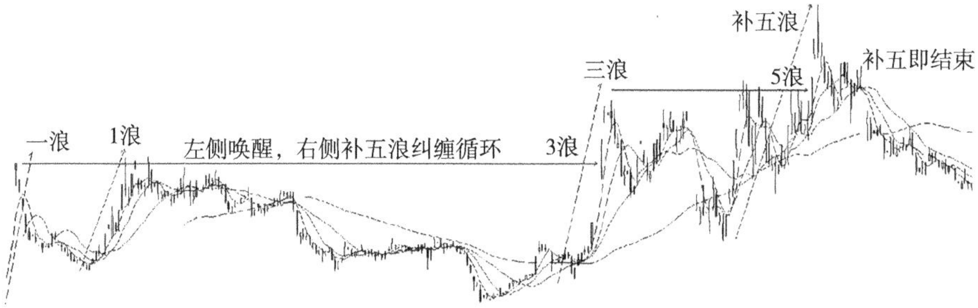

图 4-21 大烨智能（300670）K 线

图 4-22 中，从中航沈飞（600760）的五浪周期运动中可以看到，当右侧的每一浪经过左侧时，都会对大小缺失周期进行逐级修复。

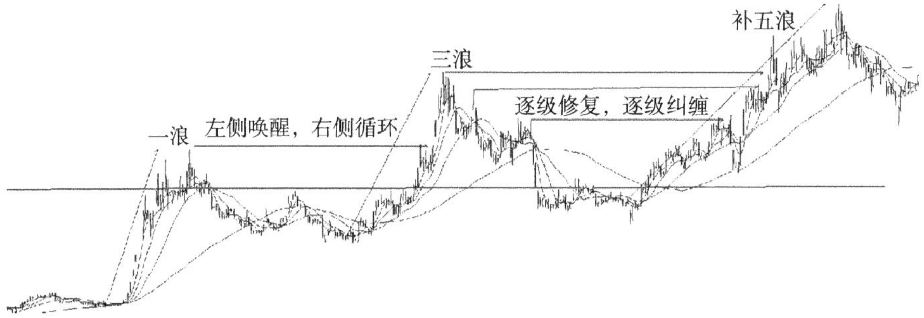

图 4-22 中航沈飞（600760）K 线

图 4-23 中，特发服务（300917）右侧的补五浪创历史新高，上涨过程中对左侧的缺失小浪形成相应的补五浪结构修复。如果再观察时空左侧历史高点区域，可以发现它甚至连时空左侧最高点的分时浪的补五浪都完美修复，真是“心细如发”。

五矿稀土（已更名为“中国稀土”，000831）是 2021 年稀土题材中的大牛股，在 2021 年的大补五浪中上涨了 6 倍，形成完美的大周期五浪结构。其每一浪的大涨过程都对左侧的缺失周期进行修复（见图 4-24）。

图 4-25 中，长源电力（000966）右侧的每一波新高浪都是时空左侧的延

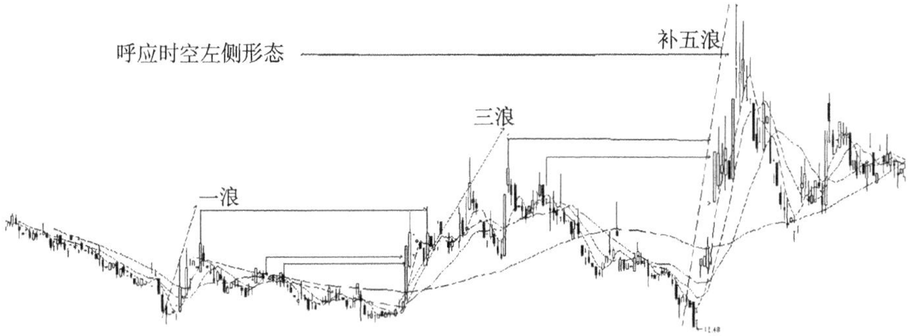

图 4-23 特发服务（300917）K 线

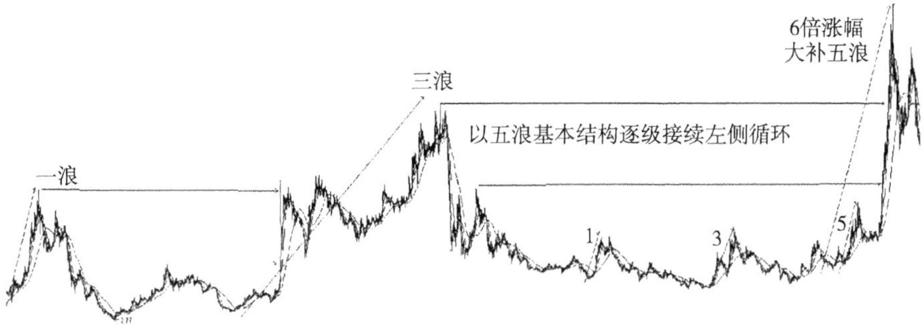

图 4-24 五矿稀土（000831）K 线

续，都在越过左侧高点区域时被唤醒，被激活；遵循“五上五下”基本结构规律向右侧循环，最终完成横跨几十年的大型五浪结构。

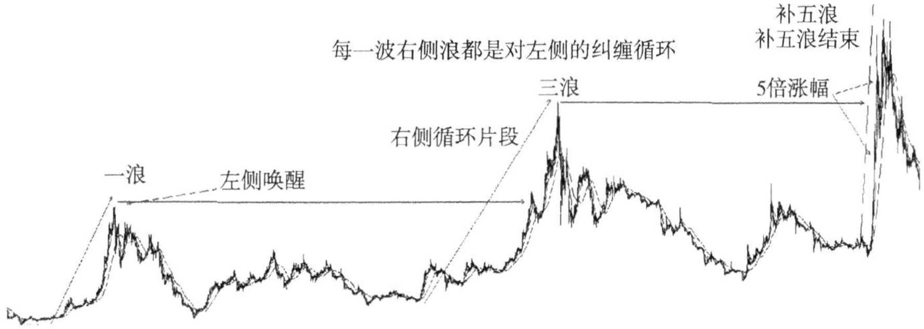

图 4-25 长源电力（000966）K 线

基于五浪结构的左侧唤醒与右侧纠缠循环是所有交易衍生品的价格运动规律，是股票、期货、外汇、债券等价格运动的普适规律。

四、K 线的跨时空纠缠

如前所言，记忆是股票最重要的生物特性，记忆跨越了时间与空间，不管相隔多久，几天、几周、几个月还是几年，一旦价格回归，左侧记忆就会被唤醒，价格运动就会在左侧浪形结构的基础上继续纠缠循环——从最小周期到最大补五浪。

所以，一般来说，在遵循“补五即结束”的周期运动法则基础上，股票的任何一波价格运动，都是基于左侧的跨时空纠缠的。这就是股票价格运动的本质。

当你读完余下几章，这一理论会继续拓展：股票以符合最省力结构的运动方式，相对左侧进行跨越时空的纠缠。

什么是左侧？一切成为过去的都是左侧，包括“刚刚”。

图 4-26 中，西藏城投（600773）右侧的大穿越浪是时空左侧一浪、三浪与中间 1 浪、3 浪的纠缠叠加补五浪，同时完美修复了左侧所有缺失的五浪结构，最终形成大级别五浪结构。

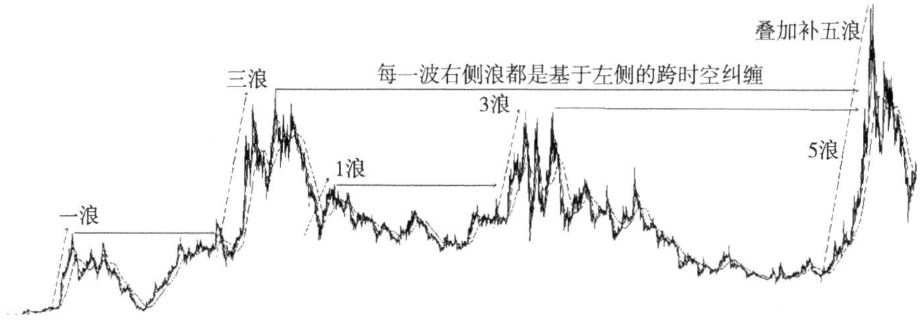

图 4-26　西藏城投（600773）K 线

图 4-27 中，中体产业（600158）气势磅礴的补五浪如同万里长征，形成相隔 8 年的跨时空纠缠。把补五浪的颈线位上方 K 线平移到时空左侧的三浪后面，你会看到完美的五浪结构，它们原本就是一个纠缠组合，只是被时空割裂了 8 年。

这就是 K 线的跨时空纠缠现象。只要你能看到真实的 K 线，就能看到跨

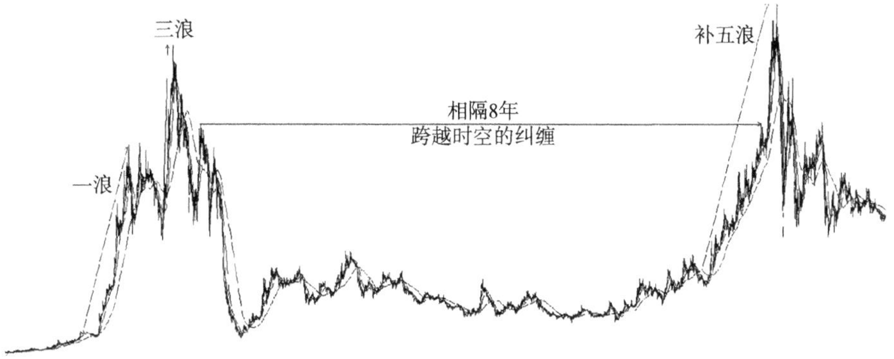

图 4-27 中体产业（600158）K 线

越时空的逐级纠缠。

图 4-28 中，神州高铁（000008）右侧 7 倍涨幅的纠缠浪，跨时空完成左侧的补五浪结构。右侧 K 线跨越时空，与左侧逐级发生纠缠循环。

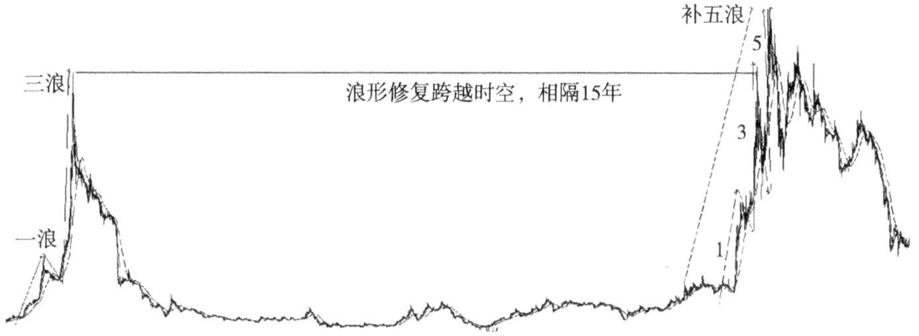

图 4-28 神州高铁（000008）K 线

图 4-29 中，美国天然气期货日线忠实地遵循五浪时空结构法则运动，右侧被左侧唤醒，逐级纠缠循环。在这个过程中出现了几次突发事件，但结果只会加速或延展周期，而不会改变运行结构。

正如物理学家惠勒解释相对论时所说，“时空告诉物质如何运动，物质告诉时空如何弯曲”；对于 K 线可以说：**右侧确定左侧相隔的时空，左侧确定右侧纠缠的浪形。**

事实证明，在一些宽幅箱体运动的股票中，如果左侧存在明确技术特征的一浪和三浪，而且波浪形态鲜明，那么，在结合“速度”因素的基础上，

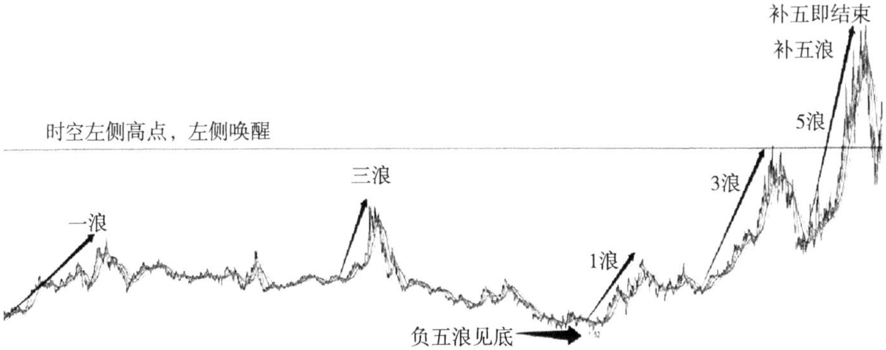

图 4-29 美国天然气期货日线

这些股票的时空右侧将要出现的补五浪的波浪形态完全可以预测。

图 4-30 是宝色股份（300402）横跨 5 年的纠缠循环。右侧颈线上方 b 区域的 K 线形态相对左侧颈线上方 a 区域的 K 线形态有鲜明的浪形互补特征，这就是被左侧唤醒后右侧出现的纠缠特性。如果把 b 区域 K 线整体平移到 a 区域，你会发现就像时光倒流，它们好像从来就没有分开过，一切都那么和谐完美（参看后文对于“右侧左移，填平补齐”技巧的讲解）。

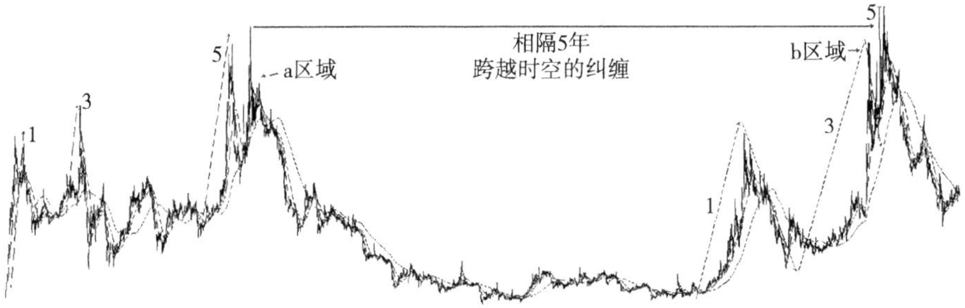

图 4-30 宝色股份（300402）K 线

所以，当我们掌握了一只股票左侧的所有运动信息，便可依其运动规律对其右侧将要出现的跨时空纠缠浪进行预测和预演，这就是预测股票未来价格运动的理论基础。

股票的价格运动大多数时间都处于双边纠缠之中，一是自身所在周期的浪形纠缠，二是时空左侧的记忆纠缠。当两种纠缠浪在关键节点浪形共振时，要么会暴涨，要么会结束，这种现象恰恰成为预测未来价格运动的关键之关键。

图 4-31 是市北高新（600604）2 日线 2018 年创业板创投题材行情。

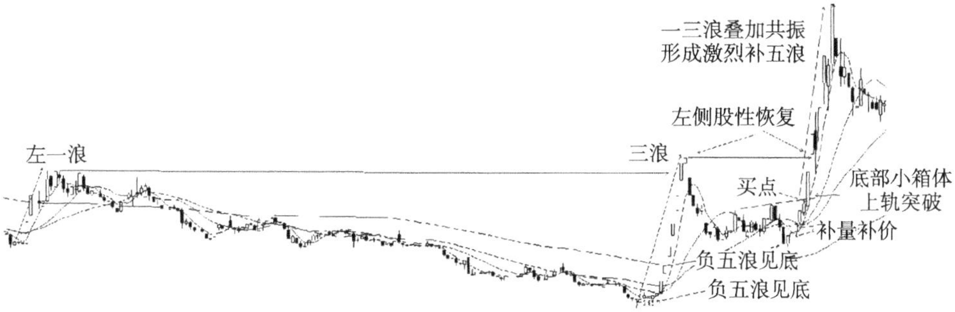

图 4-31 市北高新（600604）2 日线

图 4-31 中左侧一浪、三浪浪形清晰，拉升速度极快，判断时空右侧明显缺补五浪，三浪洗盘有负五浪见底的特征，然后小周期重建，“补量补价”后右侧浪恢复左侧记忆，形成补五浪，补五浪自身又分 5 浪，所以右侧这一波近 3 倍涨幅的大浪就是自身浪形与时空左侧一浪、三浪产生双边纠缠共振的结果。

综合运用本书技术，不仅能精准预测补五浪的存在，而且根据左侧唤醒的股性恢复原理，还能预测补五浪中必有连续涨停板现象。

图 4-32 中，顺灏股份（002565）一浪、三浪、五浪为完整的纠缠组合浪，下方的小浪 1 浪、3 浪、5 浪也为完整的纠缠组合浪，小 1 浪、3 浪、5 浪与大一浪、三浪的补五浪相互独立而又纠缠互生，简直奇妙。其中，右侧的五浪就能根据逐级纠缠规律提前精准预测。

其实想想看，世上万物都在与或近或远的左侧发生纠缠中前行，宇宙时空的演变就是左侧能量纠缠的结果。星体的演变、历史的循环、朝代的更迭、基因的延续，包括我们自己，都无时无刻不处于相对于左侧的右侧纠缠循环之中。

所以说，什么是大道，对自然规律的认知就是大道。

当我们掌握了股票价格的运动规律后就会发现五浪结构跨越时空，同样

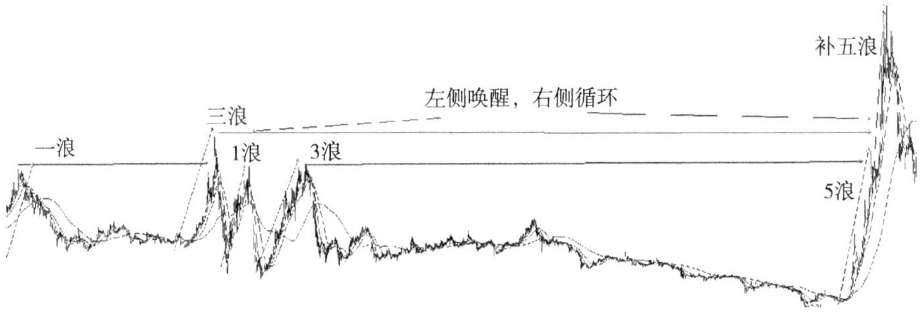

图 4-32 顺灏股份（002565）K 线

具备“鬼魅”般的超距离作用。并且在很大程度上，左侧决定右侧。

就像寻宝一样，左侧的 K 线就是寻宝图，而右侧的就是宝藏。因为左侧的一三浪浪形结构已经确定，那么右侧的补五浪浪形就只会迟到，不会缺席。

比如图 4-33 中比亚迪（002594）的一段月 K 线，我们可以根据左侧 K 线提供的信息预测右侧。

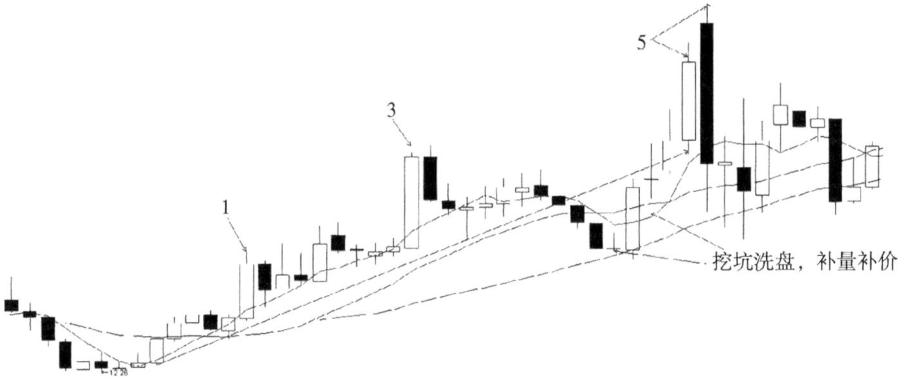

图 4-33 比亚迪（002594）月 K 线

图中 1、3 两根月大阳线形成强劲且特征鲜明的一浪、三浪，且形成完美箱体，根据“一三指方向，补五即结束”的运动定律，可以预判右侧纠缠阳线月 K 线 5 的出现，最后阳线 1、3、5 形成五浪结构组合，这样周期才修复完整。

这里我们需要重点理解 1、3、5 为什么是纠缠组合，三浪挖坑洗盘当然需要 K 线分析技术中“补量补价”的确认，这部分内容后面将会详述。

五、左侧决定右侧——如拉普拉斯所说

法国科学家拉普拉斯说过这样一段话：我们可以把宇宙现在的状态看作是过去的结果和它未来的原因，如果有这样一个智者，在某一时刻，他知道使自然运动的所有的力以及构成自然的所有元素的位置，如果这个智者足够强大，他能对这样庞大的数据进行分析，把宇宙中最大物体的运动和最微小原子的运动都包含在一个公式里，对于这样的智者来说，没有什么是不确定的，未来就像过去一样呈现在他的眼前。

这段话仿佛为股市而生，用来解释股票的左侧唤醒与右侧纠缠循环现象再合适不过了。

爱因斯坦的相对论中有言：可以有这么一个地方，在那里，过去的事尚未发生；也可以有这么一个地方，在那里，未来的事已经发生。

于股票来说，时空左侧 K 线的一三浪形已经形成，根据五浪时空结构运行法则，右侧虽还未出现补五浪，但其存在性已经被左侧确定，就是说，从时空上来讲，未来的事情已经确定存在于时空的右侧，只不过我们还看不到，如同由一三浪从左侧向右侧平行时空发出的“引力波”，还没有遇到时空右侧的叠加态而已。

图 4-34 中，维科技术（600152）左侧特征鲜明的一三浪是预测时空右侧必然存在大补五浪的前提条件。

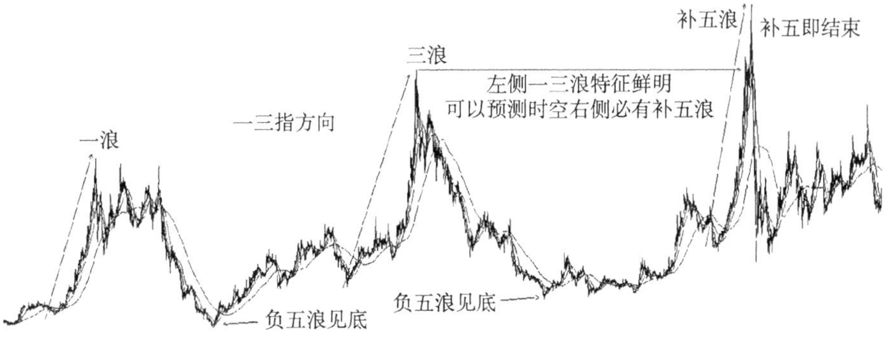

图 4-34　维科技术（600152）K 线

当我们深入了解一只股票的左侧运动结构，又熟悉股价的自然运动规律，就可以根据跨时空纠缠循环这一理论精确预测右侧的运动，并在右侧的纠缠循环浪中获利。

股票的跨时空纠缠循环好像真的验证了拉普拉斯与爱因斯坦的决定论，这有点疯狂，要知道量子理论的不确定性证伪了决定论，因为微观粒子的运动具有不确定性，所以在量子力学中，宇宙的本质就是不确定性。

事实上，正是量子理论中尚且无法完美解释的量子纠缠现象完美诠释了股票的跨时空纠缠循环，就好像代表上市公司的、被分成无数份的股票，因其小而具备了量子运动的特征：在 K 线的右侧纠缠循环中，所有基于时空左侧的缺失浪形，都会在时空右侧得到确定性的浪形结构修复，而且任何周期都遵循“补五即结束”的运动规律。

图 4-35 中，我们可以看到漫步者（002351）完美的跨时空纠缠周期，其中右侧三浪及五浪中的小 3 浪都是符合技术条件、可以被提前预测的获利浪。

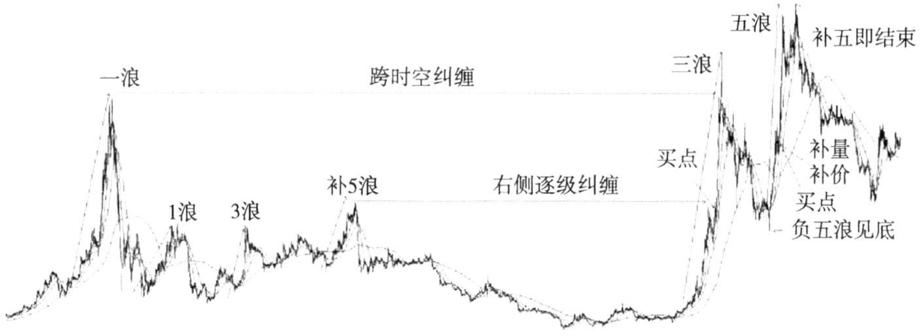

图 4-35 漫步者（002351）K 线

如图 4-36 所示，在佛塑科技（000973）的每一波上涨浪中，从最小的 1 浪、3 浪到最大的补五浪，右侧 K 线都像夹克上的拉链一样缝合左侧被割裂的时空。

根据“一三指方向，补五即结束”原理，股价运动中的跨时空纠缠现象是一种被左侧确定的逐级纠缠现象，因为左侧的 K 线浪形已经被确定，那么

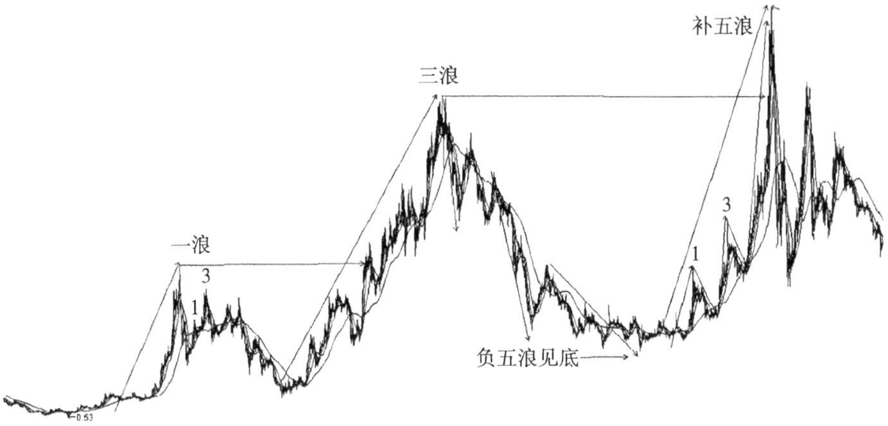

图 4-36 佛塑科技（000973）K 线

相对应的右侧就存在被确定的终点区域。而且当左侧浪形特征鲜明时，基本能确定右侧纠缠浪的终点区域和浪形，不确定的只是相隔的时空。

当右侧浪形结构将要走出与时空左侧共振的浪形时，时空因素被确定，随之而来的共振浪就是可以准确预测的获利浪。

图 4-37 中，中国铁建（601186）左侧浪顶部 a 浪与右侧 b 浪跨时空形成一浪、三浪组合，后面的 c 浪组合就是 a 浪、b 浪的补五浪，也是左侧浪和 a 浪、b 浪的共振浪。所以，c 浪是能准确预测的获利浪。

图 4-37 中国铁建（601186）K 线

图 4-38 中，人民同泰（600829）一浪、三浪、五浪构成跨时空的纠缠五浪结构，五浪结束后的右侧循环浪又是被时空左侧大浪唤醒后的纠缠循环浪，

右侧循环浪就是可以精准预测的获利浪。

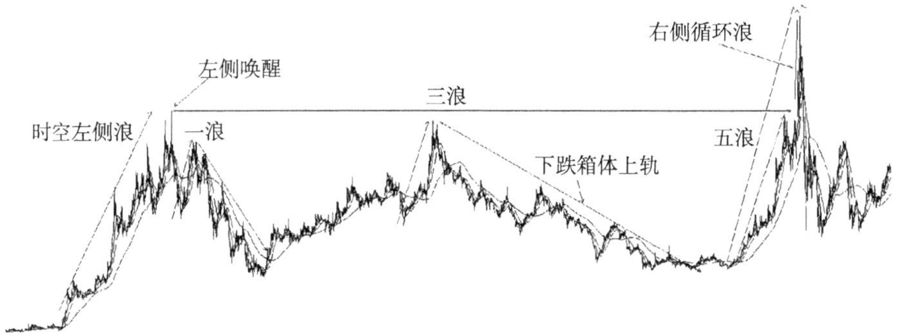

图 4-38　人民同泰（600829）K 线

图 4-39 中，海南高速（000886）K 线由小 5 浪结构到大五浪结构，右侧纠缠循环呈现逐步升级的特点，最终完成最大五浪结构。

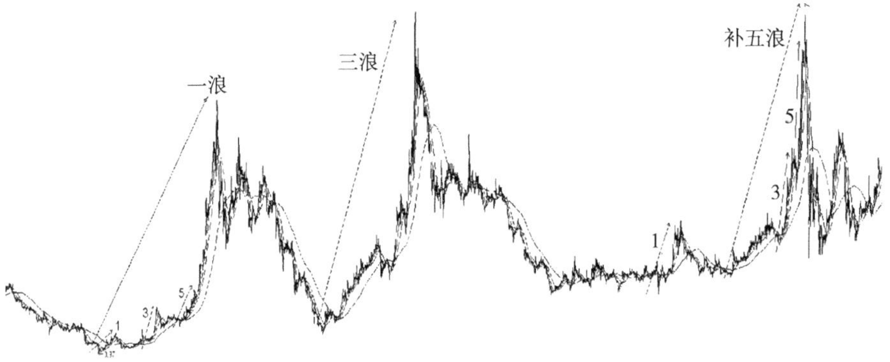

图 4-39　海南高速（000886）K 线

当你认知了五浪时空结构的原理，树立了正确的时空观，对任何股票做技术分析都不会再迷茫，正所谓“人人自有定盘针，万化根源总在心”，这根“定盘针”就是 K 线运行的客观法则。

股市中，像上述图例中的这种纠缠循环现象每时每刻都在发生，投资者完全可以用左侧预测右侧，当左侧清晰时，右侧也会变得清晰。在熊市股市结构性行情中的机会少些，在牛市中，这些分析技术就会起到巨大作用。刚发现这个规律时我也怀疑，怀疑很久，后来发现无法再怀疑下去。这个规律的发现真的有点令人疯狂。但继续下去，你会相信这一切都是真的。

其实，爱因斯坦并不认同量子力学的宇宙观，他认为是人类现有的理论研究不够完善，才造成了量子世界中不确定性的假象。

六、股市真相——最省力结构与 K 线运行法则

（一）保持最省力结构是万物生存的密码

推动自然规律形成的是能量，可以说，整个宇宙时空都处于能量的左侧纠缠之中，万物都是能量的载体。能量在生命中穿梭，在光合作用中转换，在静物中沉睡，在运动中交替。生命只是能量的载体之一。

货币是人类财富的象征，也是一种能量符号，拥有多少财富就拥有多少能量，人们用货币完成物品交换，本质上是完成能量转移。理论上来讲，自然之中最不缺的就是能量，取之不尽、用之不竭，但大多数能量的货币转化受限于人类对自然的认知。

人们常问：人类往何处去？先往欲望引领的地方去，后往认知自然的方向去，因为欲望总是走在前面。

自然规律从宇宙诞生之初就开始为万物制定规则，一切都井然有序。小到粒子运动，大到亿万星体、山川河岳——任何只要长存的事物，都有一个共性：保持最省力结构。

最省力结构是一种最优分布，一种最佳策略，一种能量反复纠缠后的均衡。

为什么星体的形状总是趋于球形？这是星体内部重力场与外部受力纠缠后形成的平衡，是最省力结构。

地球上的所有事物同样必须找到最省力结构才能长存，山川不稳则崩摧，江河不畅则改道，只有运动达到最省力结构状态才能稳定下来。

自然的长期选择形成了最省力结构。比如非洲旋角羚长有螺旋状的双角，虽重但不乏灵活，因为其重心分布形成最省力结构。

文化艺术领域也是如此。一首名曲、一幅名画，之所以得到人们的认可，

一定是它给人们带来了美妙的享受。而越接近最省力结构，越能给人们带来强烈的美感。比如莫扎特的《土耳其进行曲》，充满童真的快乐节奏跌宕起伏，轻盈活泼，脍炙人口。如果用波浪来展现曲中的回旋，那么曲中的回旋波与叠加波几乎都是五浪结构，这种结构使音乐节奏明快，充盈而又舒适。

总之，一切美好的事物之所以美好，是因为达到某种平衡，即最省力结构。股票运动的五浪基本结构符合斐波那契数列与最小势能原理，就是最省力结构。

事物总是沿着阻力最小的方向运动，股票的“一三指方向，补五即结束”就是这个理论的实践。因为五浪之后，阻力变大，箱体变长，会耗费过多的势能，显然无法维持下去。

（二）真正的 K 线运行法则

前文中我们讲过“一三指方向，补五即结束”的基本规律，一旦补五浪出现，最省力结构便宣告结束，因此说“补五即结束”。

与热力学第二定律不同的是，“五浪时空结构”的崩塌，并不意味着 K 线的有序运动开始变得无序。补五浪后，股价开始反向的省力结构运动，从正五浪到负五浪，又从负五浪到正五浪，随着量能变化生生不息地向右侧纠缠循环。

历史穿越浪形成的大补五浪出现，意味着超大型省力结构的崩塌，进入负五浪的省力结构周期，此类股票需要很长时间才能重建上涨周期。由历史穿越浪构成的五浪时空结构规模最大，跨越时空。由此转入负五浪时空结构后调整时间极为漫长（见图 4-40）。

图 4-41 中，中能电气（300062）补五浪后股价迅疾崩塌，因为正五浪运动最省力结构消失，开启反方向省力结构运动。

图 4-42 中，七匹狼（002029）十年磨一剑，补五即结束。可以看到，这个结束非常之快。

综合以上几章所述，运用统计物理学原理和方法，可以在纷繁芜杂的 K 线运动中提炼出如下法则：

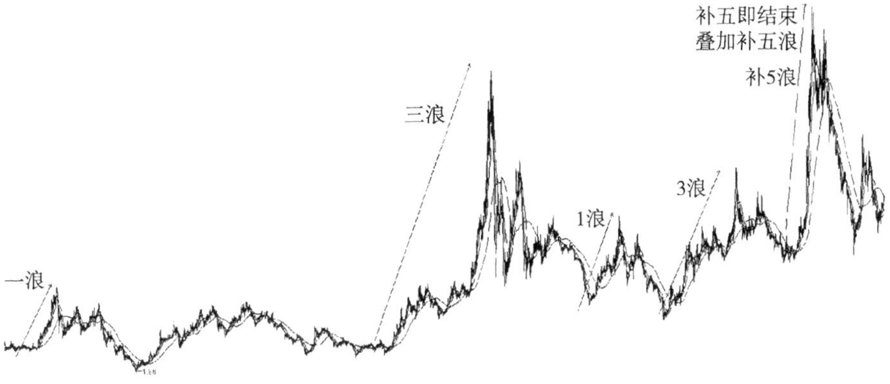

图 4-40　上海贝岭（600171）K 线

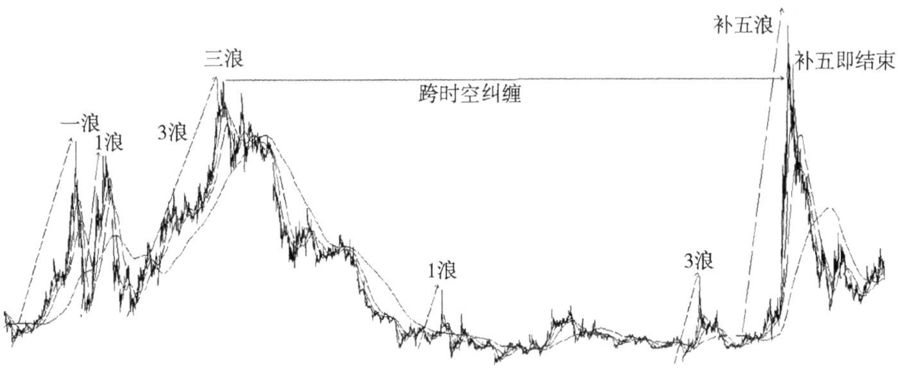

图 4-41　中能电气（300062）K 线

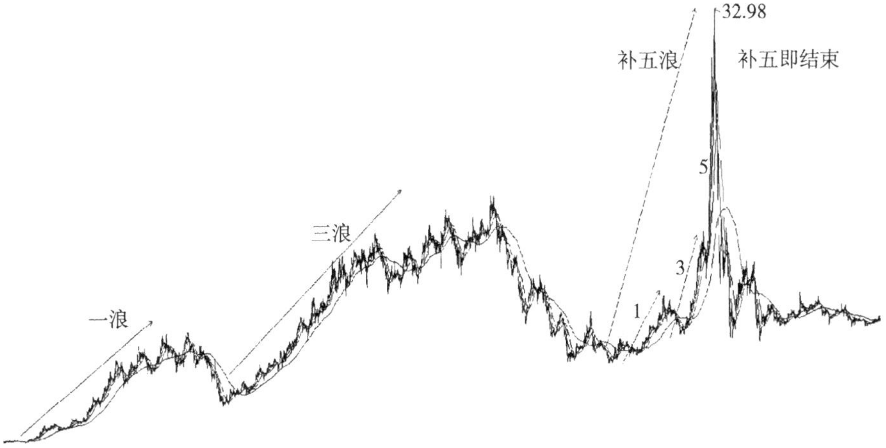

图 4-42　七匹狼（002029）K 线

（1）K 线运动遵循最省力结构的自然法则，以正五浪、负五浪为基本浪形结构。

（2）K 线以正五浪、负五浪为基本浪形结构，相对左侧进行跨越时空的逐级纠缠。

（3）K 线在逐级纠缠中存在两个左侧：一是时空左侧，二是刚刚走过的“右侧”。

这就是真正的 K 线运动法则——“跨时空纠缠的五浪结构”法则，简称五浪时空结构法则。

五浪时空结构是五浪基本结构在时空上的关联结构，是 K 线在空间上的运行结构。无论是上涨周期还是下跌周期，五浪结构的跨时空纠缠现象一直在上演。

图 4-43 中，北方稀土（600111）在历史穿越浪结束后的下跌周期中同样遵循跨时空纠缠规律，在下跌过程中，股价处于“两个左侧”的纠缠循环之中，被左侧唤醒，在右侧纠缠。

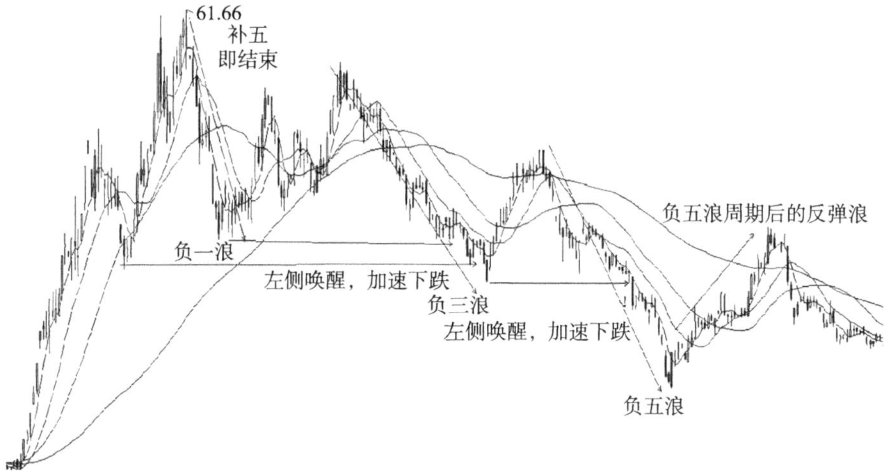

图 4-43 北方稀土（600111）K 线

在事物的发展演化过程中，怎样长久地维持正循环周期而尽量缩短负循环周期（调整周期）呢？对这个课题，人们一直在探究。现在，从 K 线法则可知，在不可避免的调整周期中，不断努力搭建正循环小周期就是缩短调整周期的最好方法。

生活中情商高的人，每句话都在搭建正循环周期，而情商低的人，话一出口就在搭建负循环周期。深谙捭阖之道者，坏事也能说出好来，因为负循环里面也有小的正循环；适逢话不投机，好事也能说成坏事，因为正循环里面也有负循环的因素。

K 线好比一个心思细腻的人，他记得你对他的好，也记得你犯过的错。当你感动了他时，他对你的好如数家珍；当你的所作所为惹恼了他时，他也会把你的所有过错抖搂一地，甚至是极其微小的细节。所以，面对一个将要和你生气的人，要尽量去触发他美好的回忆；而面对 K 线，关注的重点应该是它将会触发左侧什么样的记忆。

七、主观分析理论与客观运行法则

现在我们再来回看一下艾略特波浪理论，由于艾略特波浪理论的“浪中有浪”和浪的变形，确认浪的起点和浪的层次成为一大难题，常会出现“千人千浪”现象，这是艾略特波浪理论的短板。其实，这些让人迷糊的锯齿浪是在基于时空左侧与右侧的双边纠缠之中形成的，在逐级纠缠过程中基于时空左侧和右侧的浪形结构会出现很多的“补五即结束”，这种小回调周期形成了右侧很难分辨的“浪中有浪”。

根据“跨时空纠缠的五浪结构”法则，我们不仅知道为什么“浪中有浪”，而且还可以利用它。

艾略特波浪理论的缺陷在于只着眼于波浪上涨中的单调性，而没有发现时空左侧 K 线相对于右侧 K 线运动的相关性。艾略特波浪理论是主观分析工具，没有客观的规律性准则，所以会出现“千人千浪”现象。

而“跨时空纠缠的五浪结构”法则是客观的规律性发现，除了股市外，你可以在期货、外汇、债券等任何存在 K 线类运动的投资市场中验证它的客观规律性。

“跨时空纠缠的五浪结构”理论开创了从左右两侧定位 K 线运动浪形与空

间的分析技术，大大增加了空间预测的确定性。

了解这个理论，你就会明白这些锯齿浪会在什么价位回调，越过什么价位时会上冲，甚至会以什么分时形态上冲。你就会知道什么时候该有所为，什么时候该有所不为。你就会从主观的混沌分析状态进阶到客观的理性分析阶段。

在实际交易中，要抓住每个小补五浪确实很难，因为超短线的干扰因素很多，随时会出现小的时空割裂，补五浪会继续向右侧延展。但是，用“跨时空纠缠的五浪结构”理论来预测时空右侧的大补五浪一般会十拿九稳。因此，投资者要放弃小的确定性，主抓大的确定性，同时避免频繁交易的现象。

八、“速度”要素不可或缺

在“跨时空纠缠的五浪结构”理论中，技术分析的四要素——量、价、时、空——得到了统一。不过，四要素并不完美，在这之外，必须加入“速度”这一要素，我称之为“量、价、速度、时空”新四要素。

在K线运行中，在无限延展的跨时空纠缠的五浪结构中，已经出现的补五浪永远被确定在时空的左侧，尚未出现的补五浪则存在于时空的右侧。当补五浪被确定，时空要素就被确定；反之，当补五浪尚未出现，时空就是未确定要素。而且根据箱体运动理论及“一三指方向”可知，随着时间向右侧延伸，未来的K线运行空间也会向右侧延展，因为左侧K线形成的箱体上下轨也在继续延伸。

如图4-44所示，随着时间延伸，深科技（000021）的右侧运行空间延展。

所以，在K线运行法则中，时间和空间也是一体的。

在有些上涨浪中，成交量大不一定拉升速度就快，没有量不一定拉升速度就慢，特别在最快的连板拉升浪中，速度往往会短期背离量能，而根据左侧唤醒与右侧纠缠循环理论，左侧一三浪的拉升速度恰恰是判断时空右侧补五浪拉升浪形的关键所在。

在“量、价、速度、时空”新四要素中，“量、价、速度”是已经出现

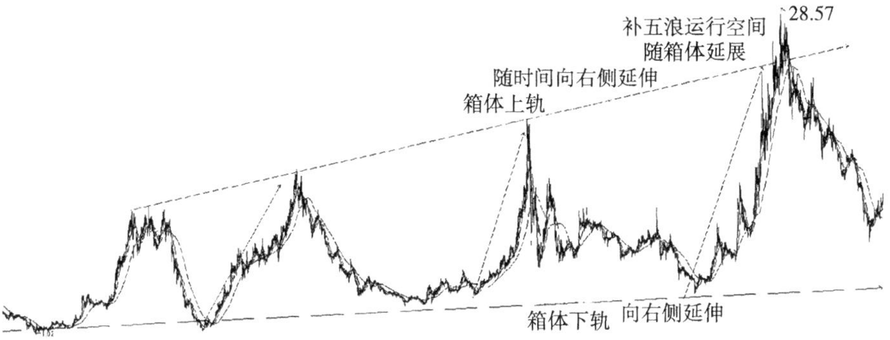

图 4-44 深科技（000021）K 线

的定量，是已知数，是 K 线左侧所有信息的技术分析要素，特别是对左侧已形成的一三浪作技术分析的要点；“时空”是未知数，当补五浪出现，“时空”才成为定量。

总的来说，“量、价、速度”决定了左侧的结构形态，是预测“时空”右侧 K 线运动的关键。

图 4-45 中，华银电力（600744）左侧 1 浪、3 浪都是连板拉升，保持分时浪的最快速度，可以预判其右侧的补 5 浪中必有涨停板；中间的三浪就是左侧 1 浪、3 浪的补 5 浪，果然出现连续涨停板；再根据一浪、三浪的拉升中保持的涨停板结构，又可以预判时空右侧补五浪中必有涨停板。

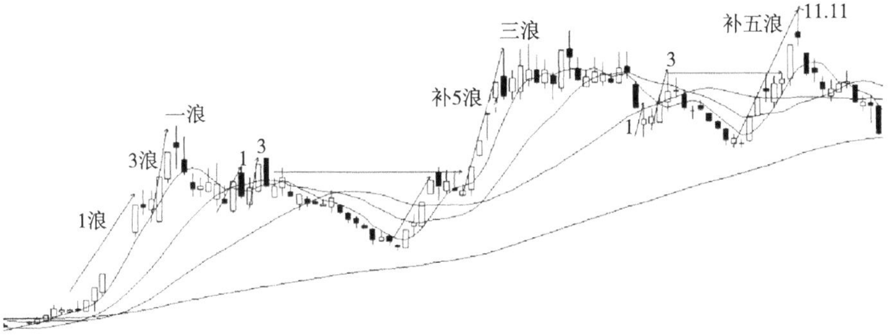

图 4-45 华银电力（600744）K 线

像这种情况，在左侧的浪形结构中，“速度”就成为预测时空右侧补五浪浪形的关键要素。

图 4-46 中，杭州柯林（688611）一浪、三浪、五浪为纠缠组合，观察左侧一浪、三浪可以看出，三浪拉板速度快于一浪，分时涨升幅度大于一浪，而且箱体向右侧开口放大，由此可预测右侧不仅存在补五浪而且必有涨停板，分时涨升幅度大于三浪，顶点在扩张箱体上轨区域。

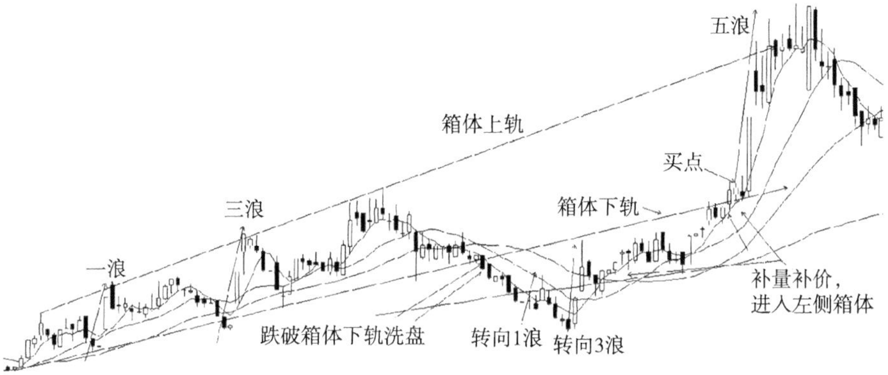

图 4-46　杭州柯林（688611）K 线

如果一浪、三浪、五浪中，右侧浪与左侧浪相比拉升幅度依次增大，这种情况属于“补速释放”，而后市场出现补量补价动作。

图 4-47 是阳光城（000671）2022 年 3 月地产板块的反弹浪。根据左侧一浪、三浪形态可以预测时空右侧的补五浪位置，还可以预测一定会以涨停板结束，甚至可以预测当日分时封板时间晚于三浪封板时间。3 月 31 日补五浪位置最后一个涨停板的封板时间会更晚，因为补五浪中的补五浪更是强弩之末。

预测的原理就是一浪、三浪的两个涨停板与补五浪顶部的两个涨停板形成拉板量能的“减速释放”规律，图 4-46 中杭州柯林正相反。读者可以打开电脑，复盘这四个涨停板的分时走势，细细体会妙处。因此，根据左侧既可以预测终点，又可以预测结束时的运动形态。

图 4-47 中，买点在 3 月 22 日早盘，因为左侧 a 点上影线即将唤醒纠缠，a 点分时浪曾冲到涨停板附近，形成时空右侧的加速浪，根据左侧唤醒原理，右侧 K 线越过 a 点也会急速拉升冲板。

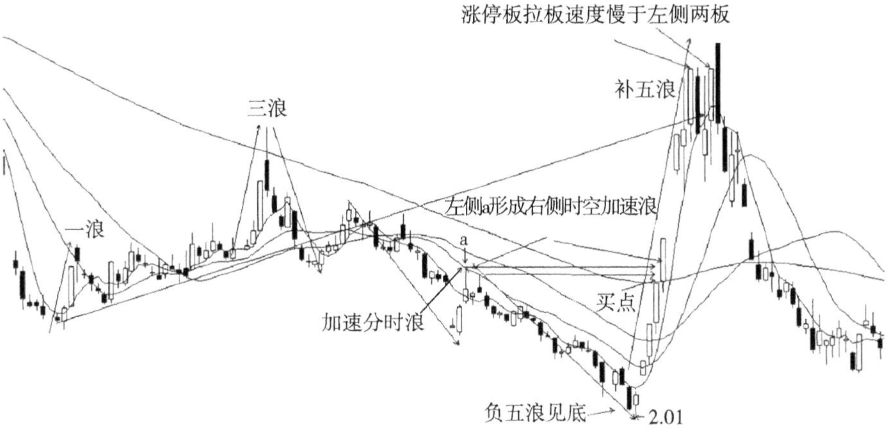

图 4-47 阳光城（000671）K 线

“补速释放”与“减速释放”是 K 线运动中的普遍现象，有时候，结合速度要素来预测右侧，往往有意想不到的效果。

图 4-48 中，莱茵生物（002166）涨停板是分时拉升最快的加速浪，时空左侧的连续涨停板拉升浪在右侧被唤醒，预测右侧的补五浪中必有连续涨停板现象，这是左侧唤醒与右侧纠缠循环决定的；而右侧补五浪的五浪结构中都出现了涨停板现象，这是时空左侧与右侧小 1 浪的速度唤醒与惯性延续。所以，根据时空左侧和右侧小 1 浪的涨停板现象可以预测右侧循环浪中必然存在涨停板现象。

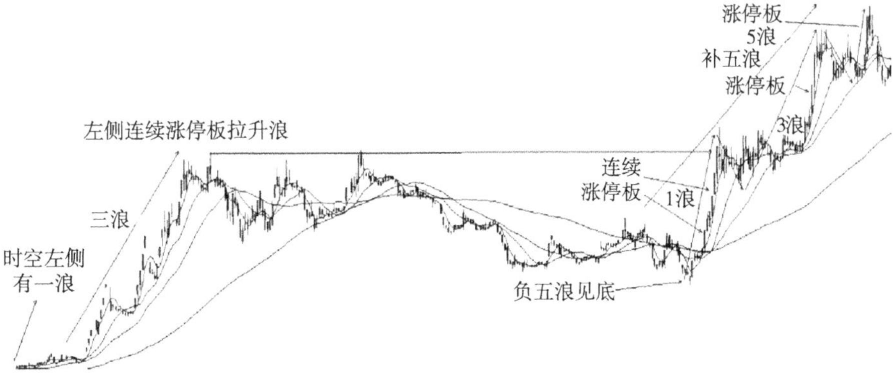

图 4-48 莱茵生物（002166）K 线

在漫长的熊市周期中，多数股票K线的最小周期运动波幅极小，几乎没有交易价值，这时候，有些股票出现涨停板的现象尤为重要，涨停板的出现意味着股性被激活，发出重建上涨新周期的信号，也意味着K线开始搭建新的五浪时空结构。

所以，“速度”的改变决定着股性的改变，突然改变的波段速度要么是左侧的唤醒与延续，要么是五浪结构的重建。所以在K线运动的技术分析中，“速度”因素的重要性等同于“量、价、时空”的重要性。

九、论长期价值投资理论

（一）长期价值投资的要点是找到真正的潜力股

几百年来，股市运行的精确规律晦暗不明，深深影响了人们的交易理念，于是用长周期过滤短周期不确定性的长期价值投资理论受到追捧。因为历史证明，无论如何波折，人类都在向更好的方向前进，基于此，人们认为股市螺旋式上涨是确定的未来逻辑大方向，所以长期价值投资理论的核心是找到潜力股并且长期持有。

那么在全面注册制的大背景下，“股市森林”的面积越来越大，对选股的要求越来越高，什么样的股票才是真正的潜力股？人们公认的潜力股、白马股可以随随便便就投资吗？

听闻有些公司在招聘时，不仅仅看重大学时的成绩，还会追问高中以至于初中时的成绩，以了解应聘者的优秀是一贯的还是后发因素，当然，持续的优秀是更佳选择。

所以投资一只股票，也要看它的全貌，绝不能以局部K线断章取义。赚大钱靠大波段，而大波段的存在与否和涨升空间是由左侧决定的，左侧优秀，右侧就容易唤醒，右侧循环才会继续，这和选择人才的道理相通。

所以一只股票的右侧有没有近距离的大补五浪，技术上是由左侧决定的。如果左侧存在技术特征鲜明的一浪、三浪，根据五浪时空结构法则，时空右侧就必然存在补五浪。如果左侧的大补五浪刚结束不久，那么就要间隔很长时间才会再起新浪，这时股票的投资价值就会大幅下降。

所以，在基本面分析的基础上，时空左侧已经存在具有鲜明技术特征的一浪、三浪，而时空右侧还没有出现大补五浪的股票，才是真正的潜力股。

（二）长期价值投资必须与五浪时空结构技术分析相结合

证监会等金融监管部门鼓励人们进行长期投资、价值投资，长期价值投资者坚定地相信企业，尤其是优秀的企业，会长期持续地发展、成长，会为其带来丰厚的投资回报。但是，长期投资只有与五浪时空结构理论相结合才能变成价值投资，否则可能只是长期投资，而未必是有价值的投资。只有找到并持有上文所述的潜力股并大波段持有，且知晓进退时机，这样的投资才是真正的长期价值投资。如果投资者在大结构的补五浪高点入场持有，不管投资的是多优秀的企业，一样会带来惊人的亏损和漫长的煎熬。

图 4-49 中，白马股美的集团（000333）“补五即结束”后股价跌幅巨大。

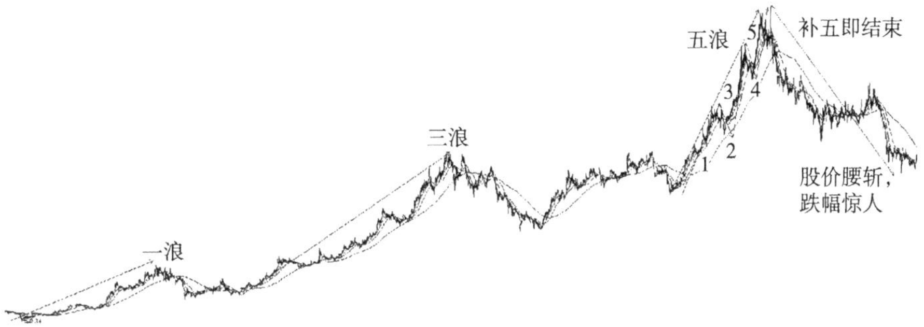

图 4-49 美的集团（000333）K 线

在美国上市的阿里巴巴（BABA）股票，左侧一浪、三浪浪形清晰，右侧出现大补五浪，而后“补五即结束”，股价几乎腰斩再腰斩（见图 4-50）。

所以，就算对于基本面再好的股票，做长期价值投资也离不开技术分析法，如果不能与大五浪时空结构技术分析相结合，随意地开始长期投资，既不知道什么时候建仓，也不知道什么时候退出，那都是盲目的投资行为。

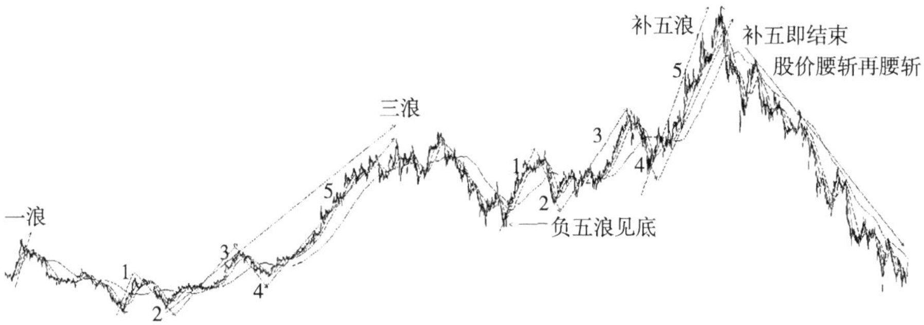

图 4-50　阿里巴巴（BABA）K 线

图 4-51 中的福耀玻璃（600660）也是市场中标准的白马股，其高点回撤同样惊人。如果投资者不懂补五即结束的法则，势必损失惨重。技术分析的重要性不言而喻。

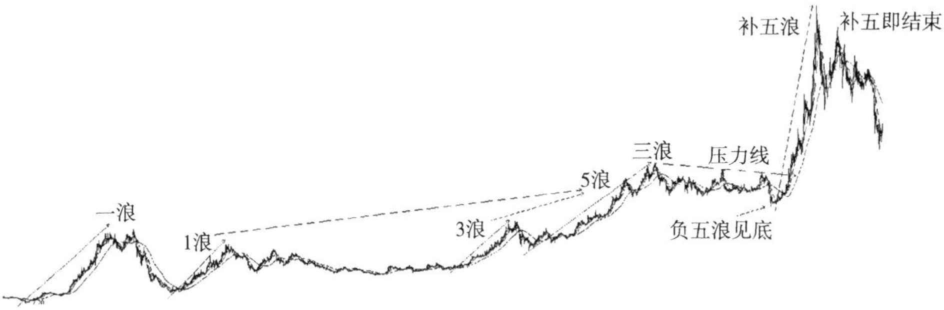

图 4-51　福耀玻璃（600660）K 线

总结来说：①基本分析法必须与科学的技术分析法相结合。②长期价值投资必须与五浪时空结构技术分析相结合。

第五章

K 线的弹性形变

——历史穿越浪、张力结构

道冲，而用之或不盈。渊兮，似万物之宗。

吾不知其谁之子，象帝之先。

——《老子·四章》

一、历史穿越浪是股价最疯狂的左侧唤醒

在五浪基本结构中，五浪是左侧一三浪的叠加态。在时空结构上，最大补五浪通常是“时空左侧最大一三浪的补五浪”与“右侧最大一三浪的补五浪”的双重叠加态，也是基于时空左侧的多重纠缠态。

如图5-1所示，民生银行（600016）右侧最大补五浪既是时空左侧一浪、三浪的补五浪，又是右侧1浪、3浪的补5浪，所以是两个补五浪的叠加态。

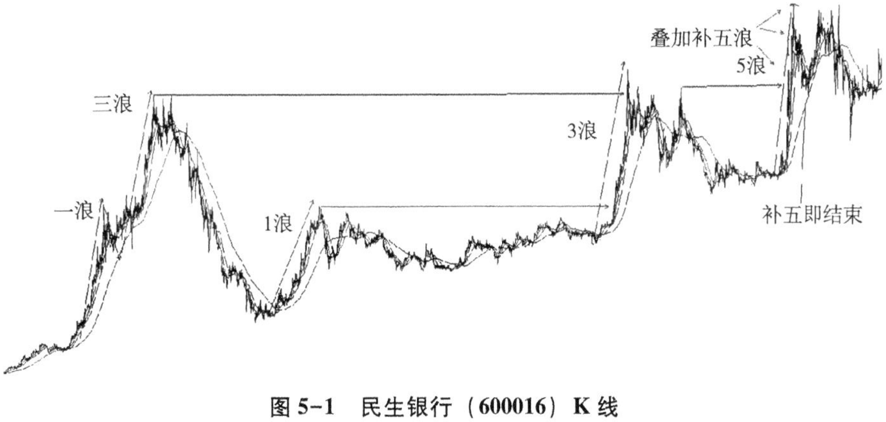

图5-1 民生银行（600016）K线

图5-2中，富奥股份（000030）右侧最大补五浪是时空左侧最大一浪、

三浪与右侧最大 1 浪、3 浪的双重叠加态，涨升过程中逐级修复时空左侧缺失浪，所以又是基于时空左侧的多重纠缠态。

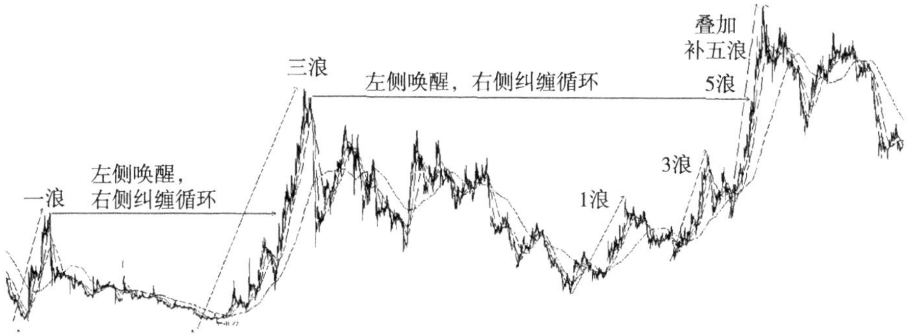

图 5-2 富奥股份（000030）K 线

根据 K 线运行法则可知，当股价越过左侧历史高点区域时，会基于左侧高点区域浪形相应地出现右侧纠缠循环浪形，这种 K 线波浪就是历史穿越浪，也是时空结构上的最大补五浪。

根据左侧唤醒与右侧纠缠循环规律，历史穿越浪延续了时空左侧历史高点的 K 线特征，涨速快且具备稳定性，存在疯狂的多逼空行为。

这种跨越时空的纠缠浪气势磅礴，是股票“一生”中为数不多的最辉煌阶段，平均几年才会出现一次。这种大浪上涨空间从 1 倍到 10 倍不等。对多数股票而言，我们终其一生，也只有为数不多的几次穿越浪。

图 5-3 中，北方稀土（600111）右侧 K 线越过左侧历史高点后，左侧唤醒，右侧纠缠循环形成历史穿越浪，从低点起上涨约 6 倍。

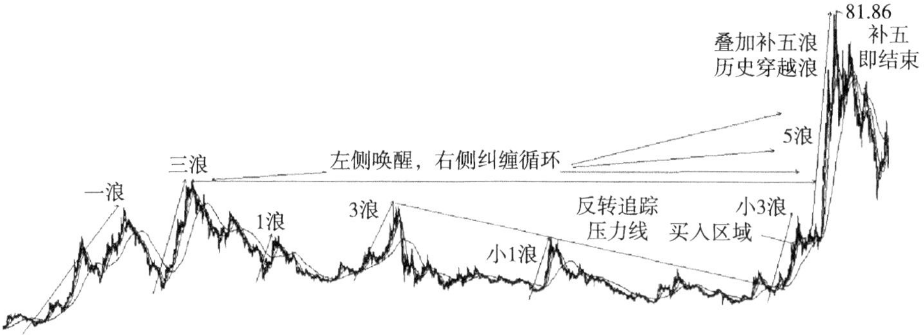

图 5-3 北方稀土（600111）K 线

图 5-4 是洪都航空（600316）4 倍空间的历史穿越浪，这种穿越浪 20 多年来仅仅出现 3 次。

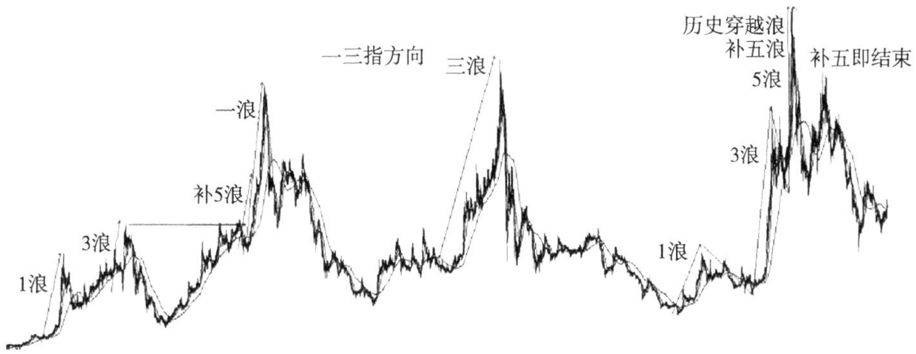

图 5-4　洪都航空（600316）K 线

图 5-5 中，西藏珠峰（600338）在 2021 年锂矿热点题材中右侧走出 5 倍穿越大浪。注意观察一浪、三浪、五浪中拉升波段的相似性，这也是一浪、三浪、五浪中经常出现的股性恢复记忆后的 K 线波段相似性。

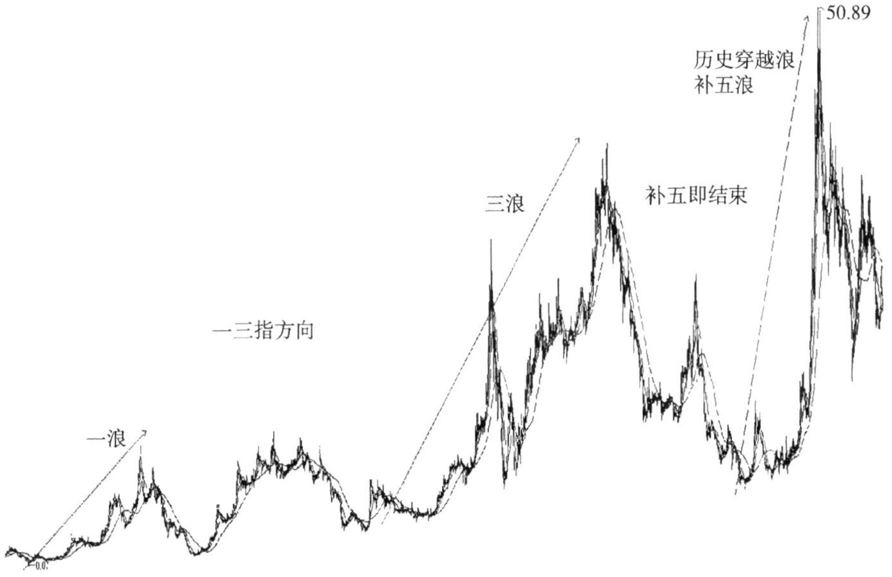

图 5-5　西藏珠峰（600338）K 线

图 5-6 是川能动力（000155）在 2021 年锂矿行情中走出的 10 倍穿越大浪，疯狂的左侧唤醒与右侧纠缠循环。买入位置为什么不在最低点？因为必须遵循“一三指方向”，低位时指方向的 1 浪、3 浪信号还未出现。当然，如果投资者有充足的资金和耐心就另当别论了，当然可以在三浪后的负五浪位置买入。

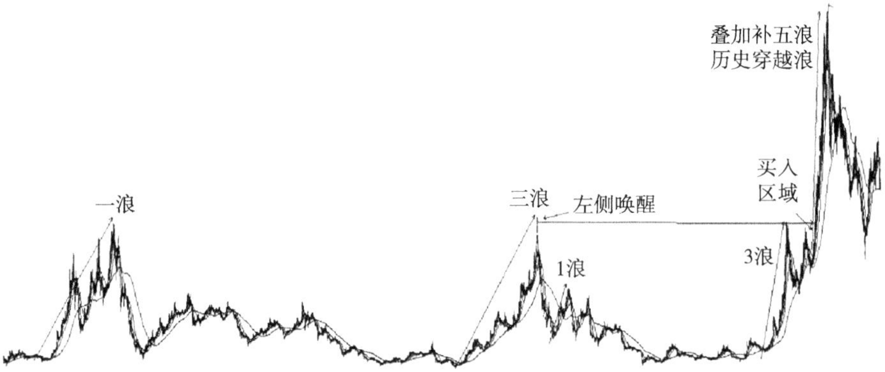

图 5-6 川能动力（000155）K 线

图 5-7 是新力金融（600318）接近 6 倍的历史穿越浪。历史穿越浪就是左侧最大周期的补五浪。

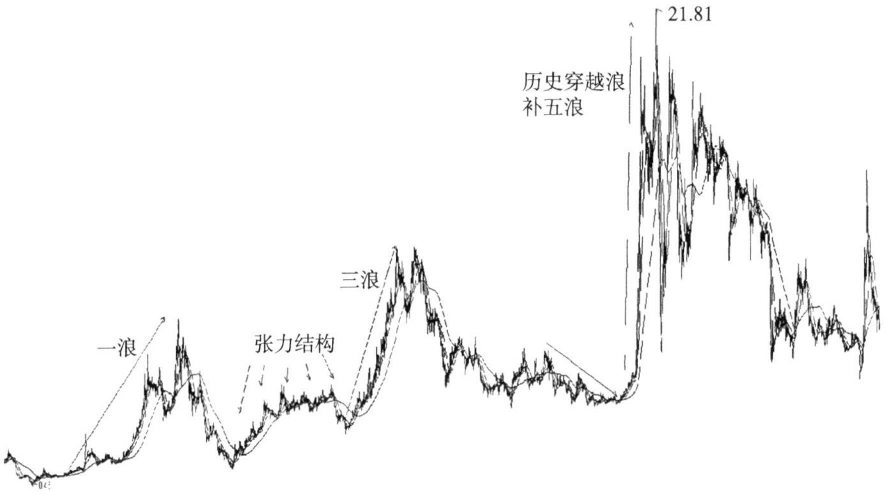

图 5-7 新力金融（600318）K 线

图 5-8 中，多氟多（002407）每波历史穿越浪都有惊人的涨幅，这是十几年来的第三次。

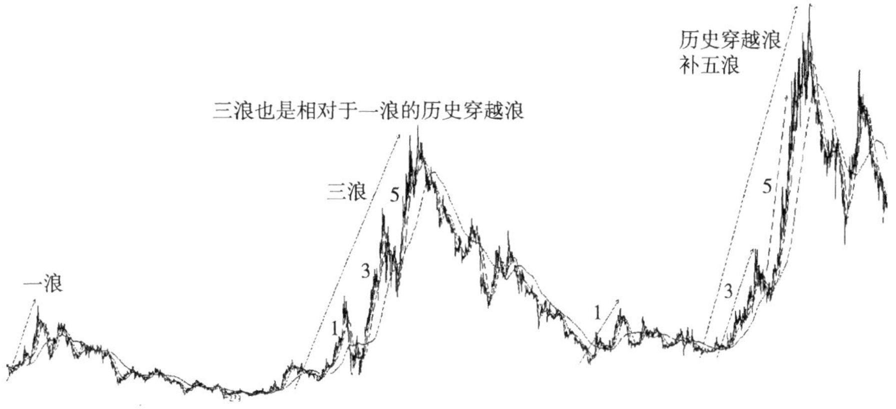

图 5-8　多氟多（002407）K 线

历史穿越浪是股票皇冠上的明珠，是大周期运动最丰硕的果实。它是左侧最疯狂的唤醒，是右侧最疯狂的继续。

只有抓历史穿越浪才能获得大利润。用本书所述技术做短线，非我所愿。不纠结于短线，只着眼于大浪，才是成功之大道。大波段捕捉个股的历史穿越浪，知晓进退时机，就是最佳的投资策略。

我最喜欢看的节目就是央视纪录频道的《全景自然》，几乎没落下一期。自然界的奇妙让人惊叹不已，我深以为股票的价格运动规律也必然符合自然规律。

有一集讲述的是非洲撒哈拉沙漠中的复活草（鳞叶卷柏）。它可能枯萎了几十年，随风沙翻滚，当在沙漠中偶遇一场雨，它的枝干在几分钟之内就会吸满水分，在雨水的冲刷中种子脱落，几个小时就会生根发芽，几周就会开花结种。之后，它在干旱中再次干枯，再次随风沙翻滚，等待下一场雨继续生命的循环。

对它来说，每一次遇雨生根发芽都是左侧记忆的唤醒，每一次生根发芽、开花结种又都是右侧循环的延续，这种生命循环对于它而言也是一种跨越时空的纠缠。

这好比股票的生命周期，被左侧唤醒，在右侧循环，大循环结束后一沉寂下来就是好几年。

所以我一直把股票视为生命体，一直致力于寻找它循环周期的最辉煌阶段——历史穿越浪。我们不必陪它沉寂，我们要做的就是在它即将开始经历最辉煌阶段的时候，出现在它面前，与它一道经历跨越时空的纠缠。

二、“张力结构”是K线波浪形态的弹性形变，是量能的蓄积形态

前面我们讲了历史穿越浪，因其为时空左侧与右侧叠加形成的最高级别的纠缠浪，往往涨幅巨大，少则1倍多则10倍，蕴含惊人的财富机会。从“补五即结束”法则中我们知道，由于历史穿越浪都是大级别的补五浪，之后的下跌幅度很大，调整十分漫长，有的长达数年之久，即使负五浪跌出来，也只是小周期上涨浪，交易价值不大，股价还会在底部盘桓很久。

那么，怎么识别股价下一波段的运动方向呢？怎么知道下一波穿越浪的大致启动节点呢？“一三指方向”适应大小周期，但在穿越大浪的预测上，因为历史底部出现一浪、三浪的时空间隔实在太远而显得力不从心，怎么办？这些问题困扰了我很多年，直到发现“张力结构”。

“张力结构”表现在股票上就是蓄积了交易量能的K线结构形态。识别K线的张力结构是预测股价未来运动的核心分析技术，它在历史底部的形成通常预示着后面市场的大转折。

我们观察生活中和自然界的事物，会发现很多蓄能结构都与圆形、椭圆形有关。椭圆形喷瓜能集聚较大的内部压力，可以把种子喷得更远；河流在拐弯时会冲刷出椭圆形河道；刨花因为两面受力不同卷成圆筒；星体的运行轨道接近圆形或呈椭圆形；肥皂泡因表面张力呈圆形；弹簧的螺旋结构能蓄积释放量能……这是自然选择的结果。

弓与弹簧等固体因为被施加外力改变形状而具有弹性，当外力撤销，固体又恢复原状，这种现象叫作弹性形变。弹性形变有四种基本类型：拉伸和压缩形变、切变、弯曲形变、扭转形变。比如将生长的竹子拉弯，竹竿就具有了弹性，这就属于弯曲形变。

在物理学上，发生弹性形变的物体的各部分之间，由于有弹力的相互作用而具有势能，这种势能叫作弹性势能。同一弹性物体在一定范围内形变越大，具有的弹性势能就越多。

同样地，K 线在波浪运行过程中因交易行为产生弹性形变，形成以圆弧形为主的带有曲率的几何结构，这种结构形态就称为“张力结构”。

这种 K 线组合形态蓄积了势能，具备了极大的张力，“张力结构”的切线方向就是股价未来运动的阻力最小方向。

图 5-9 中，美的集团（000333）三浪调整结束后 K 线结构发生弹性形变，形成弧形张力结构，而后股价涨幅翻倍。

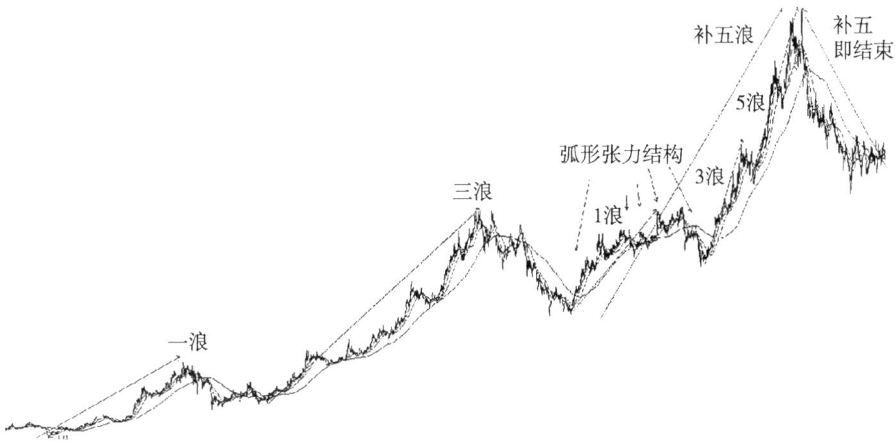

图 5-9　美的集团（000333）K 线

图 5-10 中，太原重工（600169）大一浪、三浪间形成弧形张力结构，浪形上为一浪。

图 5-11 是五粮液（000858）在 2019 年与图 5-9 中美的集团（000333）同期形成的弧形张力结构，历时一年多的弹性形变后股价上涨 5 倍。我当时在确认了这个张力结构后，却认为五粮液作为大盘股上涨太慢而错失大牛，现在想来当时太短视，低估了大型张力结构积蓄的量能。

图 5-12 中，在 TCL 科技（000100）近 20 年形成的跨时空五浪结构中，多次形成了张力结构。

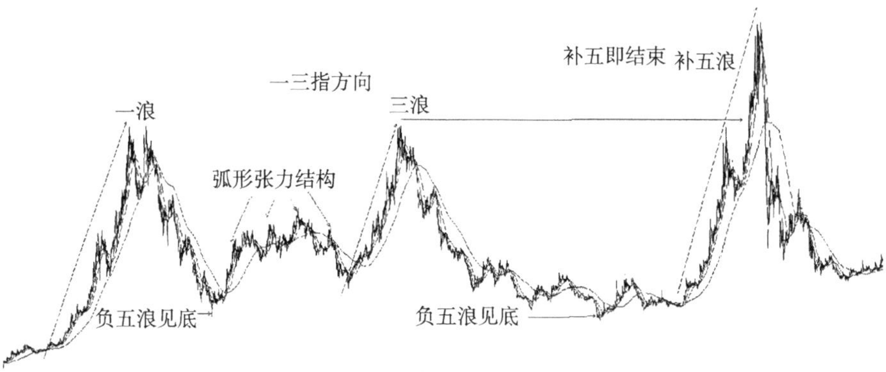

图 5-10　太原重工（600169）K 线

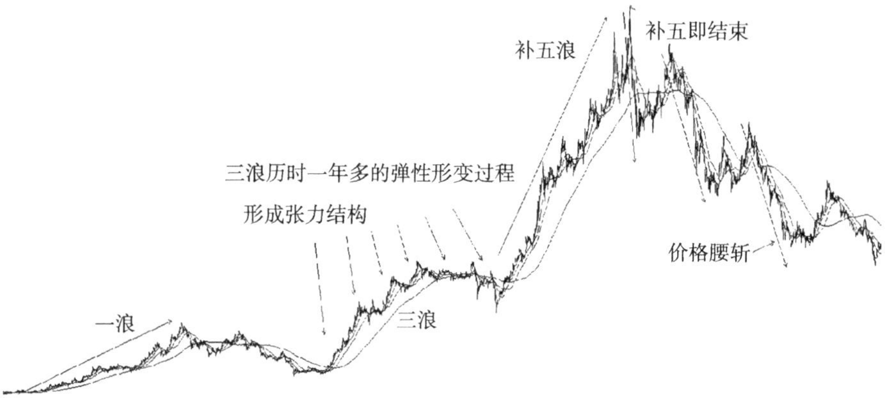

图 5-11　五粮液（000858）K 线

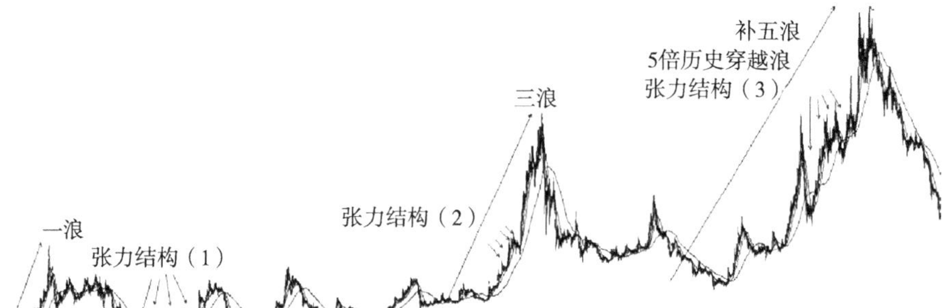

图 5-12　TCL 科技（000100）K 线

图 5-13 是华创阳安（600155）一三大浪之间的转向 1 浪形成的弧形张力结构。

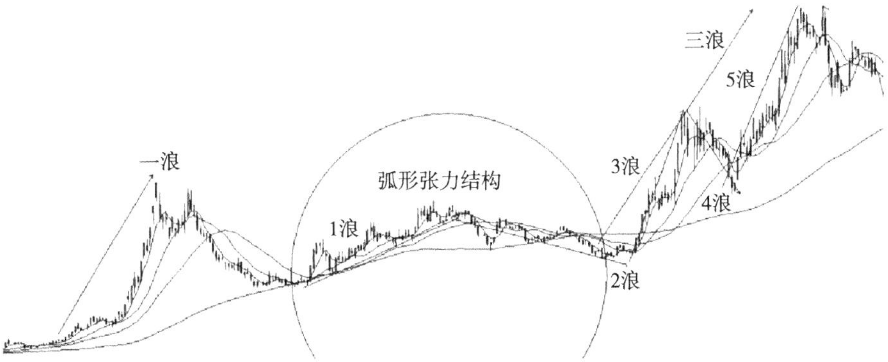

图 5-13 华创阳安（600155）K 线

图 5-14 中，东信和平（002017）的弧形张力结构是催生右侧补五浪的关键形态。

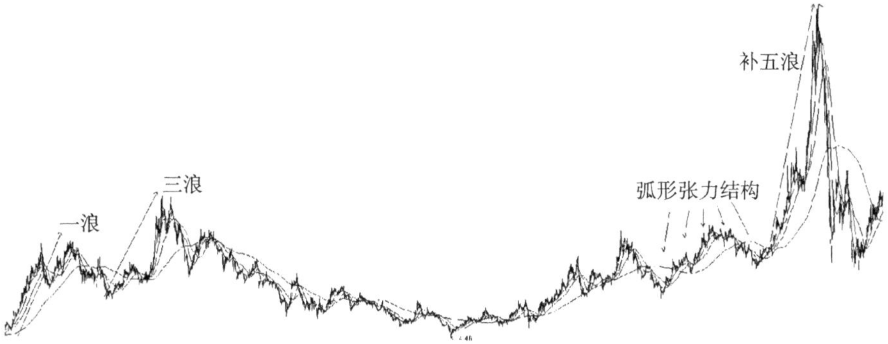

图 5-14 东信和平（002017）K 线

图 5-15 中，三安光电（600703）的大五浪结构中两次形成弧形张力结构。

张力结构是量能的孕育形态、蓄积形态，其积蓄的巨大势能的释放方向就是之后拉升大浪的运动方向，当由之催生的右侧拉升浪再与左侧历史高点产生纠缠时，就会形成左侧唤醒与右侧循环现象，出现疯狂的历史穿越浪。这就是张力结构的意义所在。

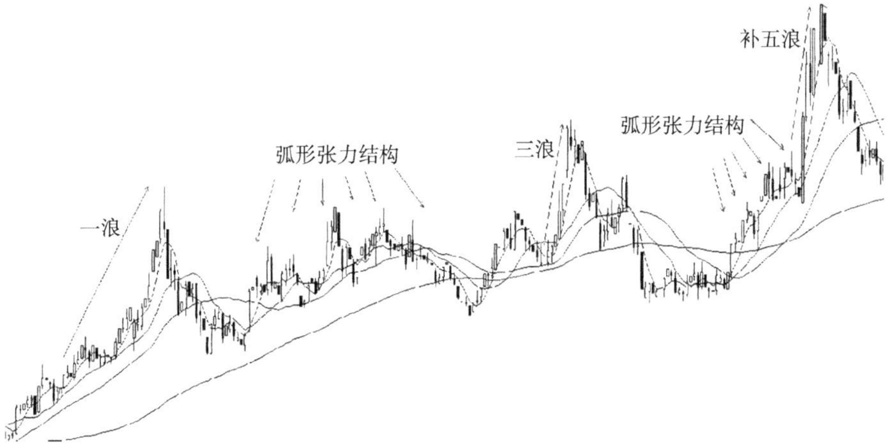

图 5-15　三安光电（600703）K 线

图 5-16 是欣旺达（300207）2020 年三浪形成的弧形张力结构与之后的历史穿越浪。

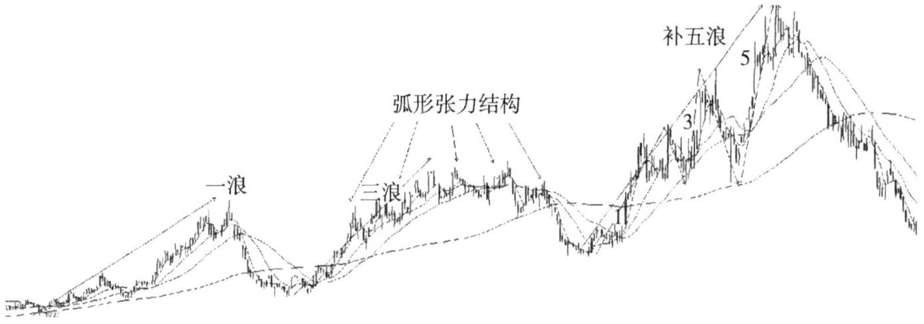

图 5-16　欣旺达（300207）K 线

图 5-17 中，美国上市的阿里巴巴（BABA）的类弧形张力结构在浪形上为三浪，而后形成大补五浪，最后遵循“补五即结束”。

图 5-18 是安通控股（600179）2009 年半圆弧形张力结构及跨时空五浪结构。

图 5-19 是浪潮软件（600756）2018 年小 1 浪、小 3 浪形成的双弧形张力结构。

图 5-20 中，科华数据（002335）两次弹性形变形成的弧形张力结构催生历史穿越浪。

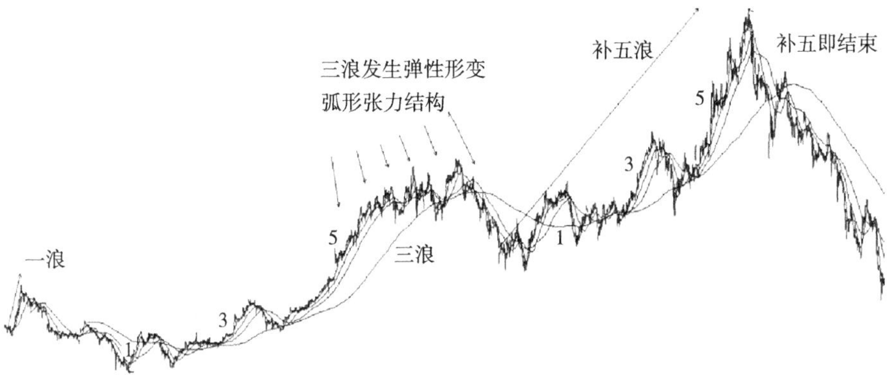

图 5-17　阿里巴巴（BABA）K 线

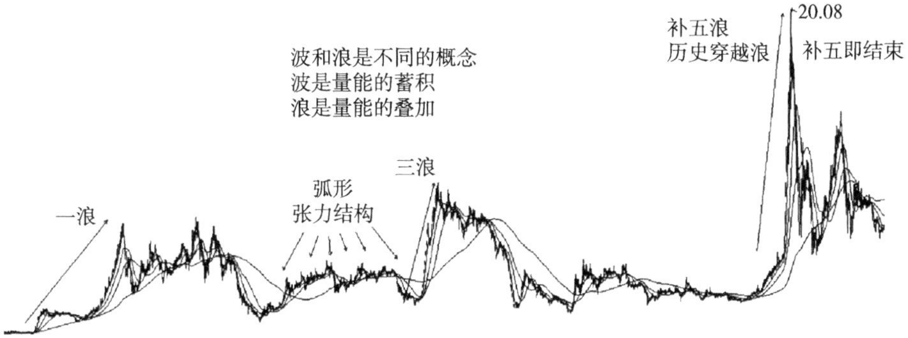

图 5-18　安通控股（600179）K 线

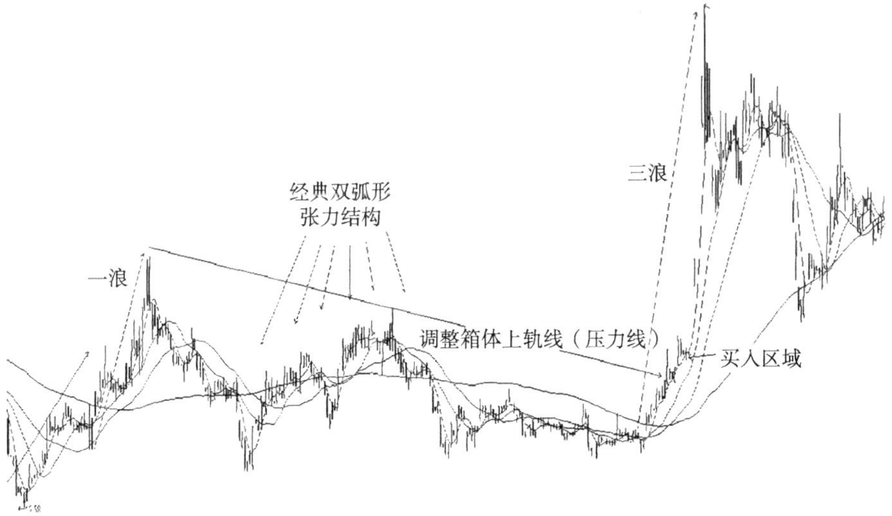

图 5-19　浪潮软件（600756）K 线

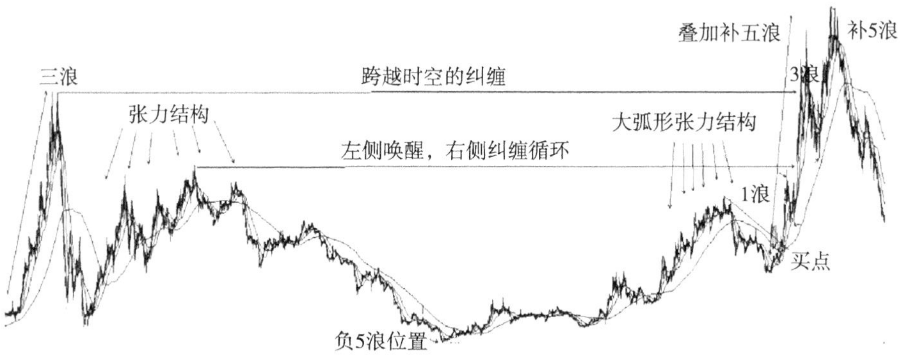

图 5-20 科华数据（002335）K 线

图 5-21 中，北京城乡（600861）的转折型弧形张力结构是补五浪的势能积蓄形态。涨幅惊人的历史穿越浪最后在自周期的补五浪末端结束。

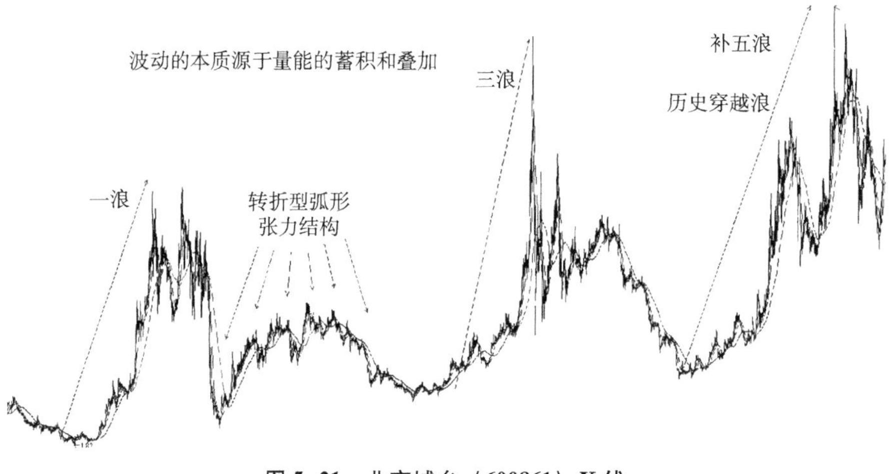

图 5-21 北京城乡（600861）K 线

图 5-22 是奥翔药业（603229）日线，多周期判断确认张力结构形态，而后叠加“补量补价”技术（后文细述）寻找买入点。

我为什么总是用科学原理来解释股票的价格运动？别忘了，锚定上市公司的股票因为上市公司的分割价值而拥有物质属性——一种以特有的运行方式存在的物质，而物质的运动是符合物理定律的。这恰恰是交易者容易忽略之处，他们大多将之视为一种筹码。

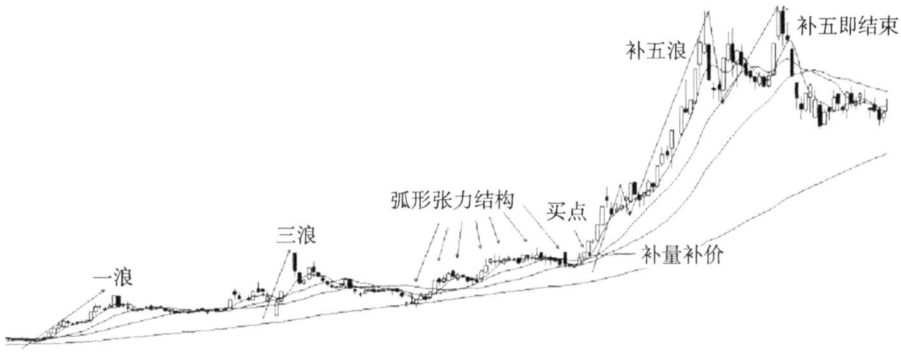

图 5-22　奥翔药业（603229）日线

科学告诉我们，海面上的波浪蕴含着巨大的波浪能，波浪能指海洋表面波浪具有的动能和势能。据测算，台风产生的巨浪，其迎波面的功率密度可达数千千瓦每米，这是多么惊人的能量。见识得多了，你会发现，大多数张力结构恰恰形如海面上涌动的波浪，而波浪正是因波浪能而引起的海水形变，这种量能的多重叠加最终形成滔天巨浪。

图 5-23 是福日电子（600203）转折 1 浪形成的张力结构。

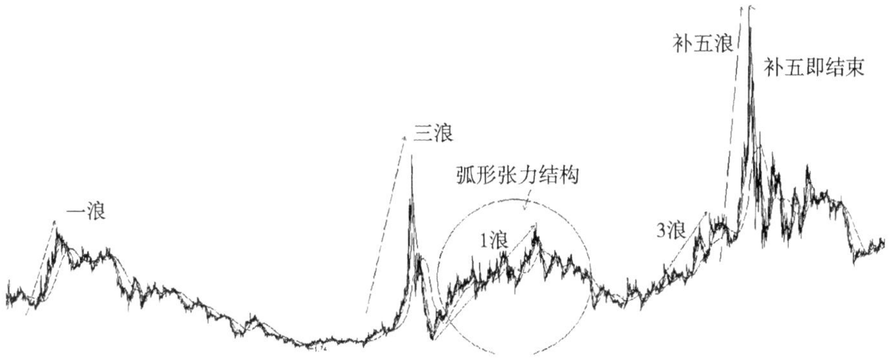

图 5-23　福日电子（600203）K 线

张力结构如同被资金拉满的强弓，此时此刻处于瞬态势能最大值，发射后是强弩之末，恰恰处于瞬态势能最小值，故势不能穿鲁缟也。

图 5-24 中，创兴资源（600193）的张力结构在 2009 年至 2014 年间形成，长达 5 年，形如涌动的海浪，积蓄了巨大势能，之后的历史穿越浪涨幅

接近6倍。

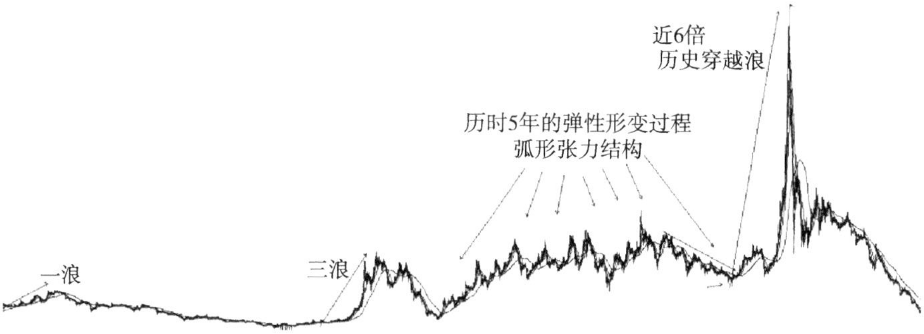

图5-24 创兴资源（600193）K线

除了弧形张力结构，还有螺旋张力结构（弹簧结构），其实这种形态是弧形的分割形态。

图5-25中，宁波中百（600857）的螺旋张力结构孕育了后面的历史穿越浪。

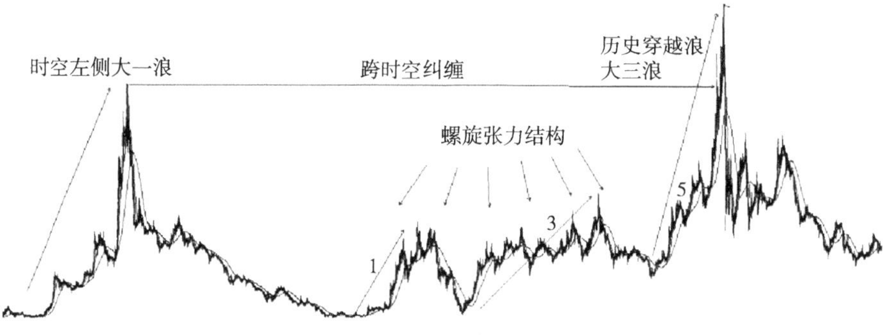

图5-25 宁波中百（600857）K线

（一）"张力结构"是量能蓄积态与浪形的完美结合

表现为圆弧形态的张力结构的形成过程就是K线的弹性形变过程，也是量能的蓄积过程。

在"一三指方向，补五即结束"的规律中，一浪、三浪本来就起到指出未来补五浪方向的作用，当一三浪再与张力结构相结合，就更加明确了未来

的 K 线运动方向。所以说，张力结构是量能与浪形的完美结合。

张力结构一旦形成，其后面的补五浪多与时空左侧高点浪形纠缠共振，很容易形成疯狂的历史穿越浪。

如同我们做任何动作都是肌肉发力在前，动作在后一样，肌肉隐藏于内，而 K 线暴露在外，张力结构使我们得以发现股价大规模运动前的启动信号。

用最美好的词汇也不足以表达我对 K 线张力结构的喜爱，每次发现这些形态，我都欣喜若狂，这是下浪大涨的火种，是即将在未来绽放的花苞。

图 5-26 是中国平安（601318）运动浪中的弧形张力结构（中继型）。

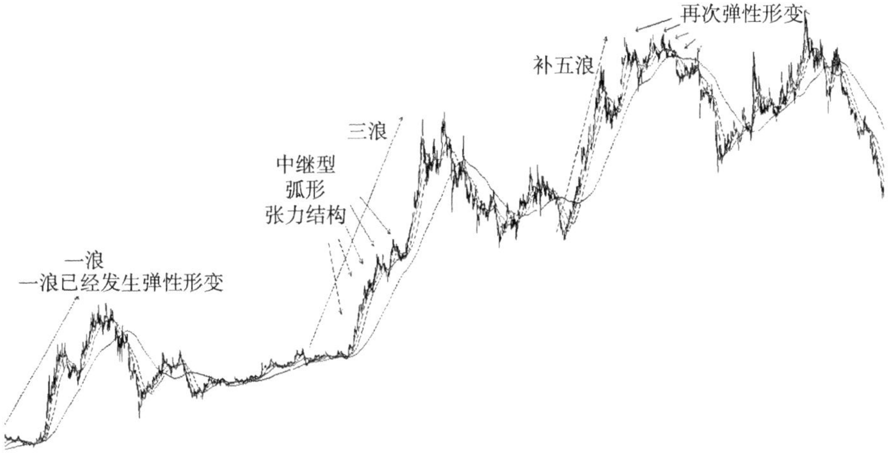

图 5-26 中国平安（601318）K 线

图 5-27 是福日电子（600203）周线图，可以看到，转折型弧形张力结构形成历经 4 年，张力结构后面的每个历史穿越浪都涨幅惊人，所以投资者对大型张力结构要倍加珍惜。

图 5-28 是长鹰信质（已更名为“信质集团”，002664）大周期的弹性形变，而后形成 4 倍涨幅的历史穿越浪。

图 5-29 是国泰集团（603977）的转折型弧形张力结构。

图 5-30 中，长安汽车（000625）K 线的弹性形变之神奇简直无以言表，望大家认真学习体会，结合五浪时空结构原理掌握张力结构的技术精髓。

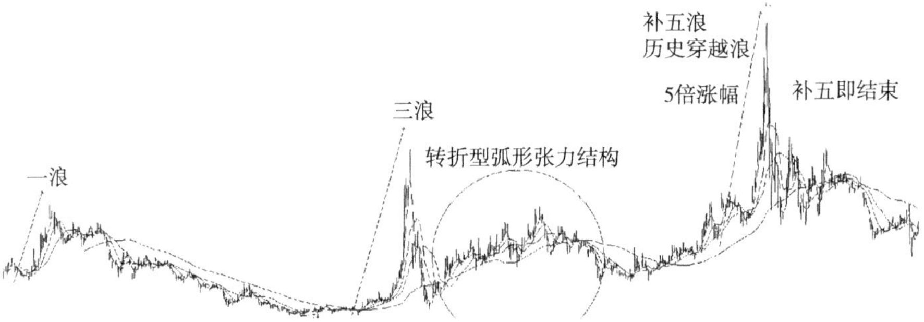

图 5-27　福日电子（600203）周线

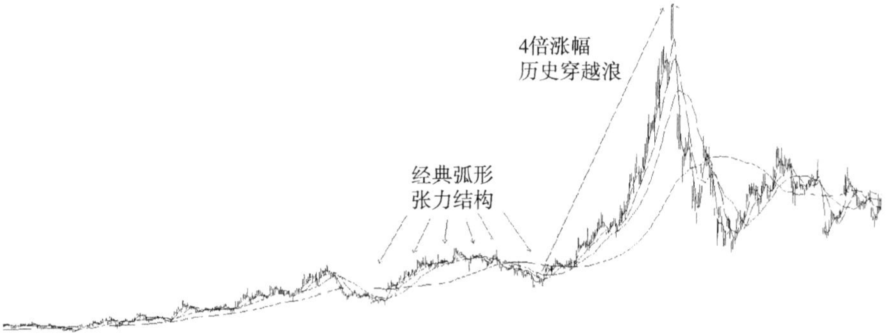

图 5-28　长鹰信质（002664）K 线

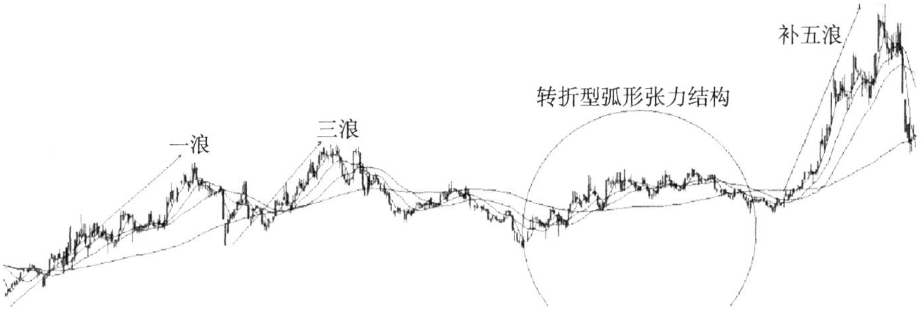

图 5-29　国泰集团（603977）K 线

图 5-31 中，华控赛格（000068）3 浪后面形成了标准的 60 分钟弧形张力结构，这种弧形可以称为“转向弧”，把破位洗盘的 K 线拉回原来的运动箱体。它是紧凑型五浪结构中经典的反转信号，是短线买入的绝佳机会。

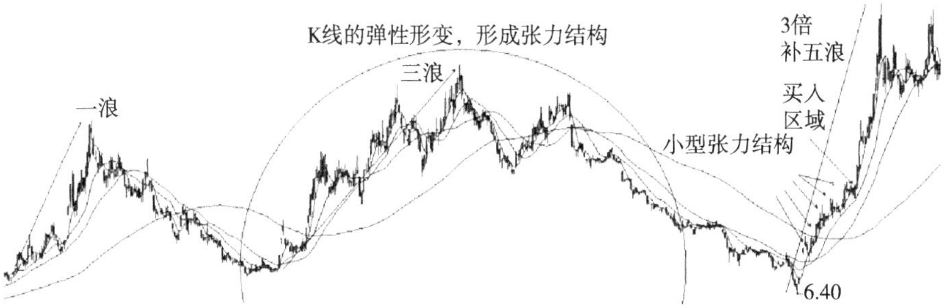

图 5-30 长安汽车（000625）K 线

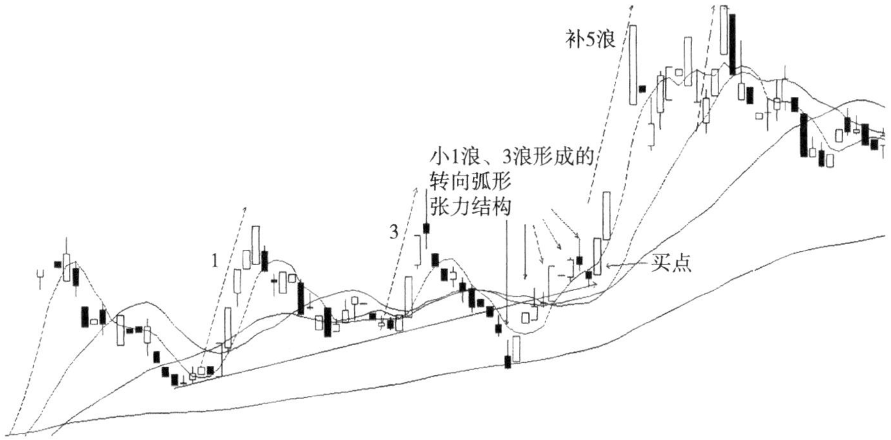

图 5-31 华控赛格（000068）K 线

图 5-32 是巨力索具（002342）120 分钟 K 线，是超短线五浪结构中形成的张力结构。

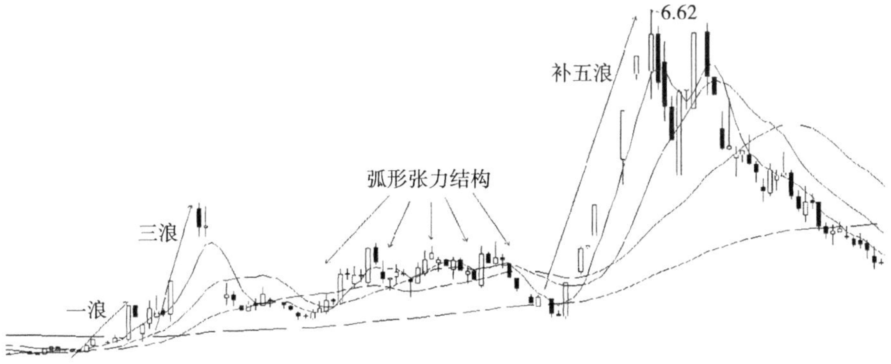

图 5-32 巨力索具（002342）120 分钟 K 线

任何一只股票在K线的波动过程中都会出现周期不同的弹性形变，所以张力结构是K线运动中普遍存在的力学形态。

除非你想做需要每天盯盘的超短线，否则你可以放弃小周期级别的张力结构形态，耐心寻找日线、双日线、周线等张力结构（用不同周期来反复确认形态是必须的）。然后在五浪时空结构分析的基础上，用压力线、负五浪见底、补量补价等右侧纠缠技术予以辅助，这样你就可以气定神闲地等待，等待最佳入场点的到来，这才是长期投资的精华所在。

（二）期货市场中的张力结构

我们再来看一下期货市场中的张力结构。

我们先来复盘一个经典图例，图5-33是2010年棉花期货行情，这一波行情成就了期货界数位大神。

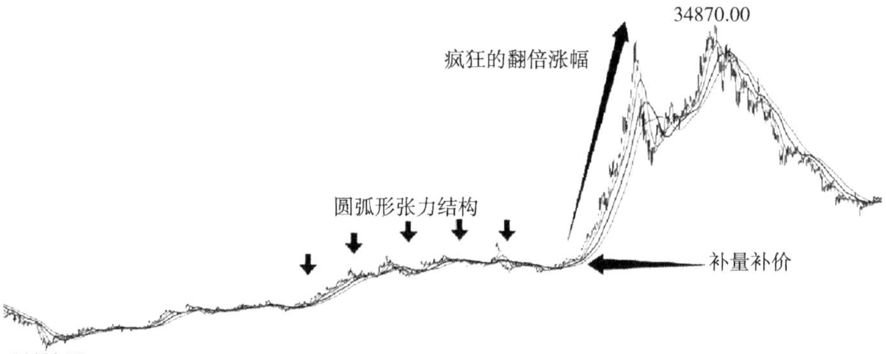

图5-33 2010年棉花期货行情

看到了吧，行情井喷前已经形成了经典的圆弧形张力结构，而且圆弧形态顶部已经形成拉板的指向小1浪、小3浪，K线运动速度已经被激活，补量补价后形成疯狂的拉升浪。

任何基于供求关系的商品价格运动都有其一定的主观性，在行情启动之前，K线都会在技术面上做好充分的准备，K线的弹性形变就是这个准备过程。

图 5-34 为伦敦锌金属期货日线。2022 年 1 月，伦锌日线、周线都出现非常经典的弧形张力结构，而后走出小一三浪转向阳线，调整一天后突然发力，仅仅七八个交易日，短线涨幅接近 40%（发现张力结构后，我做多了沪锌期货，不过涨幅远小于伦锌）。

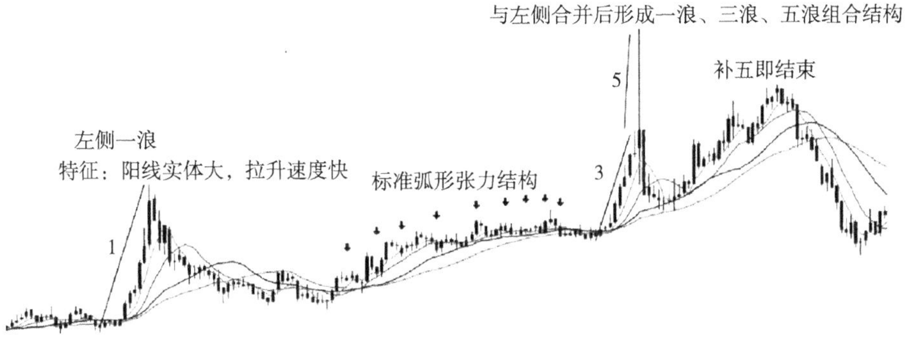

图 5-34　伦敦锌金属期货日线

图 5-35 是动力煤期货 2021 年 9 月前后的疯涨行情，上涨之前，技术面已经做好了充分准备，毕竟，K 线必须沿着阻力最小的方向前进，所以拉升前，K 线会提前搭建好省力结构。

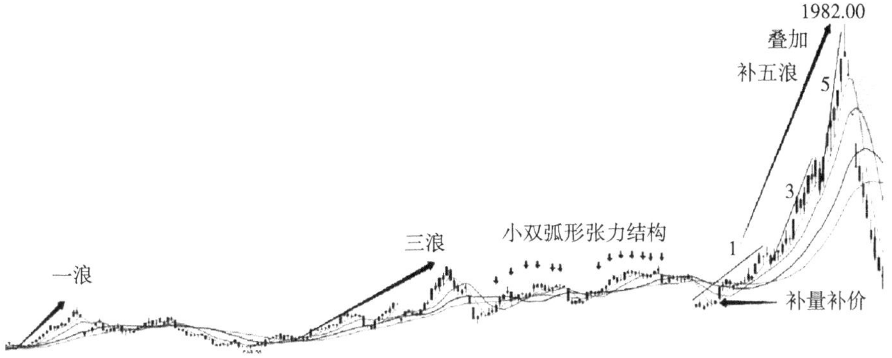

图 5-35　动力煤期货行情

后来，动力煤限价政策出台，动力煤价格崩跌，但你会发现，打压政策的出台节点恰恰位于补五大浪的五浪位置，即使没有政策打压，这里也是高点区域，因为“补五即结束”是铁律。

图 5-36 为 2022 年螺纹钢期货周线。2016 年年初到 2019 年年底，螺纹钢

期货K线出现超大级别弹性形变，形成经典的弧形张力结构，蓄积了巨大的势能，张力结构负五浪见底后，期货价格从最低点起接近翻倍涨幅。同期，A股钢铁板块出现大浪，上涨浪左侧同样出现张力结构。

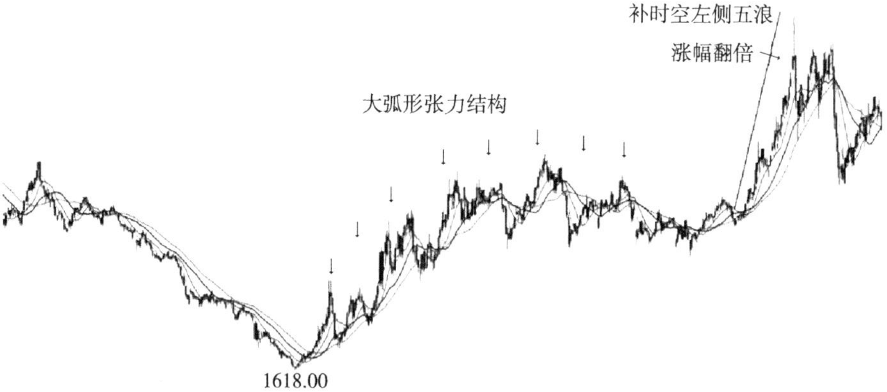

图 5-36　2022 年螺纹钢期货周线

当这种大级别弹性形变图形出现在期货K线上时，对做空者来说是一场巨大的灾难。

图5-37中，鞍钢股份（000898）于2020年12月形成弧形张力结构，而后从低点上涨一倍多，其上涨波段与期货上涨波段同步。

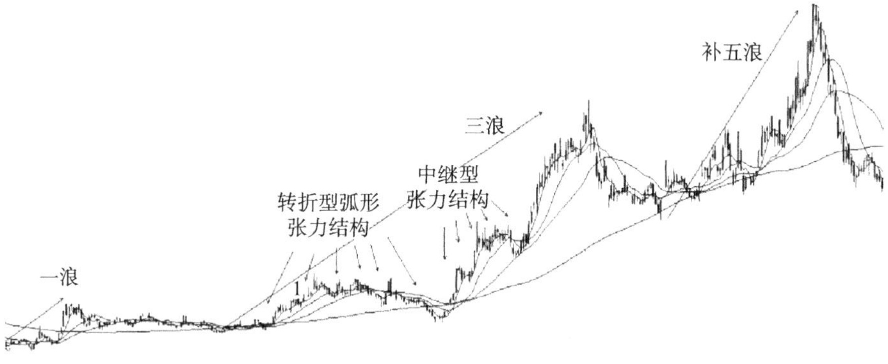

图 5-37　鞍钢股份（000898）K 线

图5-38为热卷期货主力周线。图中类弧形张力结构从2016年起经过4年才得以形成，而后，从张力结构的调整负五浪起，期货价格上涨一倍。这

种大型张力结构的弹性形变过程蓄积了巨大的交易势能，用发现金矿来形容发现这种结构形态都不过分。

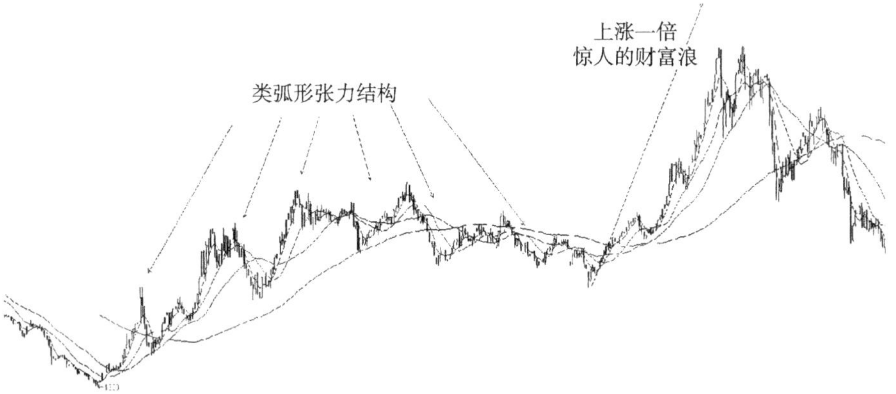

图 5-38 热卷期货主力周线

图 5-39 中，2020 年黄金期货形成张力结构形态，叠加补量补价技术确认价格运动方向。

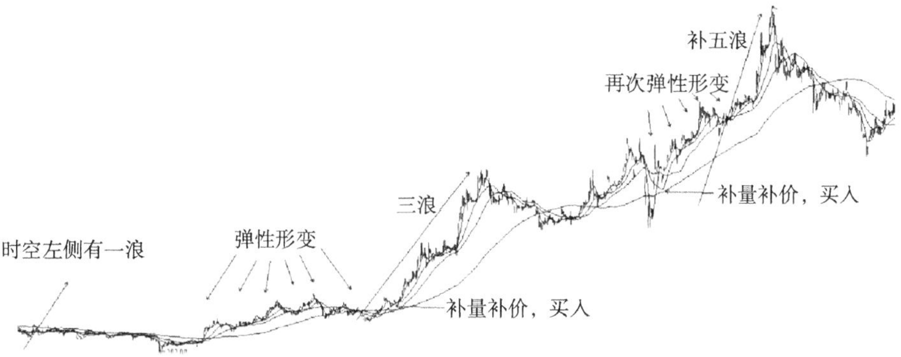

图 5-39 2020 年黄金期货形成张力结构形态

可见，K 线结构弹性形变形成的张力结构形态具有普适性，不仅仅是股市，在期货市场同样精准。

张力结构是未来拉升大浪的萌芽状态，它就像慢慢形成的花苞，而未来的右侧纠缠循环大浪就是它的绽放。

真的可以这样说，只要你发现了一个完美的张力结构，就等于找到了一个金矿，这没有半点夸张。事物总是沿着阻力最小的方向运动，张力结构从力学原理上指出了股价阻力最小的运动方向。

（三）外盘中的张力结构

我们再来看一下张力结构形态在外盘的表现。

图 5-40 为美元外汇指数 2021 年前后周线。我们无法影响美元汇率的走势，但是我们可以预测它。图中呈现出一个完整的跨时空五浪结构，两个张力结构形成之后的拉升浪验证了张力结构的普适性以及跨时空纠缠的五浪结构的规律性。

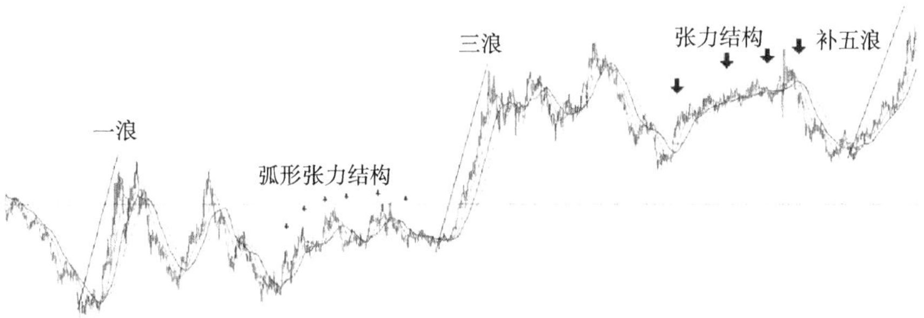

图 5-40 美元外汇指数 2021 年前后周线

图 5-41 为日经指数周线，其在 2020 年 4 月初到 10 月初形成清晰的弧形张力结构，并完成对下杀浪的补量补价，后面，日经指数继续上行，完成时空左侧的补五浪。

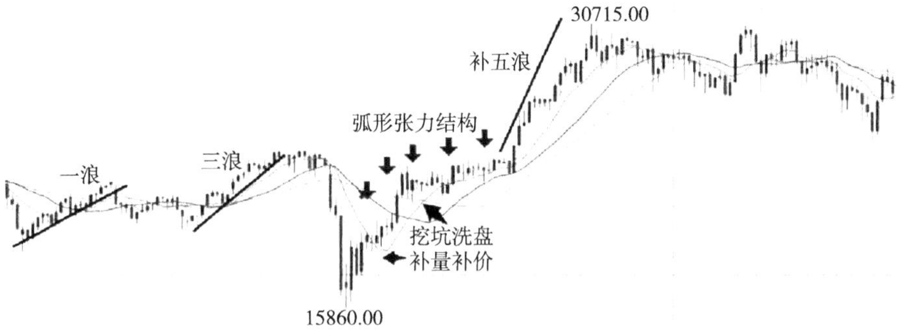

图 5-41 日经指数周线

图 5-42 是越南股市周线。2020 年上半年的挖坑洗盘同时又是左侧 2018 年高点回调以来的负五浪。运用补量补价技术，可以看到 2020 年四季度已经完成补量补价。根据“补量补价、纠缠继续”原理，此时段可以预测股市会继续上涨，并且会出现左侧唤醒与右侧纠缠循环现象。结果股市从补量补价点位 1000 点左右开始上涨，涨到 1500 点区域，涨幅约为 50%。

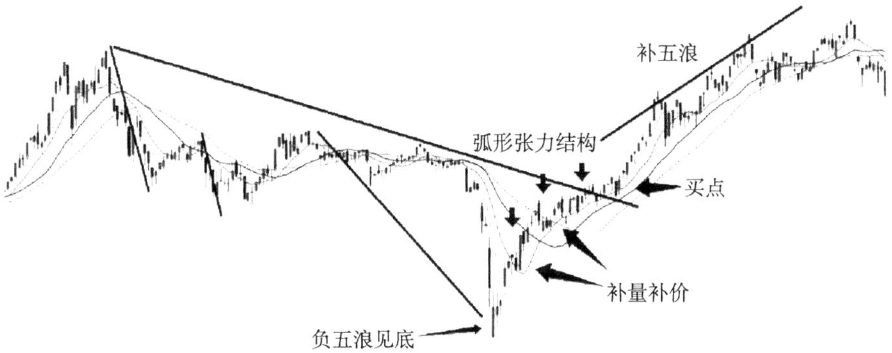

图 5-42 越南股市周线

图 5-43 是韩国股市周线。2020 年新冠肺炎疫情期间形成经典的负五浪挖坑洗盘、补量补价、弧形张力结构三大技术叠加图形，后面涨幅接近 40%。

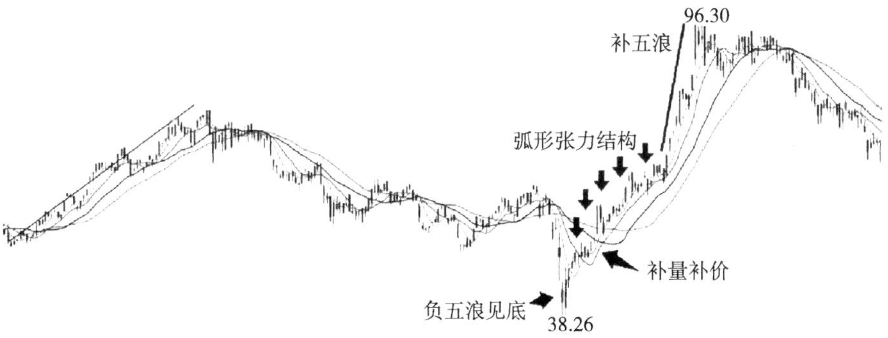

图 5-43 韩国股市周线

图 5-44 是美股埃克森美孚（XOM）日线，如果认真观察可以发现，图中的张力结构不只有一处。

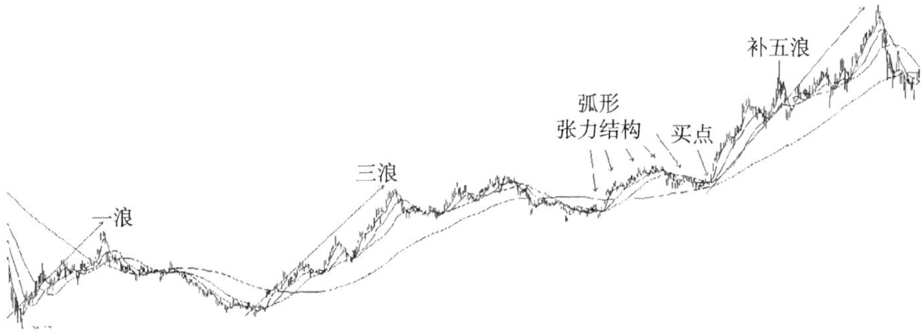

图 5-44　美股埃克森美孚（XOM）日线

图 5-45 是美股特斯拉（TSLA）K 线，可以看到弧形张力结构和半弧型张力结构。

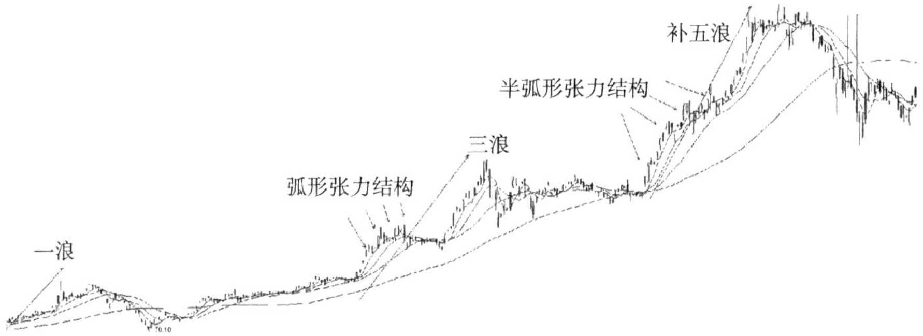

图 5-45　美股特斯拉（TSLA）K 线

图 5-46 是美股必和必拓（BHP）日线，可以看到补五浪中的弹性形变。

图 5-47 是美股微软（MSFT）周线，可以看到拉升浪中的弧形张力结构。

图 5-48 为比特币 2014 年以来的 K 线。左侧以 2016 年为中心的 K 线弹性形变形成弧形张力结构，而后负五浪调整结束，于 2019 年前后形成中继型圆弧状张力结构，而后出现跨时空的纠缠循环补五浪，最后补五即结束，开启漫漫下跌路。

我们已经看到，K 线的弹性形变现象不是某一个投资市场的专利，它在

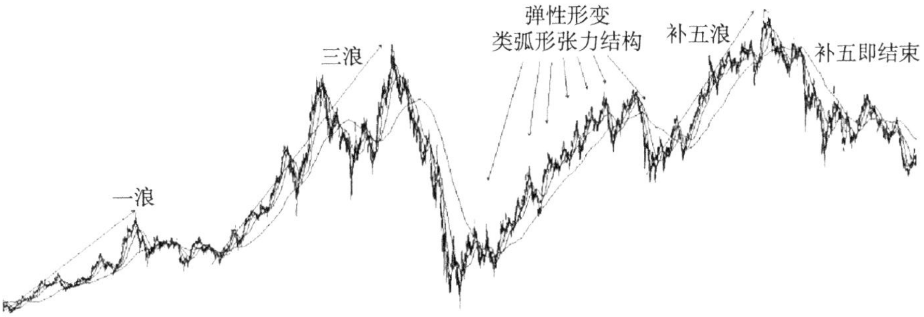

图 5-46　美股必和必拓（BHP）日线

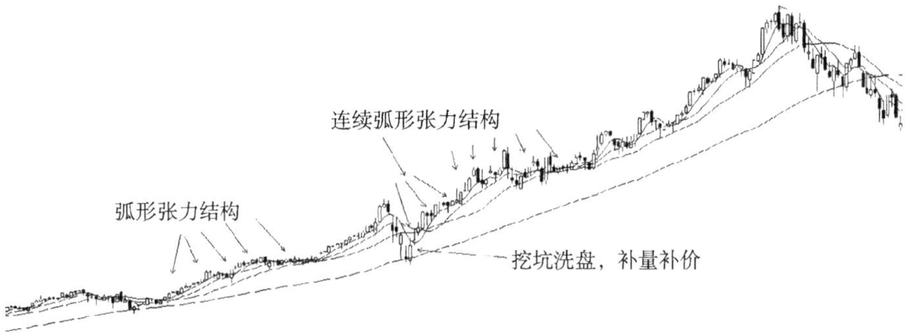

图 5-47　美股微软（MSFT）周线

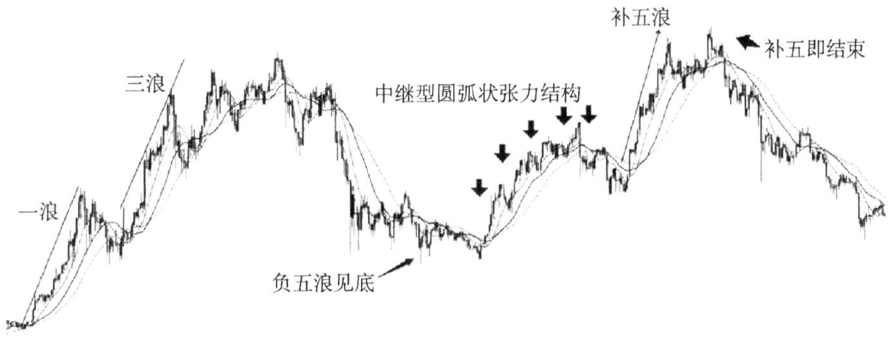

图 5-48　比特币 2014 年以来的 K 线

任何市场都会出现。

执大象，天下往。

我毫不怀疑读者中有很多人会因掌握了以上分析方法而获得巨大的成功，

实现人生的财务自由，轻松获得超越巴菲特的投资收益率。

三、基于五浪时空结构的形态识别是技术分析的最高境界

发现张力结构容易吗？这需要锻炼你的形态识别能力。

张力结构是K线的弹性形变，是一种几何形态，形态识别能力是发现张力结构的关键。要从左侧观察K线，不要只看现在。每只股票在重大的波浪运动中或运动前都会形成各种或大或小的张力结构。

图5-49是科融环境（已更名为“新动力”，300152）的小型张力结构，补量补价后买入。

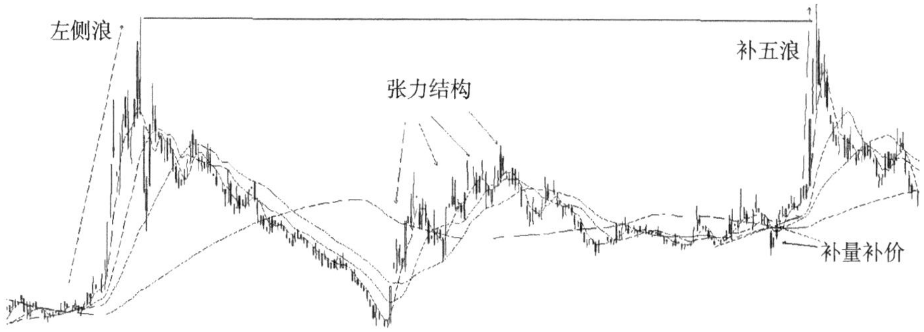

图5-49　科融环境（300152）K线

张力结构形成的位置不同，意义也不一样。

（1）出现在历史底部的转折型张力结构，通常在大调整周期的负五浪出现后形成，形态形成时间长、张力大，表现在浪形上是未来历史穿越浪的一浪。

图5-50是实益达（002137）的转折型弧形张力结构，浪形上为右侧历史穿越浪的一浪，而后是4倍涨幅的历史穿越浪。

图5-51是御银股份（已更名为“*ST御银”，002177）的转折型张力结构。多数时候，投资者要做的就是耐心等待，等待形态走出来。

图5-52中，新日恒力（600165）右侧的历史穿越浪涨幅近10倍。

（2）出现在上涨浪中的中继型张力结构，意味着上涨的延续，是短线赚

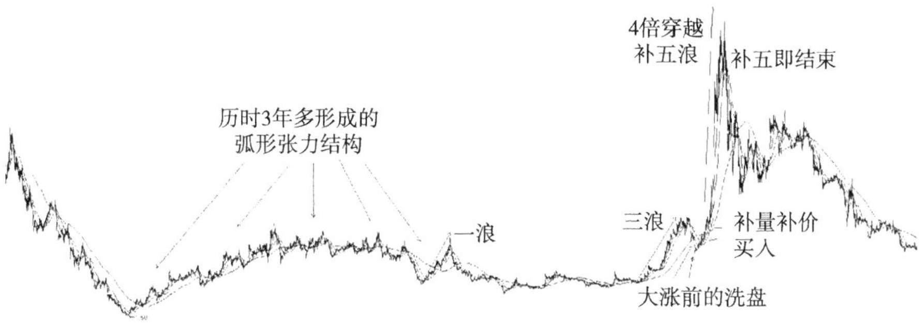

图 5-50　实益达（002137）K 线

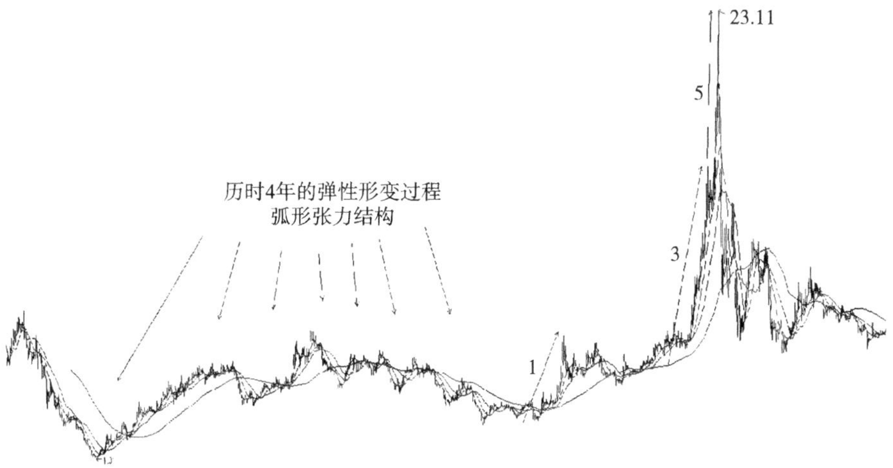

图 5-51　御银股份（002177）K 线

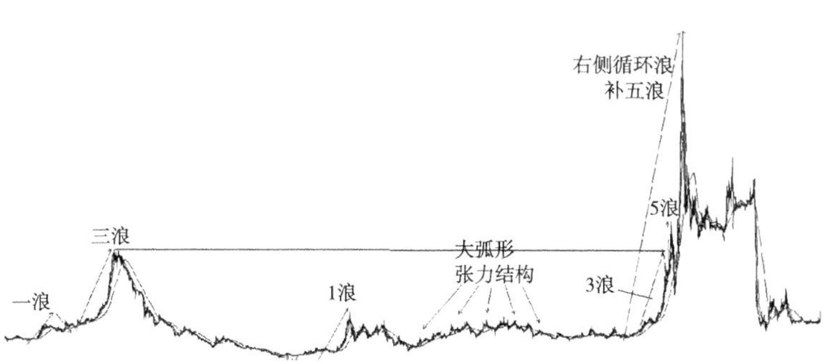

图 5-52　新日恒力（600165）K 线

钱的好机会，浪形上表现为大一浪后的小 1 浪或上涨三浪。

图 5-53 中，包钢股份（600010）上涨过程中形成弧形张力结构，浪形上为上涨三浪，这种鲜明的弹性形变特征提示这是短线介入的黄金机会。

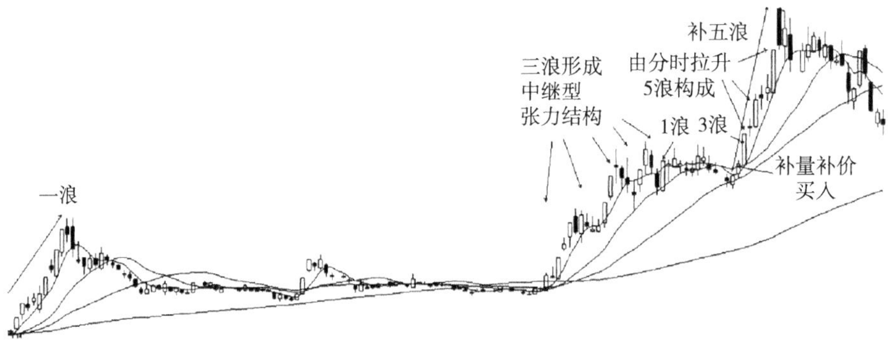

图 5-53 包钢股份（600010）K 线

图 5-54 是中国软件（600536）2009 年 3 月上涨浪中的中继型张力结构，浪形上是上涨一浪。这是多么美丽的弧形张力结构。

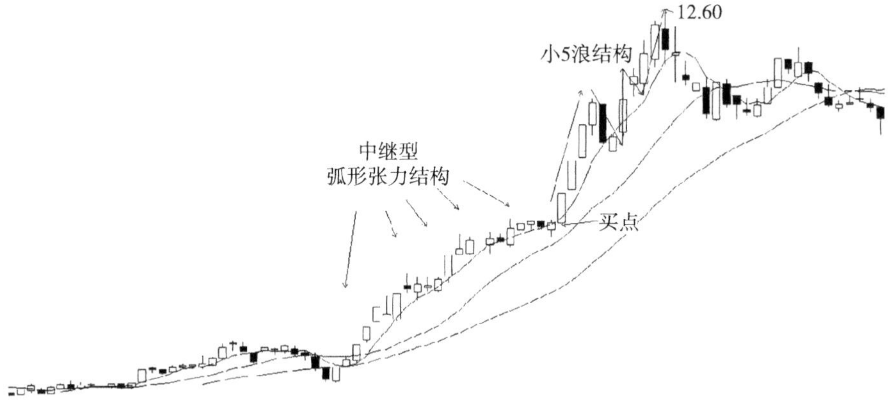

图 5-54 中国软件（600536）K 线

图 5-55 是哈三联（002900）2021 年医美概念行情中的中继型张力结构，浪形上为上涨三浪。一三浪连续的弹性形变说明上涨将继续。

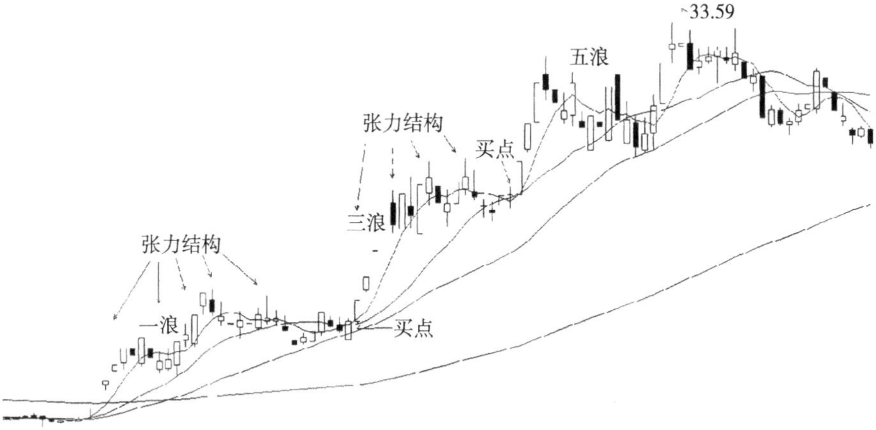

图 5-55 哈三联（002900）K 线

图 5-56 是雅克科技（002409）中继型张力结构，浪形上为上涨三浪。

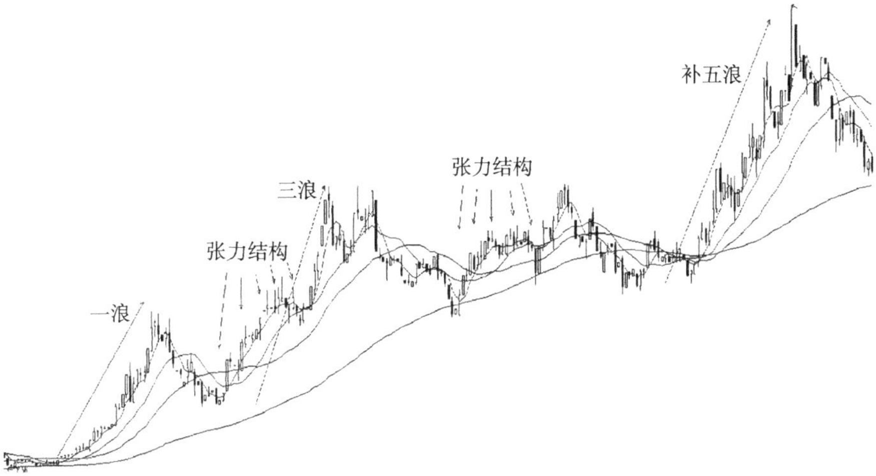

图 5-56 雅克科技（002409）K 线

弧形张力结构给人一种形态上的张力感、视觉上的冲击感，像半月，如弯弓，更像怀孕后隆起的肚子，让我们产生一种量能束缚在里面的感觉，使我们轻松捕捉到量能释放的方向。

图 5-57 中，湖南天雁（600698）的张力结构形成后，投资者可用调整压力线配合负五浪结构追踪转折信号，低位入场，补五浪结束离场。

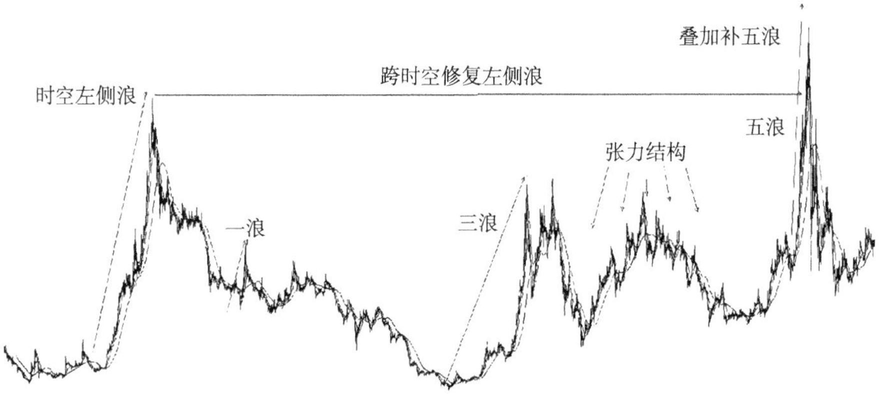

图 5-57　湖南天雁（600698）K 线

图 5-58 中，2019 年春节前后的大牛股东方通信（600776）的一浪 K 线区域发生弹性形变，形成张力结构，催生了凶猛的三浪与五浪。

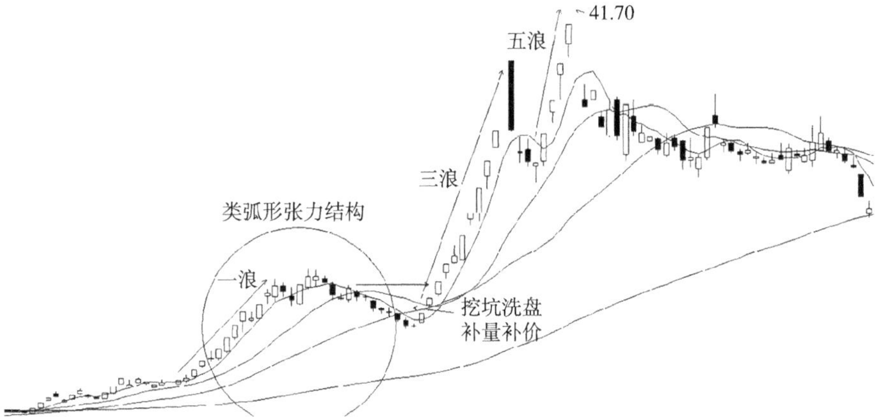

图 5-58　东方通信（600776）K 线

投资者在发现张力结构后，要从 K 线的不同周期反复进行形态鉴别和确认，然后分析时空左侧浪形结构，认真细心解剖大小周期，预判右侧浪形结构。

鉴别和确认 K 线张力结构常用 30 分钟线、60 分钟线、120 分钟线、日线、2 日线、3 日线及周线，要做到成竹在胸就要多看、多分析。

要形成跨越时空的三维空间辨识能力，把 K 线的历史走势删繁就简，在脑海中完成 K 线的“右侧左移，填平补齐”（后文讲述），对右侧将要出现的纠缠浪形进行推演，只有这样严格训练自己，才能慧眼识图，如同武侠中的顶尖高手一样无招胜有招，达到最高境界。

一开始，我们只研究每根 K 线的意义，分析每个最小的周期，判断每个最小的箱体，最终演绎成了形态识别，进入轻松操盘的境界。

所以说，基于五浪时空结构的形态识别是股票技术分析的最高境界。

图 5-59 中，海鸥住工（002084）在 2015 年 3 月前后形成中继型张力结构，状如弯弓，饱满而富有张力，而后经过补量补价，补五浪涨幅翻倍。

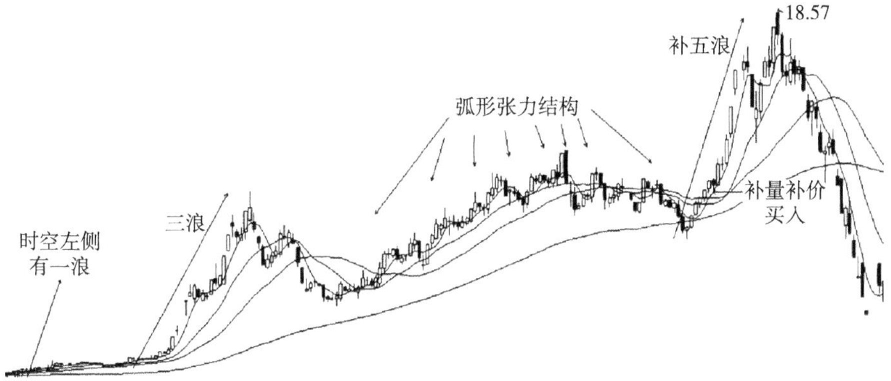

图 5-59 海鸥住工（002084）K 线

图 5-60 中，港股美团（03690-W）一浪与三浪连续形成张力结构，清晰地指出了后续的运动方向。

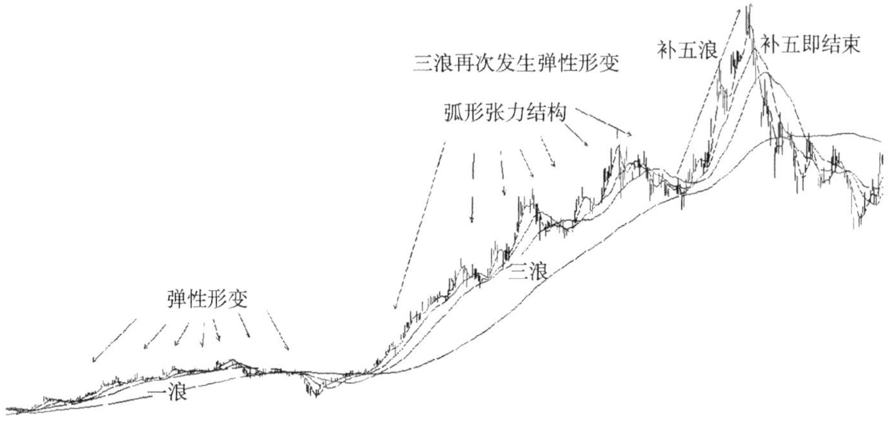

图 5-60 美团（03690-W）日线

图 5-61 是银河电子（002519）2014 年的中继型张力结构形态，饱满有力。在五浪时空结构中精准捕捉最小阻力方向。

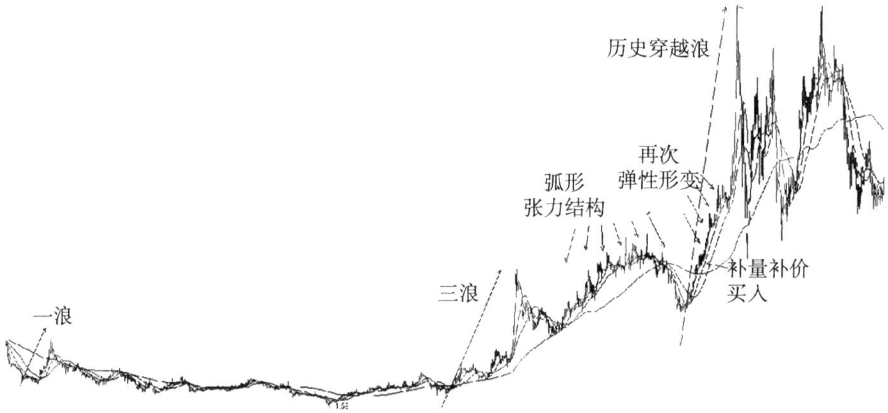

图 5-61　银河电子（002519）K 线

图 5-62 是威孚高科（000581）2010 年形成的转折型张力结构，由小 1 浪、3 浪形成，之后涨升数倍。

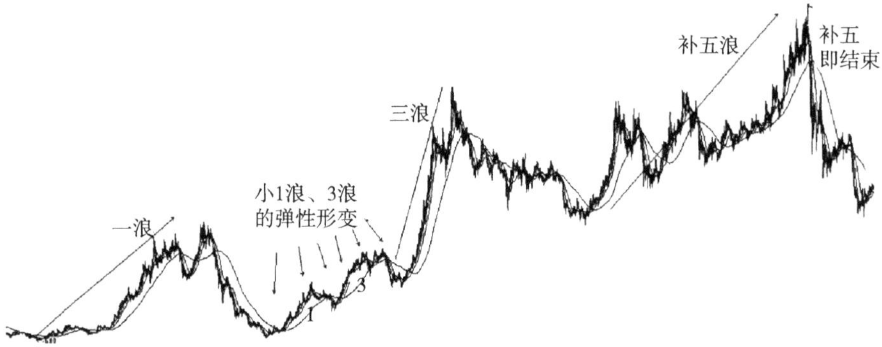

图 5-62　威孚高科（000581）K 线

图 5-63 是科士达（002518）的转折型张力结构，由小 5 浪构成，而后叠加补五浪涨幅惊人。五浪结构跨时空互相嵌套，生生不息。

图 5-64 是东华测试（300354）的中继型张力结构，由补五浪中的一浪、三浪形成，是短线黄金形态。

涨幅惊人的历史穿越浪是张力结构的量能蓄积态与右侧纠缠循环浪的完

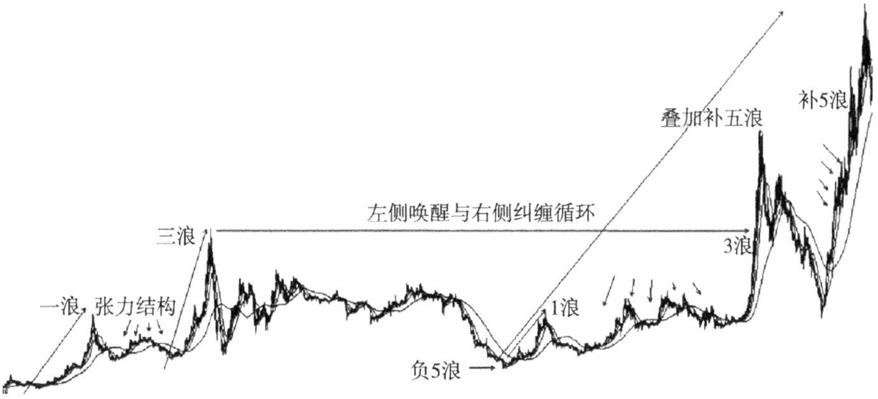

图 5-63　科士达（002518）K 线

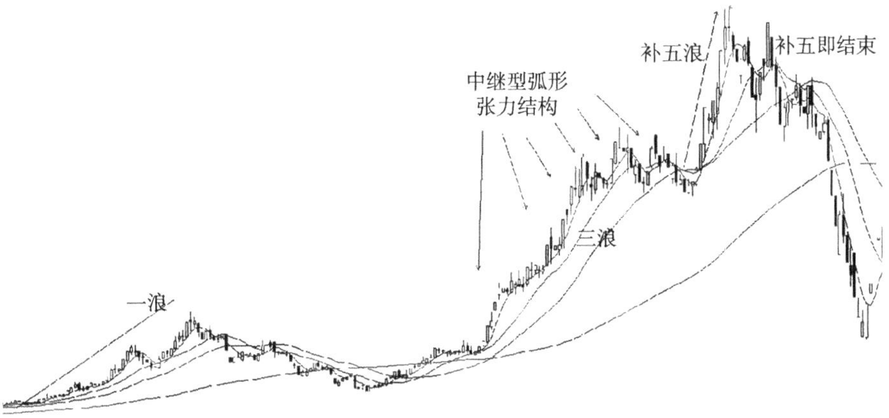

图 5-64　东华测试（300354）K 线

美结合，从形态上解决了识别穿越浪启动信号的难题，为各类资金入场后大波段持股提供充分的技术依据。

张力结构形态在价格曲线中普遍存在，任意一只股票在生命周期中都会形成各种级别的张力结构，通过图例你就可以了解更多张力结构的位置和大小不同的形态。

图 5-65 是供销大集（已更名为“ST 大集”，000564）的大转折型张力结构，投资者可以用压力线、负五浪结构跟踪的方法，在出现转折小 1 浪后入场。

图 5-66 是省广集团（002400）2 日线，是经典的转折型弧形张力结构。

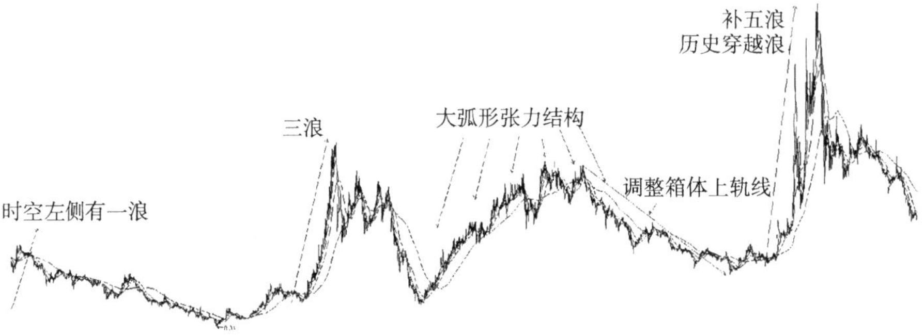

图 5-65　供销大集（000564）K 线

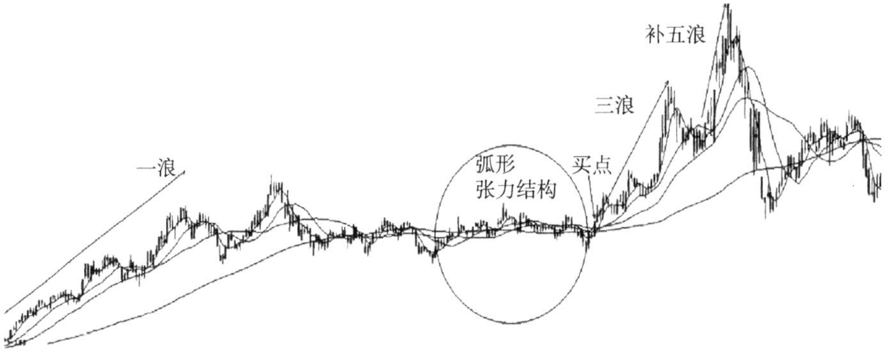

图 5-66　省广集团（002400）2 日线

图 5-67 是亿帆医药（002019）复杂而优美的大级别切割弧形张力结构与挖坑洗盘、补量补价动作。

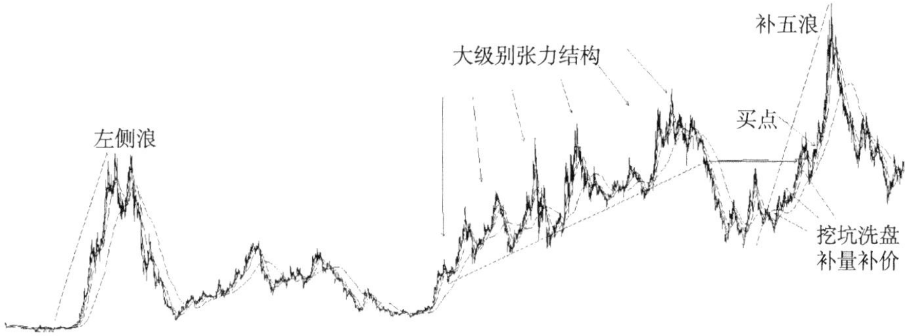

图 5-67　亿帆医药（002019）K 线

张力结构形成后，用压力线（调整箱体上轨线）配合负五浪结构跟踪转

折信号，完全可以做到底部入场、补五浪离场。

图5-68中，云鼎科技（000409）形成大小两个弧形张力结构。

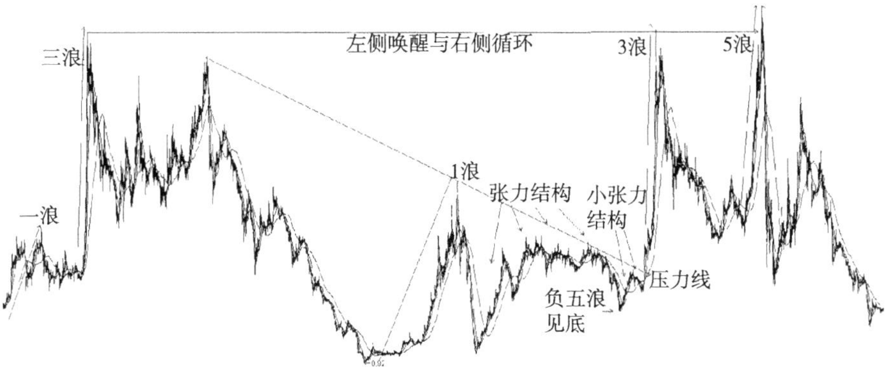

图5-68 云鼎科技（000409）K线

2015年A股出现了一轮气势磅礴的大牛市，在此之前有没有技术预兆？我们来看一下这波大牛市之前的中证1000指数。

图5-69为中证1000指数，我们看到2015年牛市发生前，中证1000指数K线已经完成弹性形变，形成了大级别的非常完美的张力结构，是鲜明的大行情孕育信号。

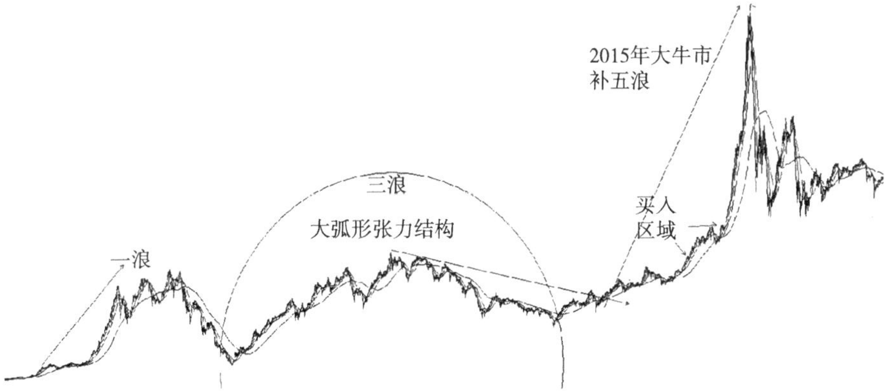

图5-69 中证1000指数

张力结构分析技术完全有别于过去的独立的形态分析技术，因为张力结构是弹性形变原理与浪形的结合，对于一个完美的张力结构来说，其识别过

程因个人经验、能力不同会具有一定的主观性，但由之引发的右侧拉升浪具有客观性。

张力结构有各种形态，多看多分析才能轻松识别，正如花开万千种，花苞各不同。任何一只股票的右侧纠缠循环过程中，在不同周期里面，都会出现张力结构。

所以，将张力结构形态识别与跨时空五浪结构相结合进行分析，就是K线分析技术的最高境界。

四、两种要防备的张力结构

但是，每一个张力结构都是可以信任的吗？

在《西游记》中，妖精经常伪装成美女来欺骗别人，股票的K线张力结构也具有欺骗性。同样是K线张力结构，如果出现的位置不对，那就相当于“伪装的妖精”。

（一）大浪补五浪顶端的张力结构

张力结构如果出现在大浪的补五浪顶端，那投资者就要小心了，任何时候都别忘了那句口诀“补五即结束”。

2020年，我就被一只股票欺骗过。图5-70中，杭钢股份（600126）走出来一个极其漂亮的半弧形张力结构，我当时被深深吸引，忘记了“补五即结束”的铁律，在右侧第一根中阴线末端进入。

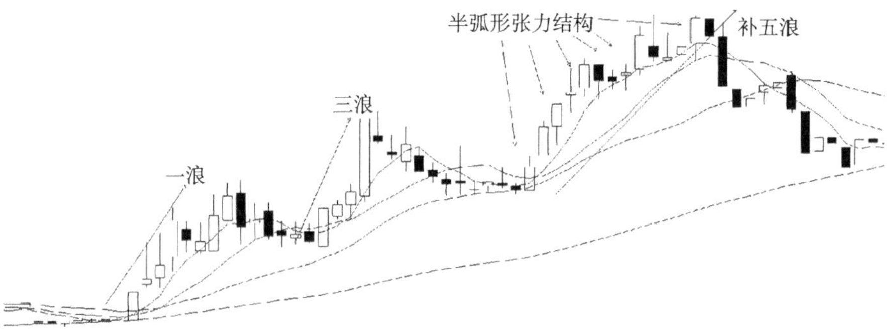

图5-70 杭钢股份（600126）走势（1）

后来，该股票跌幅放缓，在上升箱体下轨盘整了六七天。当我认为针对此张力结构的释放浪即将开始的时候，杭钢股份却跌破上升箱体下轨，一路下杀，逼得我不得不在 7 元附近止损出局，整整亏了近 20 个点，如图 5-71 所示。

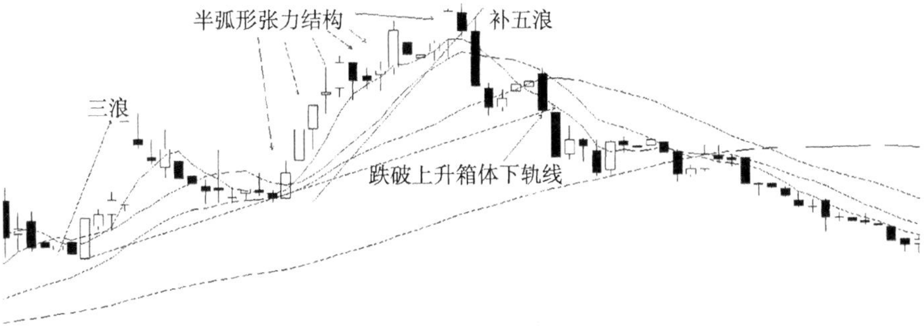

图 5-71 杭钢股份（600126）走势（2）

图 5-72 中的汉威科技（300007）同样如此。

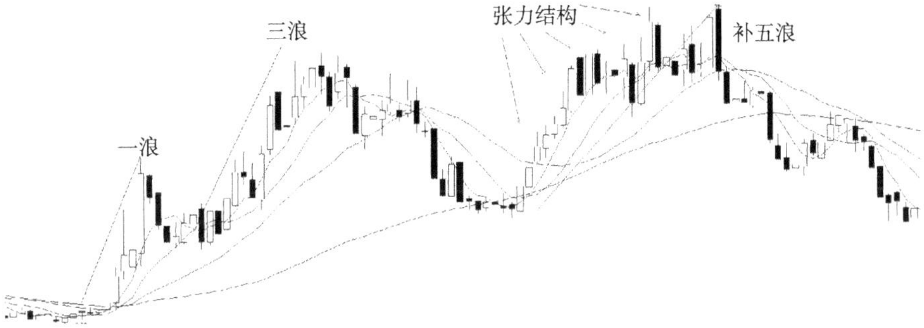

图 5-72 汉威科技（300007）K 线

所以任何时候都要记住，只能相信由一浪、三浪形成的张力结构。在 K 线的时空结构中，永远不要忘记“补五即结束”的运动法则。

（二）大历史穿越浪后的张力结构

如果一个大的历史穿越浪刚结束不久，紧接着就出现一个张力结构，那投资者也要小心，虽然未来股价在经过这个张力结构时仍然会形成大浪，但是它们的距离非常遥远。

图 5-73 中，重药控股（000950）的时空左侧三浪出现 K 线标准弹性形变，形成半弧形张力结构，但补五浪在 5 年之后才出现。

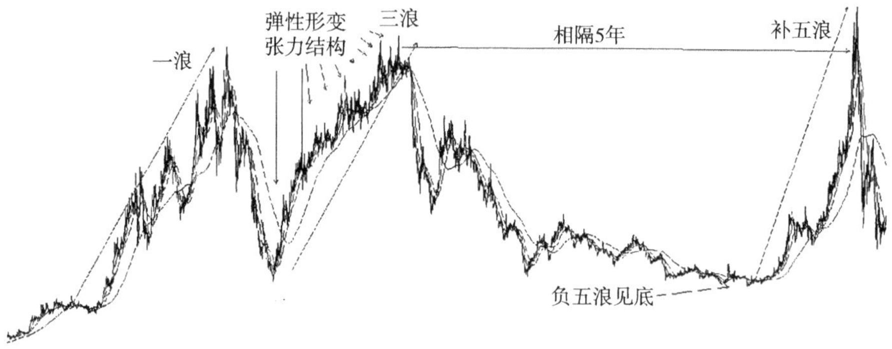

图 5-73　重药控股（000950）K 线

图 5-74 中，兴发集团（600141）的张力结构太靠近左侧穿越浪，其后调整沉寂了 8 年。

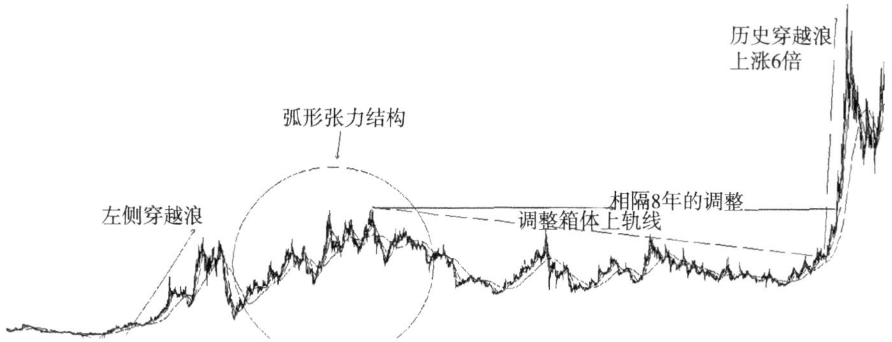

图 5-74　兴发集团（600141）K 线

图 5-75 中，湖北宜化（000422）K 线靠近左侧穿越浪形成张力结构，而后过了 10 年才走出下跌箱体上轨，开启 10 倍释放大浪，但试问如果进入过早，谁能熬上 10 年？

图 5-76、图 5-77 中，赛腾股份（603283）靠近左侧大浪形成张力结构，而后开始漫长的调整周期。

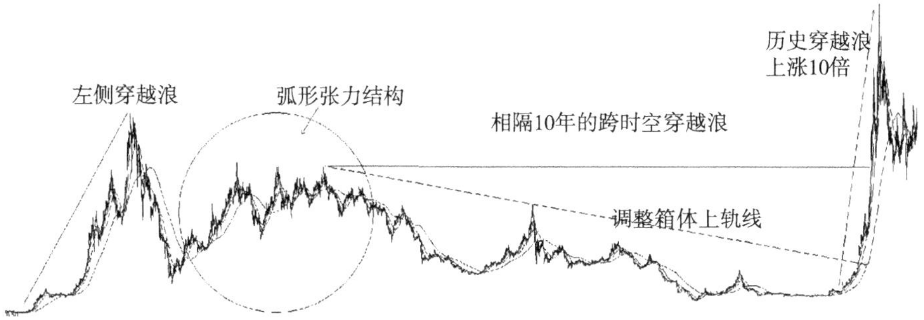

图 5-75 湖北宜化（000422）K 线

图 5-76 赛腾股份（603283）K 线（1）

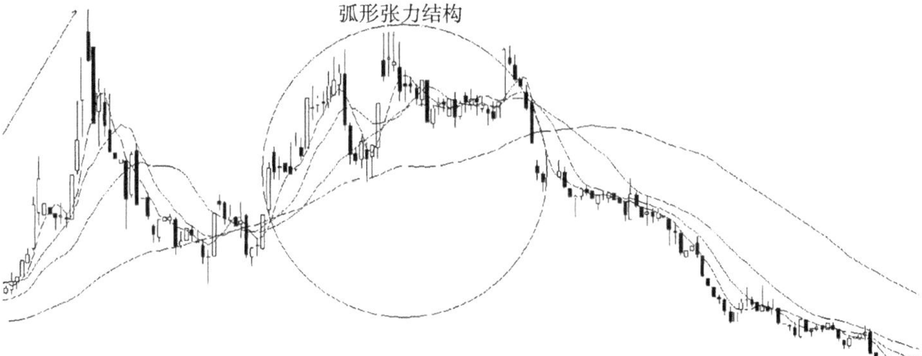

图 5-77 赛腾股份（603283）K 线（2）

这种太靠近左侧大浪的张力结构，技术上可以用张力结构形成后的下跌箱体上轨线（压力线）跟踪观察，确定什么时候突破上轨，具体分析后再入场不迟。

投资者要有孙悟空的火眼金睛，才能分辨出上述两种欺骗形态，而不能像猪八戒一样被美色迷惑。

五、倒张力结构

正如股票的正循环与负循环一样，张力结构也有正负之分。下跌浪中的K线结构弹性形变后呈倒圆弧结构，我称之为“倒张力结构”。

同样地，这种蓄积了量能的倒张力结构准确地指出最小阻力线向下的方向，一旦在历史穿越浪后面出现，后市将跌幅惊人，甚至可以说是漫漫长夜，暗无天日。

图5-78是金龙鱼（300999）日线。左侧历史穿越浪后，下跌浪形成两个经典的倒张力结构，随后股价沿着最小阻力线一路下跌。

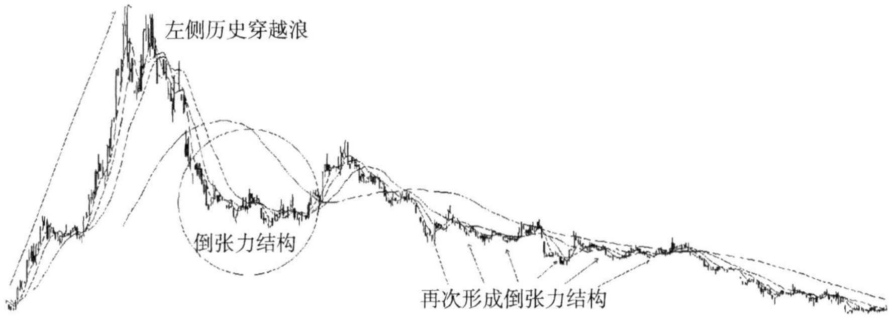

图5-78 金龙鱼（300999）日线

倒张力结构一旦形成，买再多流通股也没有用。

有一句投资格言叫“永远不要和趋势作对”，我认为应改为“永远不要和形态作对”，因为形态出现在趋势前面。

股市中常有庄家、主力以及做盘、骗线一说，我对此不以为然，即使存在，他们的目的是赚钱，不是亏钱；即使他们影响了K线运动，也要遵循“跨时空纠缠的五浪结构”来运作，也要遵循最小阻力方向，因为一切都要按照规律运行，再雄厚的资金也不例外。如果不遵循“跨时空纠缠的五浪结构”

运行法则，即使是股神巴菲特，早晚也会有亏损的时候。

图5-79为五粮液（000858）2021年见顶后的下跌浪。图中形成清晰的两个倒弧形张力结构，而后股价在负四浪反弹后继续下跌，可见倒张力结构指向明确，能量巨大。

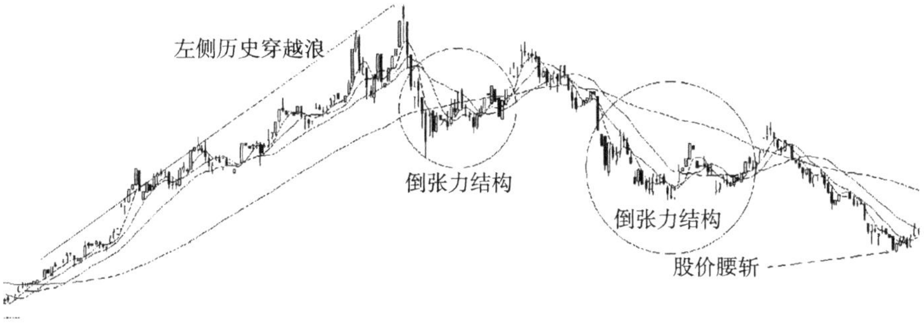

图5-79　五粮液（000858）K线

那么负五浪出现后股价会转向吗？未必，如果是弱反弹，且股价未走出下降箱体，不能出现强劲的一浪、三浪反弹，那么股价会继续下杀，走出延长浪下杀。

贵州茅台（600519）是A股中价值投资的一面旗帜，多少股市大咖追随，然而也逃不脱“补五即结束”的周期宿命（见图5-80）。

该股2021年见顶后，出现一浪、三浪下杀，形成明显的倒弧形张力结构，明确指出还有下杀浪。该股到本书写作时还未跌透，看来未来1500元的价位是必破无疑了。

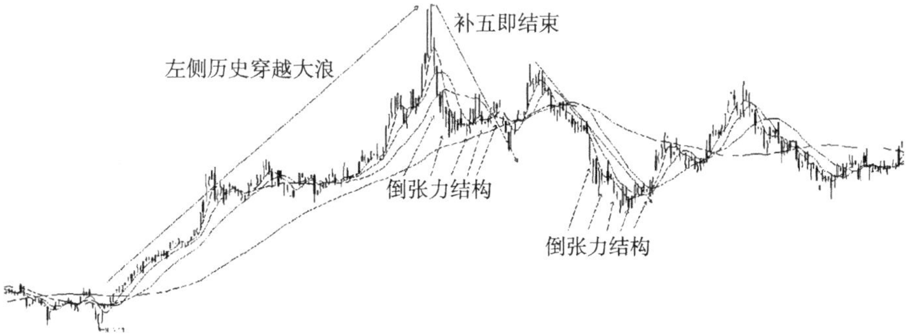

图5-80　贵州茅台（600519）K线

图 5-81 为五粮液（000858）日线，正张力结构与倒张力结构的演变让人唏嘘不已。该股在 2019 年前后形成超大规模弧形张力结构，之后股价从调整低点 96 元一气涨到 350 元，这是多么巨大的利润。如果掌握本书技术，投资者就能知道张力结构后面的释放浪是获利浪，应该落袋为安。此时不走回撤巨大，此时买入亏损更大。

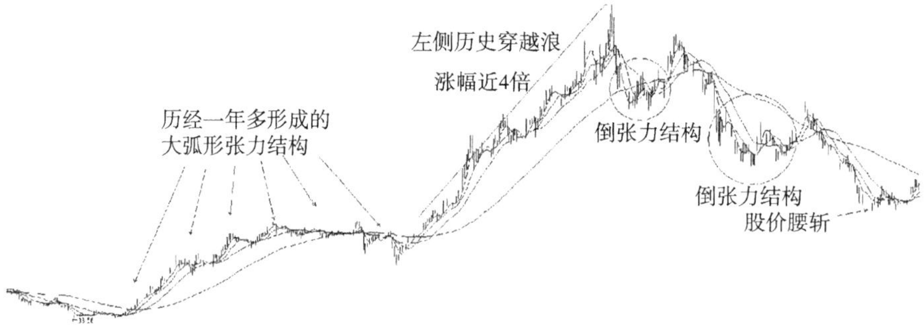

图 5-81　五粮液（000858）日线

英伟达（NVDA）是美国科技龙头股之一，一样无声地按照五浪结构运行。图 5-82 中，左侧张力结构与右侧倒张力结构的演化预示着 2021 年美国科技股的璀璨时光和 2022 年美国加息周期的惨淡调整。

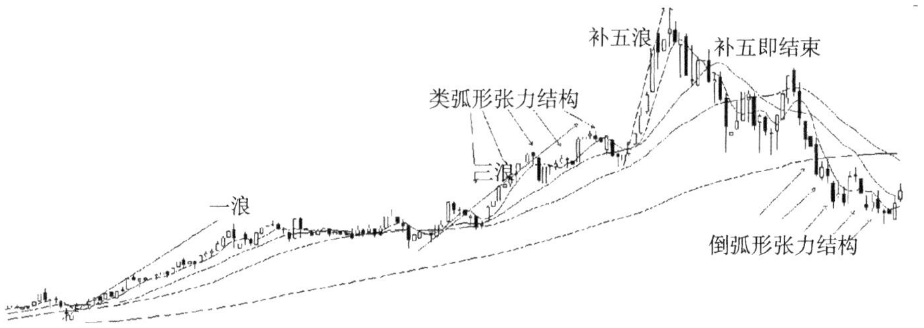

图 5-82　英伟达（NVDA）4 日线

六、“双补五，一纠缠”判断高点

张力结构形成后的释放浪多在遇到热点题材后启动，左浪缺失浪形越大，张力结构越精准，后面的释放浪越大，通常涨幅都在 1 倍以上。

那么在实战中如何预测释放浪的高点？首先不能一根筋地认为释放浪一定会刷新左侧高点。补五浪一定会高于三浪，有时会高出很多，有时高出一点点就结束了，因为补五浪始终处于双重纠缠态中，所以一切取决于双边纠缠的共振态。

一般有以下两种情况。

（1）张力结构右侧释放浪低于预期，没有到达预判高点。

图 5-83 中，宁波海运（600798）左侧大浪后形成类弧形张力结构，预测右侧释放浪应该形成修补左侧浪缺失的大补五浪，即高点越过左侧浪高点。事实上股价只刷新了张力结构顶部的小高点就结束了。

在 2022 年年初俄乌冲突概念中，就出现了这种情况，宁波海运右侧的释放浪未能补时空左侧浪的五浪，只补了张力结构中的小 5 浪。如果在这个位置不卖出的话，股价很快就跌回原点，投资者就会空欢喜一场。

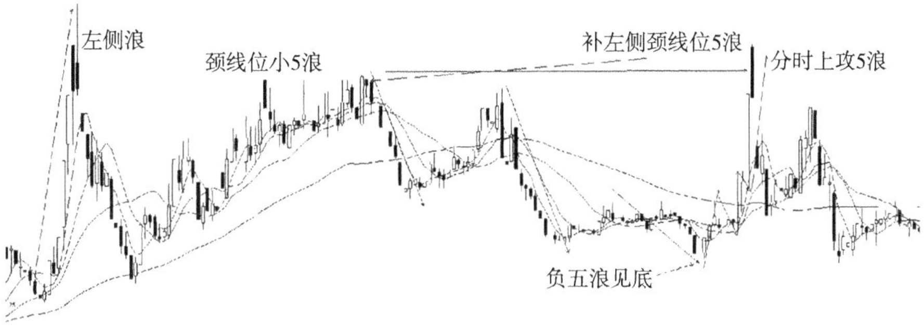

图 5-83　宁波海运（600798）K 线

这种情况怎么解决呢？如何判断释放浪会涨到什么地方？这就要用“双补五，一纠缠”来判断高点区域。“双补五”即以右侧释放浪为基准，当释放浪进入明显的补五浪时，向左观察股价能触碰到左侧的哪个补五浪周期。此时左侧只有两个重要节点：一个是张力结构的小补五浪，另一个是左侧大浪的补五浪。如果此时释放浪的价格已经越过了张力结构的小补五浪，浪形还没走完，那么接下来必然与左侧大浪发生纠缠。而图例中，宁波海运只能到达张力结构上方的平行纠缠点位，自身浪形结构又处于补五浪位置，这样就处于两个补五浪的叠加态，自然就会“补五即结束”。

图 5-84 中，天富能源（600509）张力结构形成 1 浪，释放浪并没有穿越，只是形成上涨 3 浪，而 4 浪回调很漫长。所以根据释放浪 3 浪的浪形结构，及时止盈很重要。

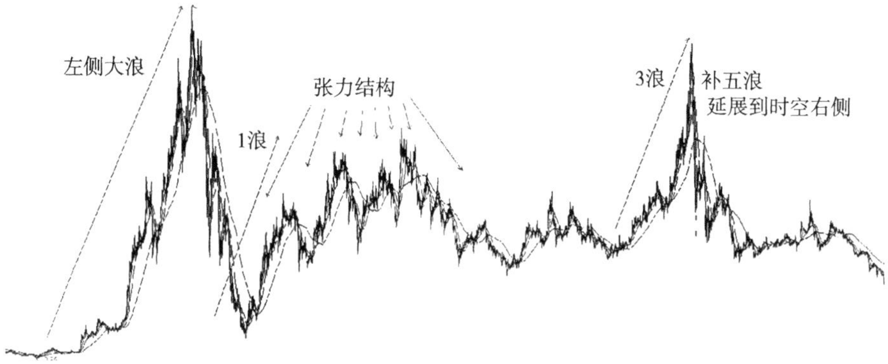

图 5-84 天富能源（600509）K 线

图 5-85 中，中船科技（600072）形成张力结构后，不能理所当然地认为后面就是穿越浪，张力结构后释放浪的浪形结构决定了 K 线能涨多高。所以一切要以综合技术为准则，灵活运用，“以万变应万变”。

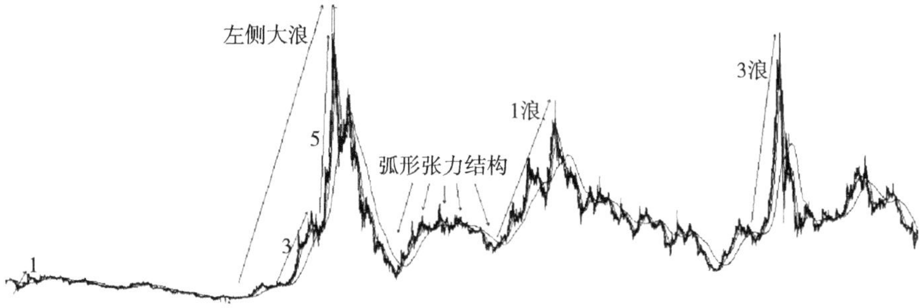

图 5-85 中船科技（600072）K 线

“双补五，一纠缠”就是以右侧释放主浪浪形为基准，观察主浪浪形与时空左侧的纠缠节点，然后根据左侧节点的缺失浪形判断主浪的修补方式，而后决定减仓与补仓的策略。

（2）张力结构右侧的释放浪达到或超过预期。

图5-86是太极股份（002368）2日线。左侧浪上攻强劲，缺补五浪清晰。

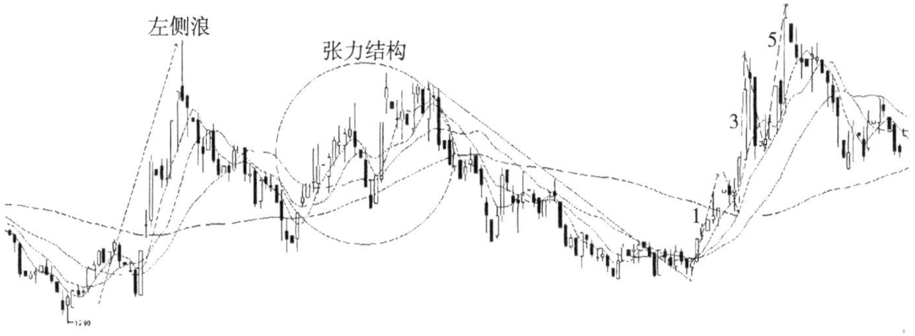

图5-86　太极股份（002368）2日线

太极股份K线在2018年7—8月形成弧形张力结构，后面的释放浪先与张力结构浪产生纠缠，而后回调，然后再次上涨，才与左侧大浪产生纠缠补五浪，股价刷新左侧浪的高点，到达预期目标位。

还有一种情况就是左侧小1浪、3浪的后面形成张力结构，然后右侧浪完成补左侧小5浪后浅调整，紧接着出现指向小1浪、3浪，股价持续向上。投资者要用心跟踪，尾盘及时上车，这时候大概率“骑上了一头大牛”。

图5-87是新天然气（603393）2日线。2021年5月底部形成张力结构，张力结构形态不大。我在发生左浪纠缠时卖出，当时以为结束了，谁知9月1日结束小负5浪调整后，次日出现带量阳线上攻。我将其视为转向阳线，尾盘买回少许，后面竟走出穿越大浪。

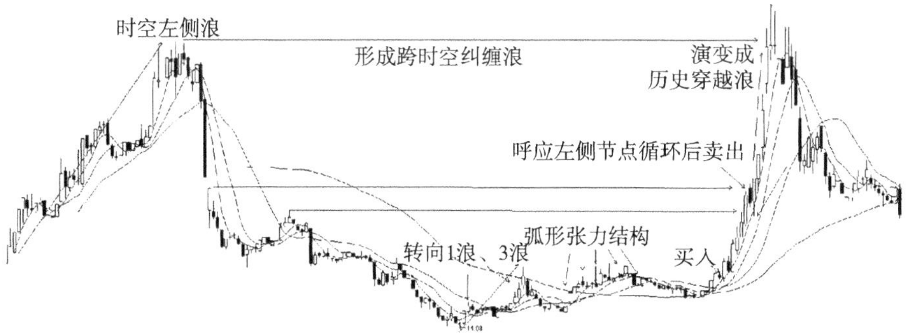

图5-87　新天然气（603393）2日线

所以“补五即结束”并不是说结束之后就一定会大幅下跌，也可能浅调之后有大幅上涨，每个周期的补五浪只代表自身周期的结束，历史穿越浪后的调整周期通常很大，而其他各级别一三浪后的周期调整要相对小得多，结束之后可能开启下跌周期，也可能开启大涨周期。只要补量补价，只要再次出现转向一三浪，循环就会继续。

投资的过程不可能次次完美，有时候失误在所难免。

图 5-88 中，特变电工（600089）小 5 浪结束后补量补价，开启大补五浪。此小 5 浪从周线看是弧形张力结构，表现在日线上是一种分化的弧形张力结构。对这个图形我没有下功夫研究，后来才看周线，结果在小 5 浪顶部清仓离场，错失大浪。

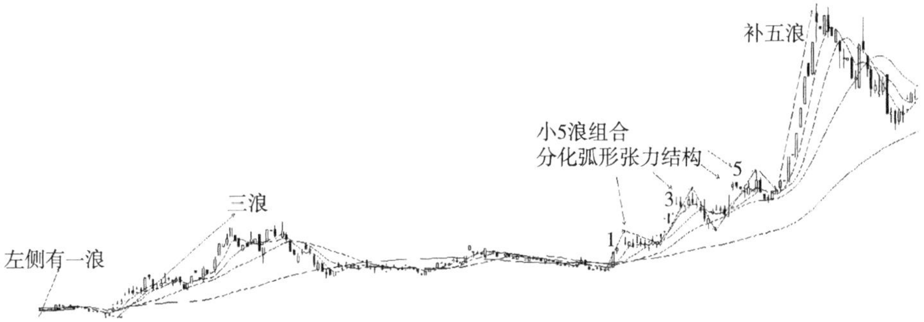

图 5-88 特变电工（600089）日线

图 5-89 是智飞生物（300122）3 日线。底部经典张力结构鉴定无误后，我拿到左侧小补 5 浪后就出局了，并且没有继续追踪，错失几倍大浪。

一个完美的张力结构形成着实不易，我却经常不珍惜，就像不珍惜短暂的人生一样。

七、上市公司回购股票与场外投资者参与增发的时机选择

股票回购是指上市公司利用现金等方式，从股票市场上购回本公司发行在外的一定数额的股票的行为。回购是上市公司向市场传递股价被低估的信号，通常被视为利好，因为流通股会因为回购而减少。

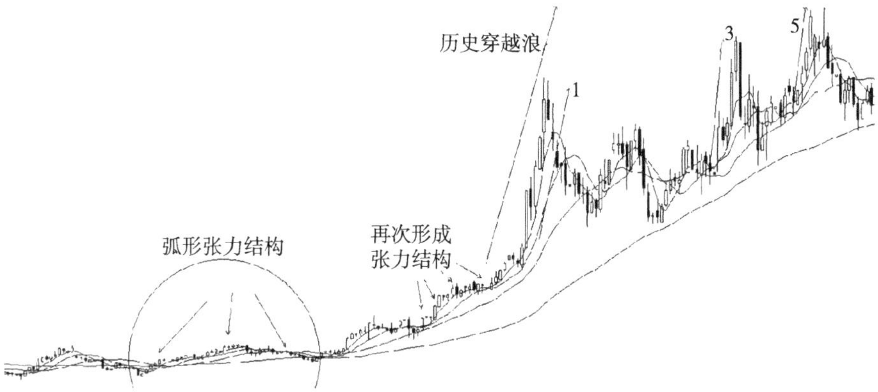

图 5-89 智飞生物（300122）3日线

然而，实际情况是很多上市公司即使启动了回购，甚至是斥百亿巨资回购，股价仍然会继续大幅下跌。有句话叫“时机不对，努力白费”，恰如其言。

图5-90是格力电器（000651）的历史大穿越浪，补五即结束后“跌跌不休”。

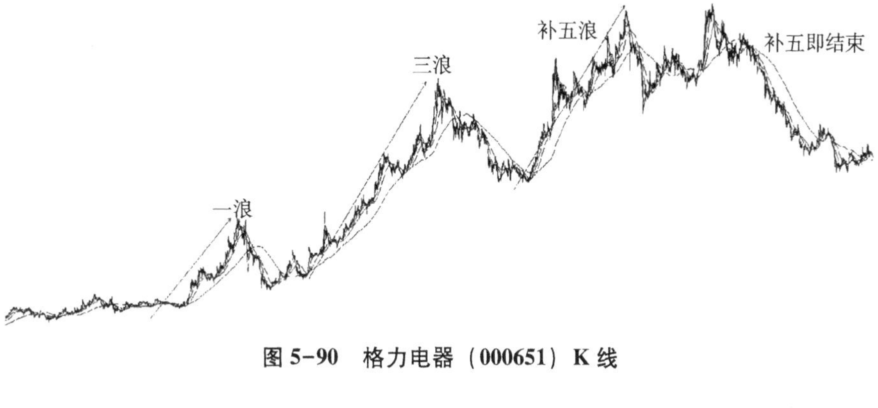

图 5-90 格力电器（000651）K线

图5-91是中国平安（601318）月线的历史大穿越浪，补五即结束，股价从高点腰斩。虽然右侧形成类弧形张力结构，但是前面我们讲了，这是出现在补五浪位置的张力结构，与下一波释放浪的距离还很遥远。

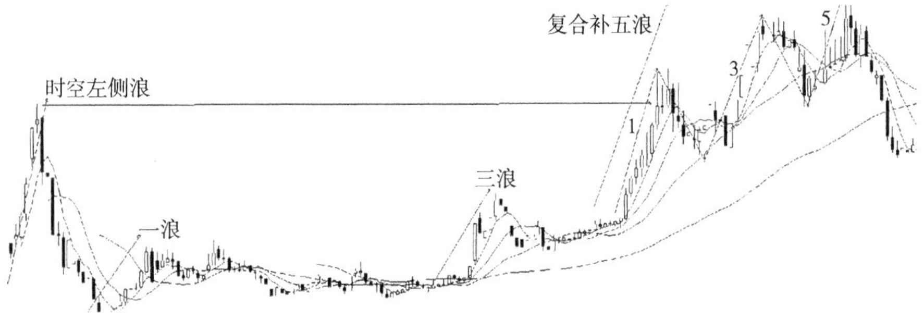

图 5-91 中国平安（601318）月线

增发市场也是如此，不少基金、私募积极参与上市公司定增项目，但是之后市场下跌，定增股票也大幅下跌，有些亏损幅度达到 40%、50%。虽然有些私募认为好公司的股价自然会涨回来，但终究不如定增后上涨 40%、50%让人开心。

为什么会出现这两种情况？其实是决策者对股票运行规律、市场分析技术不了解造成的。

多数定增节点都出现在股票历史大穿越浪（大补五浪）中后期，为什么？因为历史穿越浪中股价扶摇直上，上市公司利好频传，分析师用所谓的市净率、市盈率、数学模型等数据推波助澜，然后定增决策者脑袋瓜一热，拿着钱“跳进火坑”。

而这之后不久，补五即结束，而且是历史穿越浪的结束，后面是漫长的下跌。

上市公司的股票回购多数出现在历史大穿越浪结束后的一浪下跌中，因为跌势汹汹，高位参与定增者、持股机构等十分不满，上市公司为提振市场信心，安慰投资者，出手回购，殊不知其后还有下跌三浪、五浪，甚至形成了更大级别的倒张力结构。

前文中举例说过，如果上涨五浪结构没有走完，再大的利空也阻挡不了股价的上涨；如果下跌五浪结构没有走完，再大的利好也阻挡不了股价的下跌。

所以，这些失败的案例都是无视技术分析所致，是没有进行科学的技术分析所致。

那么，什么时机出手才能名利双收，事未半而功十倍呢?

答案是在结束下跌大周期的负五浪节点，或在形成张力结构后的下一个大补五浪之前，同时结合大盘各大指数技术图形，在大盘指数与个股技术形态共振时出手。

投资者还可以在基本面分析的基础上，另外寻找已形成张力结构形态、具备历史穿越浪潜力的股票建仓。

第六章

成交量是最重要的技术指标

天之道，其犹张弓与？高者抑之，下者举之；有余者损之，不足者补之。

——《老子·七十七章》

在技术分析理论中，“量”是量、价、速度、时空四要素之一，指成交量。成交量是最重要的技术指标，其重要性远大于移动平均线，其他的技术指标如 MACD 等更是无足轻重，没有多大意义。成交量在正负五浪运动中代表上涨与下跌的量能，量能是股价前行的动力，是击破箱体的关键。

比如粒子的外层电子处于不同的能级，当电子吸收能量后，可以从低能级跃迁至高能级。用高速运动的粒子去轰击原子核，会引发核反应，形成新原子核。所以量能是波浪运动和箱体改变的最关键因素。

股价在从左侧小周期纠缠走向左侧大浪形纠缠的过程中，成交量能就是股价箱体跃迁的关键所在。

特别是在“一三指方向”中的一浪和三浪中，有一点很重要，那就是三浪速度与量能要大于一浪。这个量能就是指成交量。

如果三浪上涨速度快于一浪，同时量能大于一浪量能，那么补五浪的出现就不会距离太远。

图 6-1 是浙江建投（002761）2022 年基建投资行情。三浪拉升速度快于一浪，量能保持均衡，且在四浪回调中形成右侧补五浪的时空加速点，为补五浪推波助澜。

在 K 线的历史穿越浪拉升过程中，很少有一蹴而就到达终点的，途中难免调整洗盘。怎么判断洗盘后的方向是立即向上还是再向时空右侧延展呢？

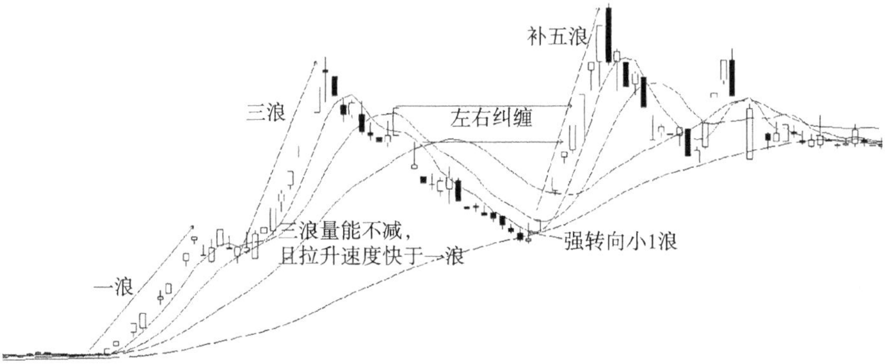

图 6-1 浙江建投（002761）K 线

这就要用到下面的技术要点。

一、补量补价，纠缠继续

成交量的意义可以用物理运动加以说明，比如平坦的路面上出现一个大坑，车辆过不去怎么办？当然是填坑，而且填一半不行，不仅要把坑填平，还要踩结实了，有的甚至还要填得稍微高一点，这样这辆车才能开过去，如图 6-2、图 6-3、图 6-4 所示。

图 6-2 挖坑洗盘

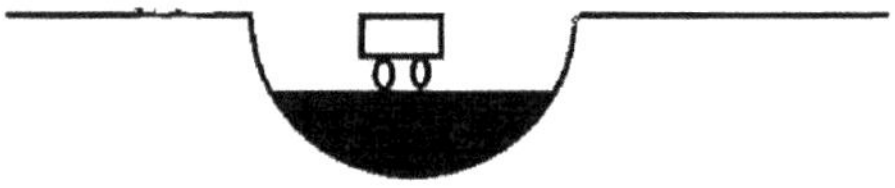

图 6-3 量价未补，过不去

图 6-4 补量补价，通过

但在股票的挖坑洗盘动作中，只补成交量不行，还要补价格，价格也要高于左侧，否则就会出现图 6-5 中的情况。

图 6-5　补量不补价，上不去

只有像图 6-4 中这样的补量补价形态，股价前行才能继续左侧的运动。对此形态，我称之为：补量补价，纠缠继续。

也就是说，股票挖坑洗盘后，只有补上成交量并且补上价格，即量价齐补，股价才能继续左侧的箱体运动，并向上修补左侧缺失的浪形周期。好比水波在荡漾中遇到障碍物，会绕过去，但是量能会递减，若此时补量补价，原来的波动量能会加大，速度和波幅自然也会加大。

图 6-6 是科恒股份（300340）2016 年的 K 线，注意挖坑洗盘后补量补价的形态，坑底右侧浪不仅量补而且速度快，出现涨停板，意味着后面运动方向向上且波幅加大，结果是演变成为后面大波浪的“五浪一”。你说，后面股价可不可以预测？

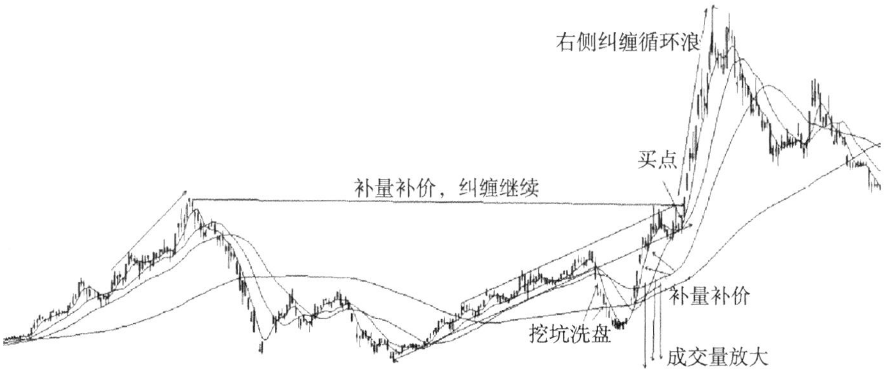

图 6-6　科恒股份（300340）K 线

图 6-7 中，科泰电源（300153）在补量补价后即形成买点。a、b、c 所指为小 5 浪周期，长上影阳线 d 最重要，与 c 形成“转向一三浪”，预示着接下来股价将与时空左侧纠缠共振，最后补五即结束。

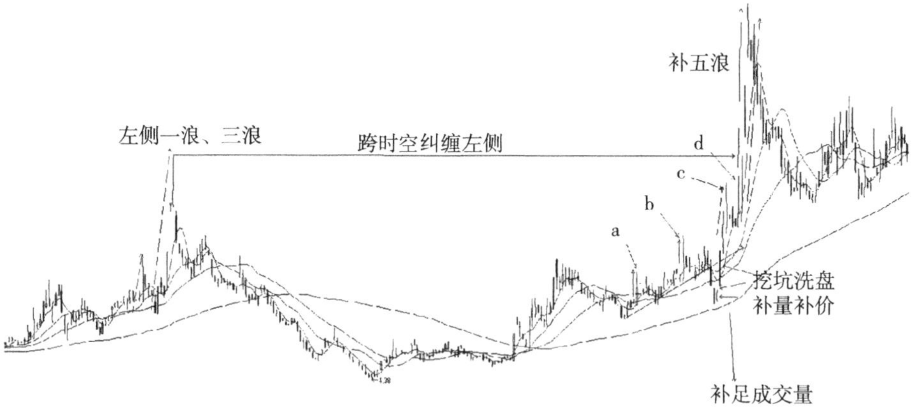

图 6-7 科泰电源（300153）K 线

我们可以站在巨人的肩膀上，用经典力学原理来理解补量补价的意义。毋庸置疑，股票市场就是自然界的一部分。

图 6-8 中，菲达环保（600526）补量补价后继续右侧纠缠循环，最后完成五浪结构。

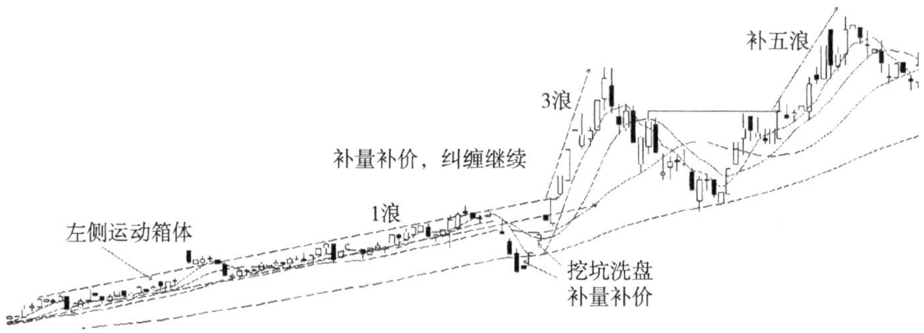

图 6-8 菲达环保（600526）K 线

图 6-9 中，锡业股份（000960）2021 年 1 月出现补量补价形态，后面振幅加大，最后形成时空左侧的补五浪。2021 年年初正值小金属涨价热点、金属期货技术共振时期。

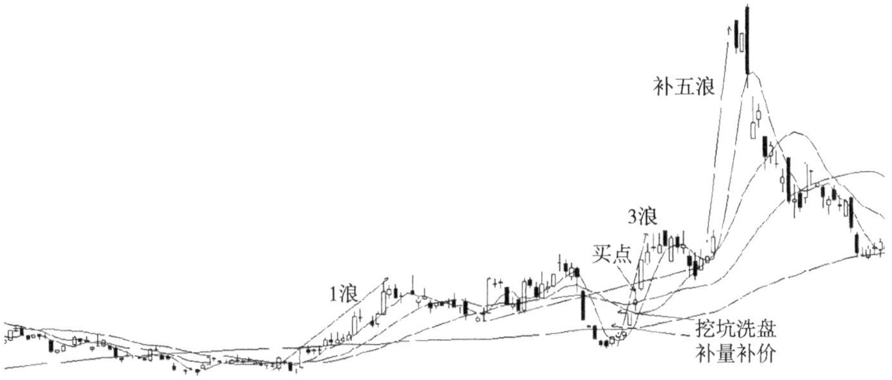

图 6-9 锡业股份（000960）K 线

图 6-10 是同花顺（300033）2 日线。从补量补价的动作能看出 K 线真正的运动方向，挖坑洗盘、补量补价的目的是完成五浪周期，所以说五浪基本结构是股票的生命形态。

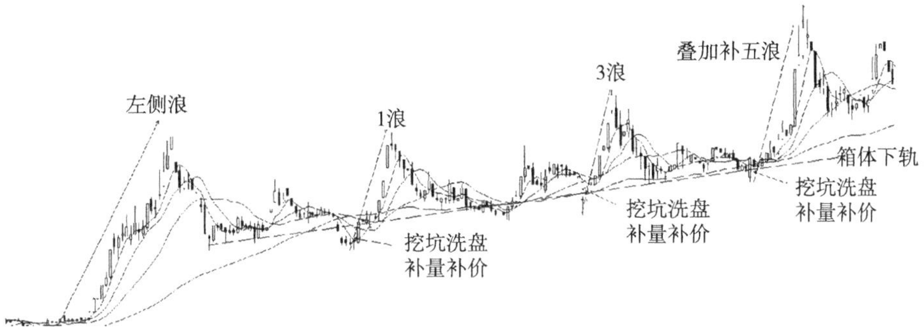

图 6-10 同花顺（300033）2 日线

图 6-11 是华鑫股份（600621）K 线的挖坑洗盘与补量补价形态。坑的左右侧股价运动如同水波的绕障碍衍射现象。

从图 6-12 中可以看到城发环境（000885）右侧补五浪前的挖坑洗盘与补量补价形态（这种形态又称“补量补价补五浪”）。这种形态的补五浪就是可以提前预测的获利浪，想一下，补量后运动方向向上，向上运动又必然与左侧穿越时空的补五浪共振，波函数方程已经证明了共振浪就是可以提前预测的获利浪。

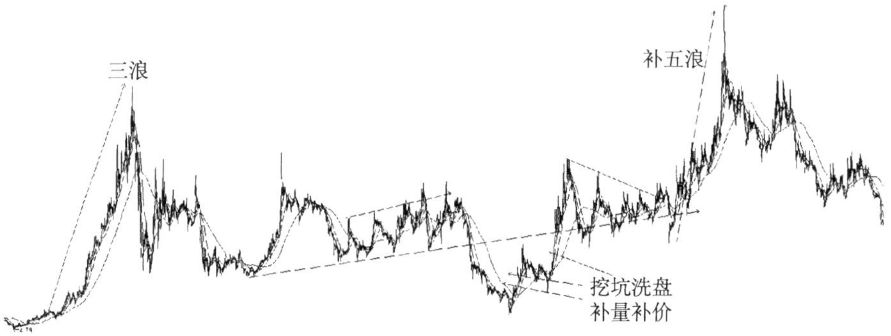

图 6-11 华鑫股份（600621）K 线

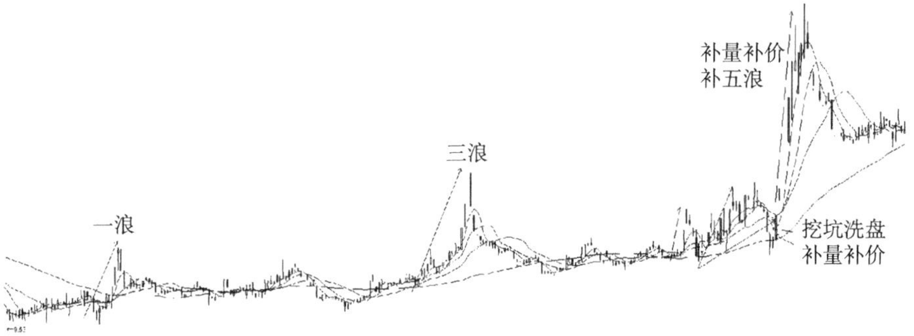

图 6-12 城发环境（000885）K 线

图 6-13 中，益生股份（002458）右侧的补量补价动作后，股价运动方向只有向上。2019 年生猪涨价题材热点时，个股与猪肉板块指数技术共振，然后与时空左侧一浪、三浪的补浪共振形成叠加补五浪。你说，补量补价后的走势可以预测吗？

在历史穿越浪的拉升过程中，只有在关键浪形节点的洗盘位置补量补价，运动方向才会继续。

补量补价的过程，既是一个新五浪结构的重建过程，又是原来五浪结构的继续。

补量补价在细分技术中极为重要，因为物质是能量的表现形式。我们说股价在相对左侧的跨时空纠缠中前行，同时也是在补量补价中前行，特别是在如上述图示中的一些关键洗盘位置，补量补价动作是判断运动方向是否反

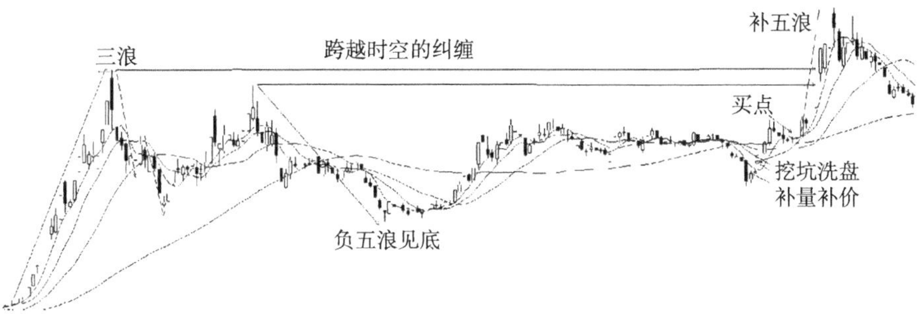

图 6-13 益生股份（002458）K 线

转的唯一标准。

是否有完美的补量补价形态配合浪形结构分析是投资者决定是否继续持股与加仓的重要参考。

当通过量能、浪形、K 线形态确定了股价运动方向，那么后市就必然与时空左侧缺失浪共振，此时将会出现共振补五浪，投资者要大胆预测，大胆介入。

图 6-14 是芯海科技（688595）K 线。当张力结构形态碰上补量补价动作，后面的补五浪就是送到嘴边的肉。

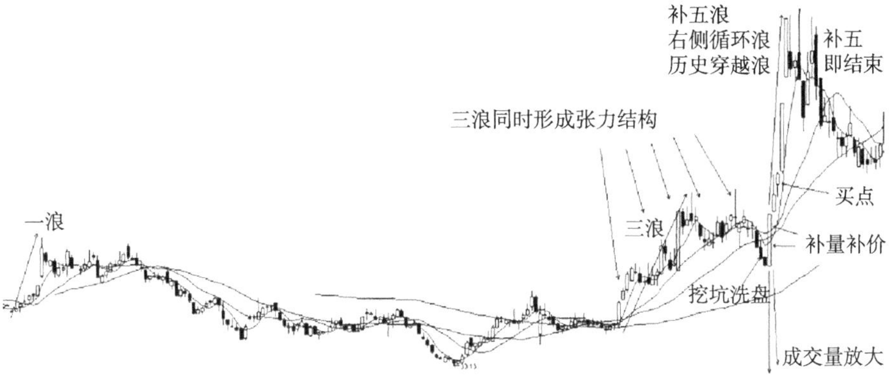

图 6-14 芯海科技（688595）K 线

图 6-15 是黑猫股份（002068）周线。投资者可以结合张力结构形态以及后面的补量补价准确判断买入点。

图 6-16 是新余国科（300722）K 线。投资者可以综合应用前面讲到的分

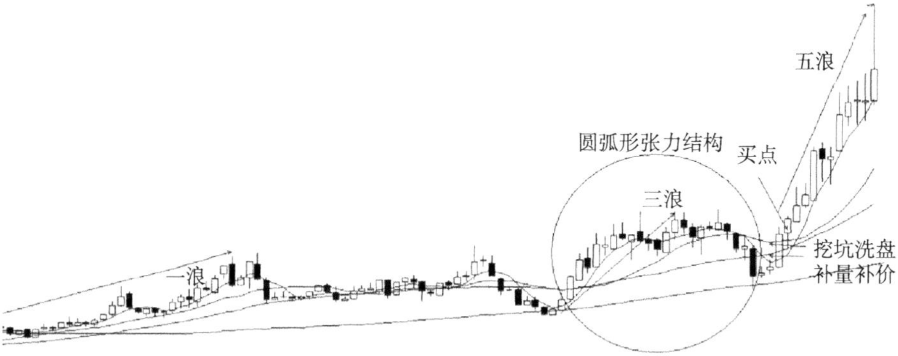

图 6-15 黑猫股份（002068）周线

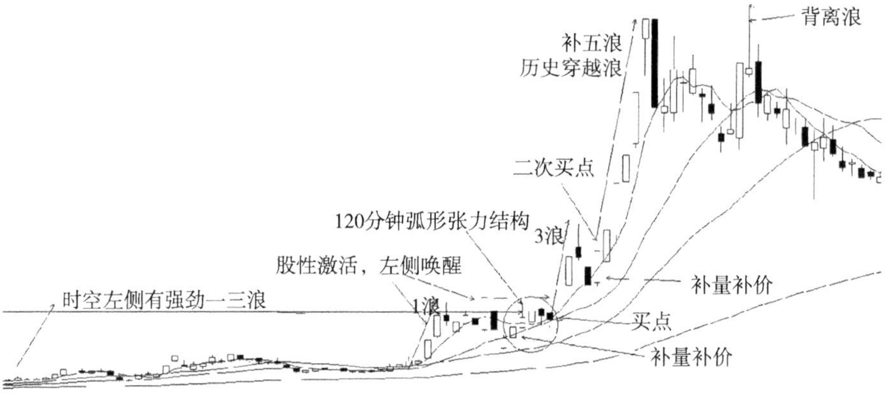

图 6-16 新余国科（300722）K 线

析技术预测补五浪，十拿九稳。

2020 年白酒热点行情中，金种子酒（600199）60 分钟线出现经典转向弧形张力结构形态叠加补量补价形态，确定了接下来 K 线的运动方向（见图 6-17）。

图 6-18 中，金种子酒（600199）2021 年再次形成大型弧形张力结构及“挖坑洗盘，补量补价”形态。股价从补量补价处再次上升约 1 倍，最后完成大五浪结构。

图 6-19 是美股必和必拓（BHP）2016—2022 年日线。根据左侧箱体运动、破位洗盘、经典的张力结构形态结合两次补量补价判断，弧形张力结构后的补量补价确认为最佳买点位置。

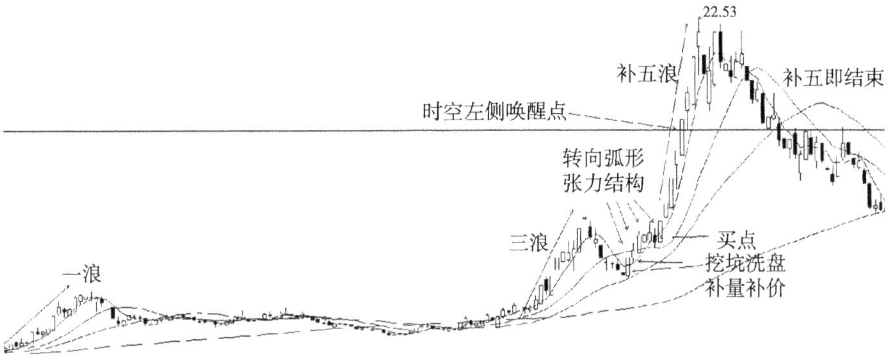

图 6-17 金种子酒（600199）2020 年 60 分钟线

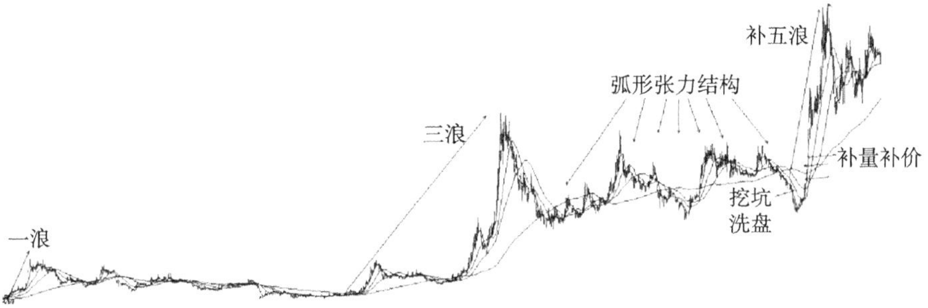

图 6-18 金种子酒（600199）2021 年 K 线

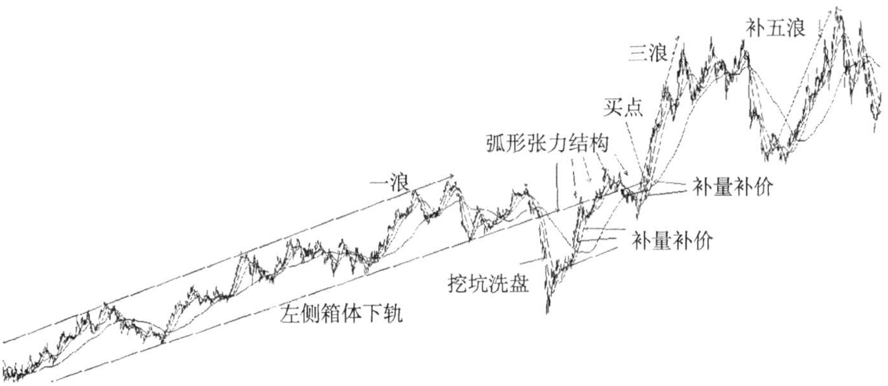

图 6-19 美股必和必拓（BHP）2016—2022 年日线

图 6-20 是塔塔汽车（TTM）日线。我们可以观察到一个完整的五浪时空结构，数次出现 K 线弹性形变，结合补量补价与右侧纠缠循环，能准确预测

三浪和五浪的右侧循环波段。

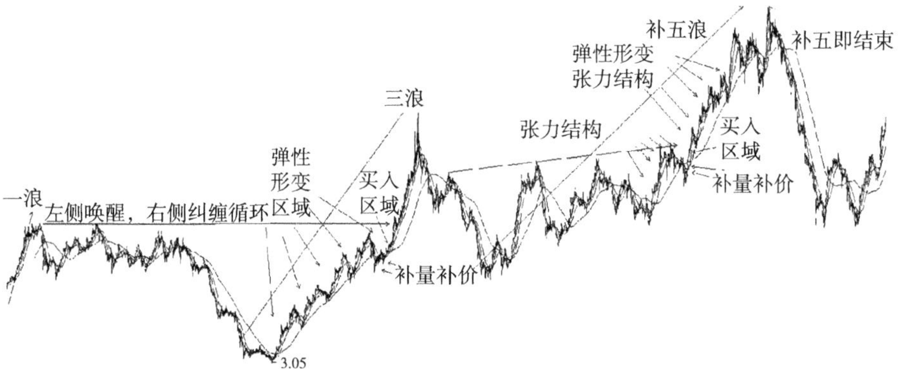

图 6-20 塔塔汽车（TTM）日线

张力结构形态洗盘后的补量补价就是最佳入场点。也可以说，张力结构形态必须与补量补价动作相结合。

在五浪时空结构分析体系中，补量补价动作具有无可替代的重要作用。

二、没有任何事物会像 K 线一样对你袒露过去的一切

佛学云：一切有为法。意指一切世间法因缘而生。缘就是过去，就是左侧，有左侧才生世间法。一切事物都处于相对于左侧的右侧纠缠循环之中，生生而不息。

这世上，没有任何事物会像股票 K 线一样对你袒露过去的一切。它从来不会让你问："嘿，朋友，你在想什么？你想怎么样?"它什么都告诉了你，只是你不去倾听，没能发现。它不会让你生出"人心难测"之感慨，相比人心来说，K 线敞开心扉，毫无保留地让你查看左侧所有的一切，而人心隔着肚皮。

老子曰：知人者智，自知者明。所以有时候你发现自己也不了解自己，就像《大话西游》中的至尊宝，不知道自己的心上究竟写了些什么。认识别人更不容易，因为你很难看透他的内心，有时相处半生也难以了解。

但是股票就不同了，它会对你敞开左侧的一切，所以研究股票比研究人

容易多了，它对你真的毫无保留。你不需要去打探小道消息，不需要关注榜单，不需要预测季报年报，不需要了解“主力”“庄家”，一切消息都会消化在 K 线中，一切影响因素都只会缩短或延长周期，而不会改变方向。

当我们全面、准确解析了左侧信息，就可以从预测中获利。

对于一个国家而言，战争是最大的利空事件，因为几近不可预测的战争结果影响着国家的利益和人民的未来。下面我们以第二次世界大战期间英国、美国、德国的股市为例，分析技术上的预见性和波段确定性。

图 6-21 为 1935—1945 年英国股市指数走势图。我们清晰地看到敦刻尔克大撤退之前 K 线形成了倒圆弧形张力结构，这充分说明市场已经对这次恐慌性的战略撤退提前做好了技术准备。这次利空正好击出了市场底部，顺应了倒圆弧形张力结构指出的阻力最小方向。从不列颠战役至美国参战阶段，市场出现了技术上的补量补价动作，给了投资者明确的做多信号。

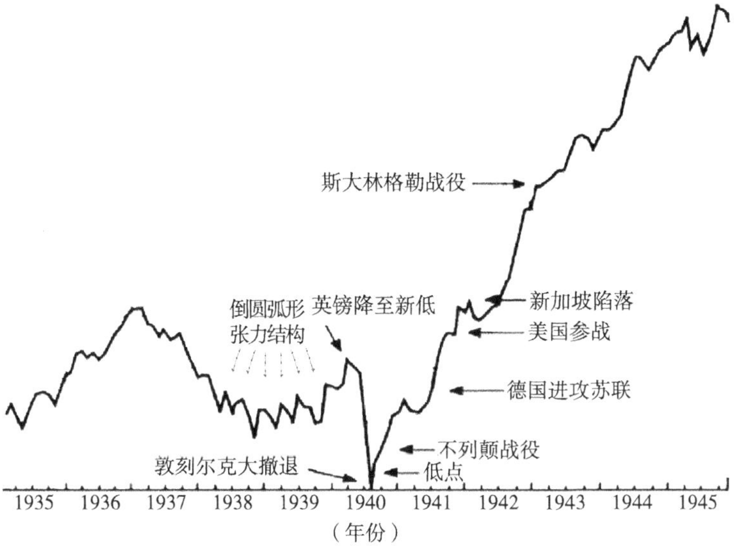

图 6-21　1935—1945 年英国股市指数走势

资料来源：2008 年出版的《Wealth，War and Wisdom》，作者 Barton Biggs；2011 年出版的《二战股市风云录》，作者巴顿·比格斯。

图 6-22 为 1935—1950 年道琼斯指数走势图。在此之前美国经历了 1929 年至 1933 年的经济危机，股市处于一浪反弹后的二浪回调期。我们看到偷袭

珍珠港及中途岛战役期间市场击破了左侧调整低点，出现了波段负五浪低点，至此下跌负五浪结构完成，二浪调整结束，股市开始上涨。战争红利让美国经济进入快速发展阶段，股价遵循五浪基本结构逐步抬升，而后技术层面形成超大级别的弧形张力结构，出现中长期做多信号。

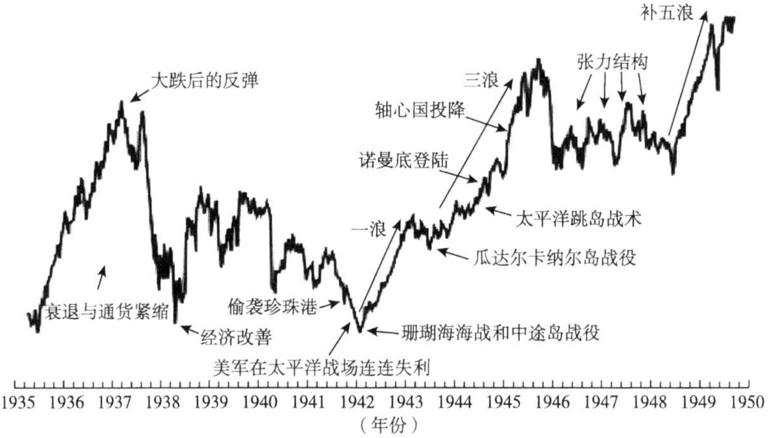

图 6-22 1935—1950 年道琼斯指数走势

资料来源：2008 年出版的《Wealth，War and Wisdom》，作者 Barton Biggs；2011 年出版的《二战股市风云录》，作者巴顿 · 比格斯。

图 6-23 是 1900—2004 年道琼斯指数走势图。从图中可见，美股自朝鲜战争到水门事件前后形成了超大级别的圆弧形张力结构，预示着后面将有超大型上涨周期。

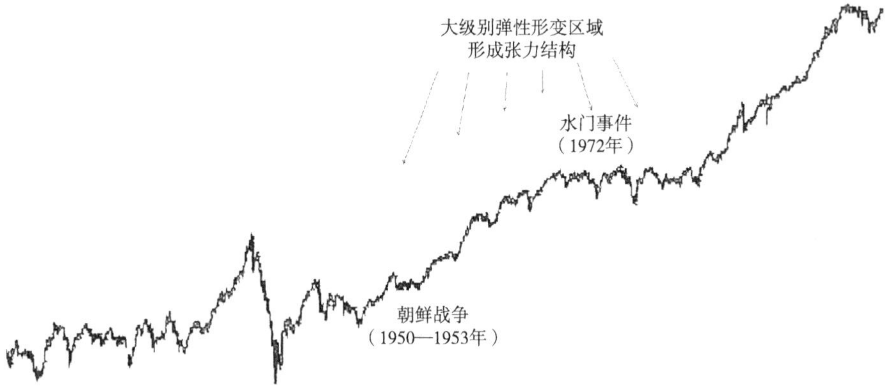

图 6-23 1900—2004 年道琼斯指数走势

资料来源：2008 年出版的《Wealth，War and Wisdom》，作者 Barton Biggs；2011 年出版的《二战股市风云录》，作者巴顿 · 比格斯。

图 6-24 为 1930—1960 年德国股市走势图。德国股市 1944 年起关闭了 4 年，1948 年开市股价暴跌 90%，1950 年起强劲反弹，对停市期间的时空割裂进行技术上的补量补价，出现进场做多信号，而后持续强劲上涨。

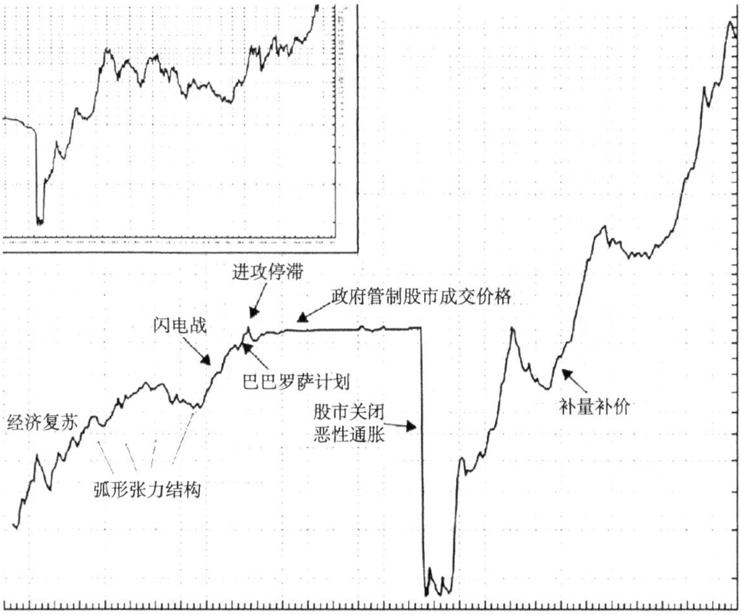

图 6-24　1930—1960 年德国股市走势

资料来源：2008 年出版的《Wealth，War and Wisdom》，作者 Barton Biggs；2011 年出版的《二战股市风云录》，作者巴顿·比格斯。

图 6-25 为 1880—2010 年日本股市大周期走势图。以第二次世界大战为分界，第二次世界大战前走出完整的五浪结构，为大一浪；第二次世界大战期间形成清晰的转折弧形结构，而后 1950 年到 1970 年间继续形成中继型张力结构，股指继续上涨直至 1990 年泡沫破灭，此为大三浪上涨；之后一直调整到 2008 年金融危机见底回升，开始补五浪的上涨。

德国与日本都是第二次世界大战战败国，战后百业凋敝，经济萧条，但股市却震荡盘升。是的，人类会破坏旧世界，但立即就会动手建设新世界，股市预见了经济新周期的重建。

战争对股市影响很大，但放在大时间周期来看，也只是短期波段影响而

图 6-25　1880—2010 年日本股市大周期走势

资料来源：2008 年出版的《Wealth，War and Wisdom》，作者 Barton Biggs；2011 年出版的《二战股市风云录》，作者巴顿·比格斯。

已，而且技术上都会提前做好应对。对于任何国家的股市，在了解左侧所有 K 线信息后，都可以成功预测后市，所以基于五浪时空结构的技术分析是极其重要的，也是极其必要的。

市场总会提前应对一切，总是会在补五浪拉升过程中出现利好，然后在补五浪结束之后出现利空。就像历史一样，辉煌之后是暗淡，但那又如何？那时候的你早已离开，处于另一段辉煌之中。

人若想出人头地，势必要“争”，争名次、争业绩、争市场、争权夺利、争金夺银；股票市场却恰恰相反，讲究一个“顺”字，顺应五浪结构、顺应 K 线运行法则。正所谓，“夫唯不争，故天下莫能与之争”。

做股票就要悟透五浪时空结构法则，顺应规律，基于预测捕捉大浪，像蝴蝶一样翻飞在绽放的花朵之间。

第七章

颠覆你的想象

——K线的“弯曲时空”

天下万物生于有，有生于无。

——《老子·四十章》

行文至此，书已过半，到了揭开最后一块面纱的时候了。

前面我们说过，自然界中的一切事物都有其精确的结构及运动规律，从生物细胞结构到元素周期表排列，大到天体轨道排列，小到原子结构及电子分布，我们身边的事物都在精确而非宽泛的规律中运行。

在第三章中，我们知道了五浪上涨与五浪下跌的五浪基本结构就是 K 线运行的精确结构，无论任何周期，K 线始终遵循并终将完成五浪结构。我们还知道了五浪基本结构符合斐波那契数列和最小势能原理，是自然界的最省力结构之一。但是这些基于对自然规律的契合性理解，不足以说明 K 线波动遵循五浪结构的必然性。

在第四章中，我们认知了基于五浪结构的跨时空纠缠现象，事实都证明确实存在这种类似量子纠缠特性的超距离作用，这种基于五浪结构的跨时空纠缠现象在预测 K 线的右侧运动中发挥了无可比拟的重要作用。但是，这种修复时空左侧浪形结构的右侧循环、跨越时空的纠缠现象究竟为什么会发生？

为什么一定会遵循五浪基本结构？

为什么会出现超距离作用的跨时空纠缠现象？

这是两个根本问题。

知其然，还要知其所以然，否则，跨时空纠缠的五浪结构技术体系就是不完整的。

一、一三浪与其叠加态确立五浪结构

在自然界中，波或波动是扰动在空间上传播的一种物理现象。波动是物质运动的重要形式；波是能量的载体，沿其传播方向传递量能，比如水波、声波、地震波、电磁波（包括光波），海浪冲击礁石能激起巨大的浪花，炸弹爆炸会产生强大的冲击波。

量能产生波，波传递量能。波是量能传递的方式。

波每时每刻都在我们周边，交织在地球周围，甚至可以说没有波地球就没有生命，因为万物沐浴的太阳光就是一种电磁波。各种形式的波的共同特性是具有周期性，受扰动的物理量变化时具有时间周期性，在空间传递时具有空间周期性，即波沿其传播方向，经过某一空间距离后会体现相同的振动状态，线性波叠加时，遵守波的叠加原理，这是波的物理性质。

法国物理学家德布罗意在物质波理论中这样表述：每个粒子（如电子）都伴随着波，其波长与该粒子的质量和速度有关。德布罗意的物质波理论成了许多科学家专攻的课题，奥地利物理学家薛定谔正是在这一理论基础上建立了波动力学。

波有横波和纵波。对于纵波来说，质点被扰动的方向与波传播的方向平行，介质中质点之间会被压缩和拉伸。横波沿着与质点振动垂直的方向传播，所以当质点上下振动时，波会向左右移动。波在传播路径上遇到障碍物时会产生衍射现象。

两列波叠加时，总位移是两个位移的矢量和，所以叠加区域的质点位移可能增大，也可能减小。两列波相遇时，若两列波分别引起的质点振动方向总是相同的，该质点就是振动加强点，反之就是振动减弱点。

以上是波的基本原理。

我们已经知道 K 线也是波浪式运动的，遵循波的基本原理。

K 线的波动本质上也是传递量能的方式，这种量能因交易行为而产生，我们称为“交易量能”。所有的 K 线波浪都是由交易量能推动的上涨浪，同时沿着波动方向传递量能。

物质是能量的载体，K线是交易量能的载体。K线的价格波动就是因交易量能的传递而产生的周期性波动。

在五浪结构中，K线的一浪和三浪形成推动浪，当时空左侧出现符合条件的一浪和三浪，就随之产生沿波动方向传递的两波量能，根据能量和动量守恒定律，能量不会凭空消失，所以时空右侧就必然存在一浪和三浪传递的量能的叠加态。

下面我们来做一个实验，以五浪基本结构中的正五浪为例。

在上升五浪中，我们强调了技术特征鲜明的一浪和三浪的要点：三浪高点高于一浪，量能和速度大于一浪。也就是说，三浪传递的量能要大于一浪。

首先，我们假设时空中存在不受任何干涉的一浪与三浪，三浪量能速度大于一浪。

在K线的空间排列上，一浪出现在左侧，三浪出现在右侧。这是所有K线图和其他数据图表上的排列方式，人们习惯于这样排列，但这种顺序却恰好遮住了叠加周期的事实真相。

而在时间的矢量坐标轴上，这个排列顺序需要转换，因为时间顺序上先发生一浪，后发生三浪，所以一浪先行，表现在时间坐标轴上应该三浪在左侧，一浪在右侧（见图7-1）。

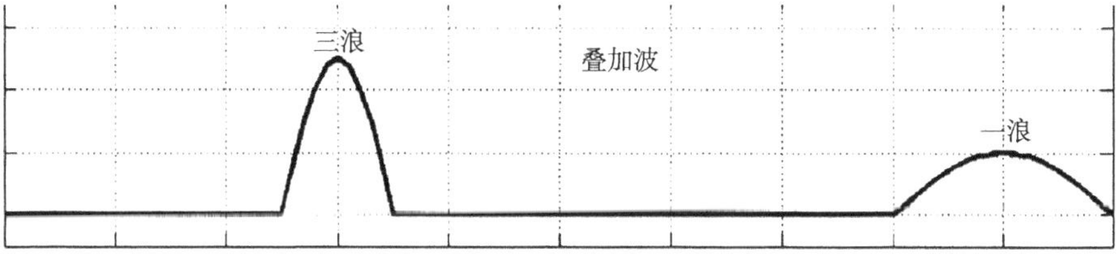

图7-1　时间之轴上的三浪与一浪

注意，这是理解的关键点。在理解上必须对图表中的一浪和三浪位置进行时空重置。

又因为三浪量能速度大于一浪，所以就在时间之轴上形成对一浪的追赶浪。经过一段时间，三浪必然追上一浪。当三浪追上一浪后，会在时空右侧产生波浪的叠加效应（见图7-2），一浪、三浪的叠加波浪就是补五浪。

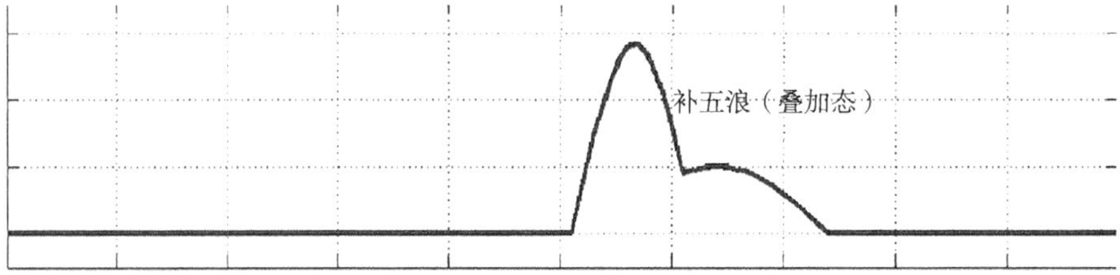

图 7-2 波的叠加现象

如图 7-2 所示，可见波的叠加周期具有如下特性：

（1）一旦叠加开始，一定会到达叠加高点。

（2）一旦到达叠加高点，就必然回落。

（3）只要制造叠加条件，叠加态就会自然形成。

第 3 点体现了叠加态的自然形成特性，这一点极为重要！

因为一浪、三浪在时空交集上的叠加态只有一次，所以补五浪后纠缠态结束，高点回落，一个完整的叠加周期结束。

原来，三浪、一浪与它们的叠加态形成的补五浪确立了五浪结构。

如果以下跌周期的负一浪、负三浪来演示负五浪周期，原理相同，结果一样。

这就是 K 线运动始终遵循五浪基本结构的根本原因。这也是“一三指方向，补五即结束”的原理。

前文中强调的具备鲜明技术特征的一三浪，就是指三浪速度量能大于一浪，这样才会形成“追赶浪”，这是促成叠加纠缠的必要条件，才会形成“一三指方向，补五即结束”。

在一个完整的五浪基本结构中，补五浪是结果，三浪追赶上一浪形成量能叠加是主因。对一三浪的 K 线占位进行时空重置，通过时间之轴来排列，我们就会明白五浪基本结构的必然性和“补五即结束”的规律性。

从图 7-3 黄河旋风（600172）的 K 线图中可以看到，一个完整的五浪结构是叠加纠缠态的结束。

时空结构上，三浪与一浪通常间隔很远，三浪追赶上一浪发生纠缠态也需要时间，这就是大补五浪与左侧一浪、三浪间的时间间隔很长的原因。

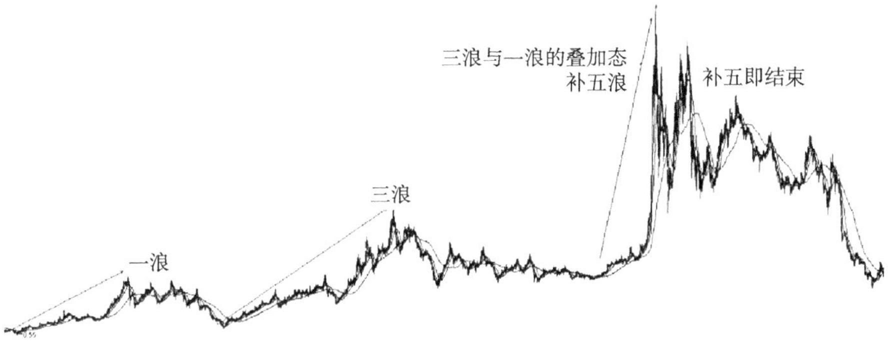

图 7-3　黄河旋风（600172）K 线

所以，在五浪基本结构中，补五浪是一三浪 K 线波的叠加态；一三浪与其叠加态共同确立 K 线的五浪基本结构。

艾略特波浪理论只是对斐波那契数列的契合性理解，基于叠加态的五浪时空结构才是价格波动的客观法则。

二、K 线运行的“弯曲时空”

爱因斯坦的广义相对论认为，由于有物质和能量的存在，空间和时间（时空）会发生弯曲，而引力场实际上是一个“弯曲时空”。“弯曲时空”是质量（能量）对时空的扰动导致的，时空弯曲的程度取决于质量（能量）大小，质量（能量）越大导致的时空弯曲就越大。在物体具有很大的相对质量（如太阳）时，这种弯曲可以使从它旁边经过的光线发生偏转。

这个有别于经典物理学的“弯曲时空”概念陆续被科学实验证实。20 世纪 20 年代，英国派出了两支远征队分赴两地观察日全食，经过认真的研究得出最后结论：星光在太阳附近的确发生了偏转。

在广义相对论的“弯曲时空”中，时空的弯曲结构取决于能量、动量密度在时空中的分布，而时空的弯曲结构又反过来决定物体的运动轨道。无数星球就沿着弯曲时空中的最省力路线运动。

所以物理学家惠勒这样解释相对论：物质告诉时空如何弯曲，时空告诉物质如何运动。

在K线的五浪时空结构中，左侧一浪和三浪的叠加纠缠态制造出的也是一个“弯曲时空”，时空右侧的补五浪就在这个“弯曲时空”中运动。“弯曲时空”因为叠加态的自然形成特性而变得省力。

我们已经知道，沿时间之轴运行的三浪和一浪，一浪在前，三浪在后，三浪量速大于一浪并最终会追上一浪。

三浪和一浪沿着波动方向传递能量，在叠加纠缠态出现前，假设在三浪和一浪右侧出现时空割裂（这种情况最常出现），平行时空的波动没能够延续下去，那么三浪和一浪的叠加纠缠态仍会出现在被割裂的时空右侧，因为根据能量（动量）守恒定律，量能不会凭空消失，三浪和一浪沿传播方向叠加传递的量能会在时空的右侧扰动时空，制造出“弯曲时空”，这个“弯曲时空”就是将来右侧K线运动的“省力空间”。这个“省力空间”反映了叠加态的自然形成特性。

如同广义相对论中引力波形成的“弯曲时空”一样，三浪和一浪沿波动方向传递的量能叠加态在时空右侧的虚拟空间形成阻力最小的波动空间，右侧的K线在交易量能的推动下就只能沿着这个虚拟的省力空间运动，并且最终遵循最小势能原理到达补五浪的终点。

而且，时空左侧不同级别的一三浪会制造出时空右侧不同级别的“弯曲时空”，所以右侧K线在拉升过程中就会遵循不同级别的“弯曲时空”运动，结果就出现了基于五浪结构的跨时空逐级纠缠现象。

同时，时空左侧不同特性的一三浪会制造出时空右侧不同特性的“弯曲时空”，所以右侧K线在越过左侧高点区域后会出现股性恢复的左侧唤醒现象。

这就是五浪时空结构法则的物理原理，也是会出现跨时空纠缠现象的根本原因。因为补五浪是时空左侧一浪与三浪的叠加态，所以补五浪总会比左侧三浪高出一截（见图7-4）。

时空左侧不同级别的一三浪在时空右侧制造出不同级别的“弯曲时空”，所以时空右侧会出现不同级别的“补五即结束”，形成“锯齿浪”“浪中浪”，这也是其他理论解释不了的现象。

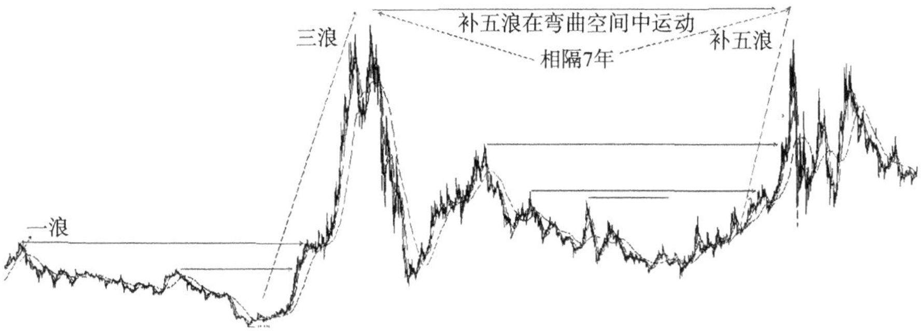

图 7-4 北巴传媒（600386）K 线

图 7-5 中，三钢闽光（002110）时空左侧不同特性的一三浪制造出时空右侧不同特性的“省力空间”。左侧一三浪由最活跃的涨停板组成，右侧“省力空间”中就会出现同样活跃的涨停板。

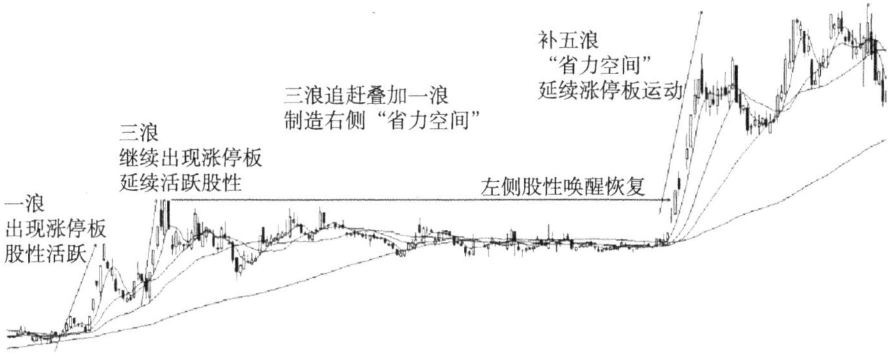

图 7-5 三钢闽光（002110）K 线

图 7-6 显示了南卫股份（603880）张力结构后的补五浪，注意一浪、三浪、五浪 K 线实体形态高度契合，这时候右侧左移，我们会看到连板的五浪结构。所以说左侧不同特性的一三浪制造出右侧不同特性的“弯曲时空”。

综上可知，原来是左侧一三浪传递的量能叠加形成“弯曲时空”，从而制造出右侧 K 线量子纠缠般的超距离作用。

这个制造超距离作用的“鬼魅”就是“弯曲时空”。

图 7-7 中，华西股份（000936）无论相隔多久，右侧补五浪都会运行于左侧各级别一三浪制造出来的“弯曲时空”之中，最后完成大五浪时空结构。

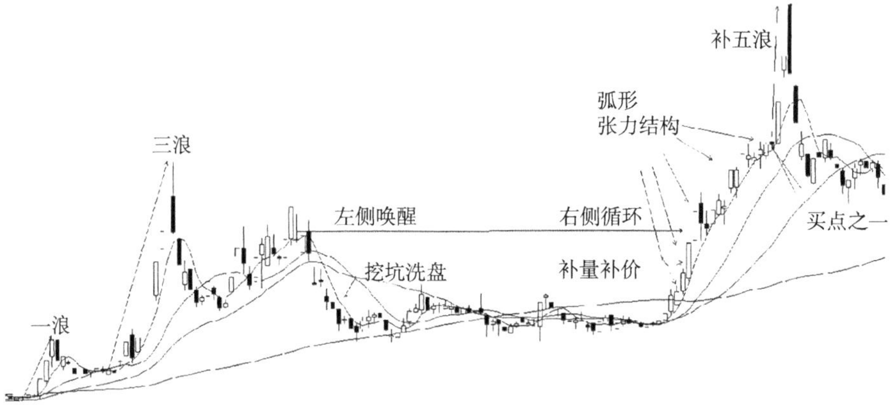

图 7-6　南卫股份（603880）K 线

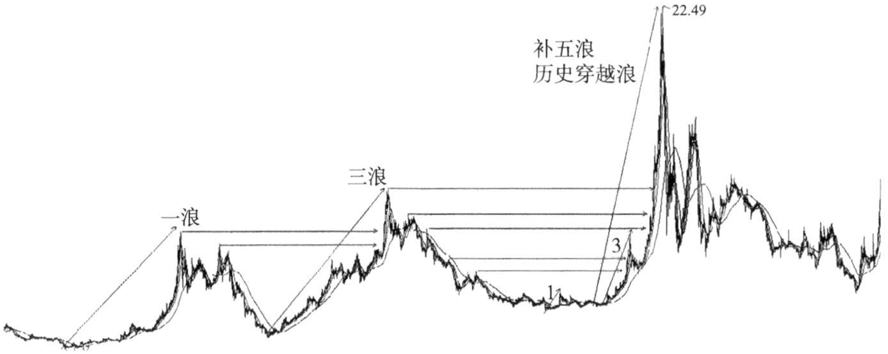

图 7-7　华西股份（000936）K 线

三浪追赶一浪是理解“弯曲时空”的叠加性质的关键。

时空左侧最大的一三浪会制造出时空右侧最大的“省力空间”，历史穿越浪就是左侧最大一三浪的杰作。在五浪时空结构中，“弯曲时空”一定先于补五浪存在。

这种虚拟的“弯曲时空”制造出“省力空间”，如同用扇子扇一根羽毛，羽毛会随着扇出的气流在空中波动；如同大雁在长途飞行时会排成人字形是因为前面的大雁扇动翅膀形成上升气流，后雁会十分省力；如同我们看不见的电磁波在自由空间中以光速传递信息能量。

时空被扰动是因为波传递的能量不会凭空消失，只会从一种形式转化为另一种形式，或者从一种物体传递到另一种物体。

一浪和三浪传递的能量制造出的“弯曲时空”随着时间沿着箱体向右侧延展，这种“省力空间”只有处于补五浪中的 K 线才能感觉到，因为那就是阻力最小的波动空间。所以最终，无论相隔多久，K 线始终遵循并终将完成五浪结构。

图 7-8 中，四川路桥（600039）右侧 K 线运行于双边一三浪叠加纠缠形成的“省力空间”之中。

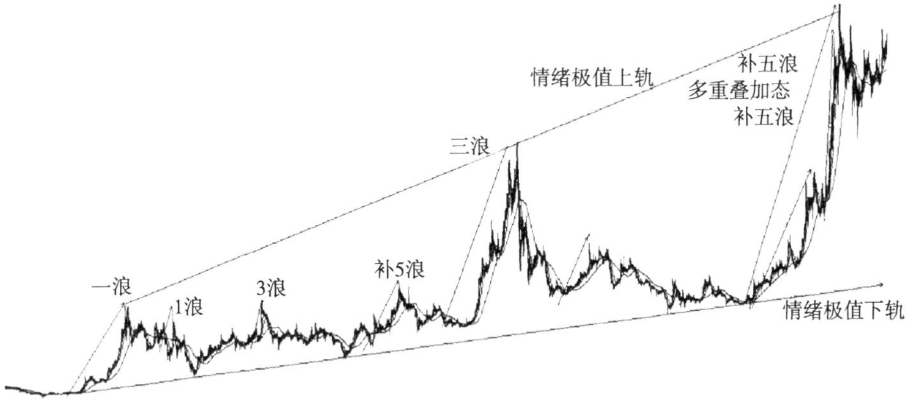

图 7-8 四川路桥（600039）K 线

在五浪时空结构中，大补五浪是跨时空 K 线波的多重叠加纠缠态。所以可以说，历史穿越浪运行于多重一三浪的叠加纠缠态形成的“弯曲时空”之中。

在历史穿越浪的末端、“省力空间”的尽头，K 线应声回落，进入负五浪回调周期。但是大补五浪的量能并没有消失，随着越来越大的能量推动新的一三浪，新的一三浪又会与左侧的补五浪高点叠加，制造出更大的“省力空间”，生生不息地向时空右侧延展。

图 7-9 华丽家族（600503）的 K 线中，如果把一浪分解为 1 浪、3 浪，那么三浪就是 1 浪、3 浪的补 5 浪，同样运行于 1 浪、3 浪制造的弯曲时空之中。

K 线的“弯曲时空”是虚拟态的补五浪，是补五浪出现之前的虚拟态。

在五浪时空结构中，我们从力学原理上认知了补五浪是一浪和三浪的多

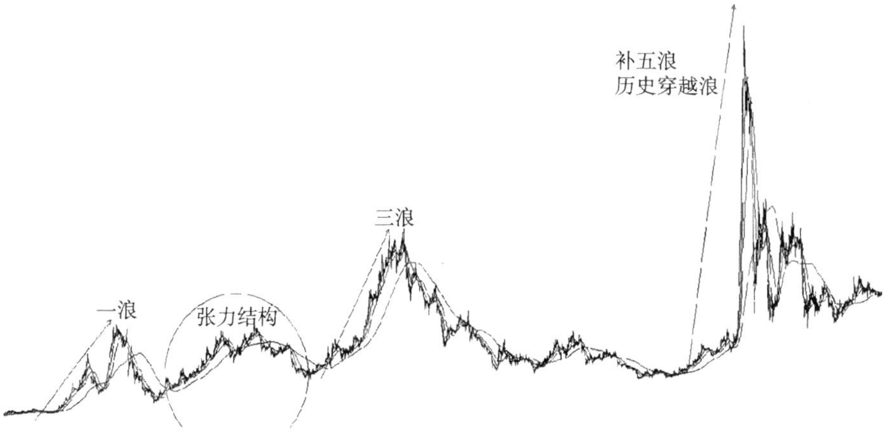

图 7-9 华丽家族（600503）K 线

重叠加纠缠态，但并不是说补五浪的出现不需要其他条件，如前文所言，补五浪也是由交易量能推动的 K 线波，前一章细述的张力结构形态就是补五浪启动前或启动中的量能蓄积信号。

在图 7-10 中可以看到，昊华科技（600378）左侧特征鲜明的一三浪制造出的“省力空间”配合张力结构形态，投资者据此可以准确预测补五浪。

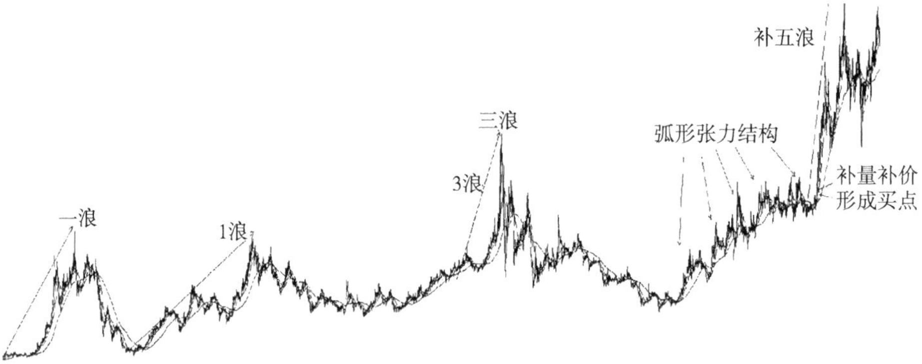

图 7-10 昊华科技（600378）K 线

左侧一三浪制造出时空右侧 K 线运动的“省力空间”，张力结构的量能蓄积态提供了推动补五浪运动的量能，至此，“跨时空纠缠的五浪结构”技术体系在理论和应用上都形成了完美闭环。

那么，K 线的“弯曲时空”概念会推翻或代替前文中的“左侧唤醒与右

侧纠缠循环”概念吗？不会，也不需要，因为左侧不同特性的一三浪会制造出时空右侧不同特性的“弯曲时空”，这与“左侧唤醒与右侧纠缠循环”理论异曲同工。

K 线的“弯曲时空”或者说“省力空间”概念是基于经典力学和相对论的科学解释，诠释了五浪时空结构在物理学上的合理性。

所以前文中说：不能用科学理论解释的分析技术是假技术，不符合自然规律的分析技术也是假技术，不能准确预测的分析技术更是假技术。

至此，我们已获知股市的真相。

三、基于五浪时空结构的 K 线解剖学

基于五浪基本结构和“弯曲时空”而形成的五浪时空结构理论是 K 线技术分析的综合性理论。综合运用五浪时空结构法则，可以精确解剖 K 线结构，了解过去与现在，预测未来。

在物理学上，无论多复杂的信号和函数，声波、光波、电磁波等实际上都是正弦波的叠加，叠加态意味着所有波的相互作用及所有波的和。K 线运行过程中，时空右侧的最大补五浪就可以理解为所有正弦波的叠加态。艾略特波浪理论中令人迷糊的“浪中浪”其实是叠加态中的叠加态。

比如上文中的三浪追赶一浪形成叠加五浪的例子，假设这个叠加浪很大，我们就可以站在叠加态上，将叠加过程延展成一个时间周期。在这个时间周期中又出现了小 1 浪、3 浪，那么在时间允许的情况下，就又会出现补 5 浪的叠加态，这就是所谓的“浪中浪”。

所以遵循五浪时空结构，过滤掉这些“浪中浪”，用正确的时空观分析浪形结构，才能看到 K 线未来真正的前行方向。

图 7-11 中，中天科技（600522）大五浪结构中包含很多“浪中浪”，用五浪时空结构法则可以过滤掉“浪中浪”，预测 K 线未来的运动方向。

用五浪时空结构来分析 K 线，“浪中浪”并不能造成困扰，因为“浪中浪”也要遵循五浪时空结构。

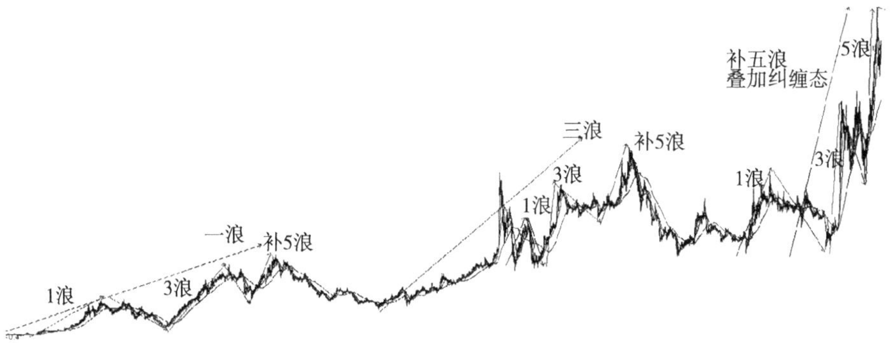

图 7-11　中天科技（600522）K 线

如图 7-12 所示，广汇汽车（600297）K 线中一浪、三浪与补五浪都出现了“浪中浪”，“浪中浪”一样遵循五浪基本结构。

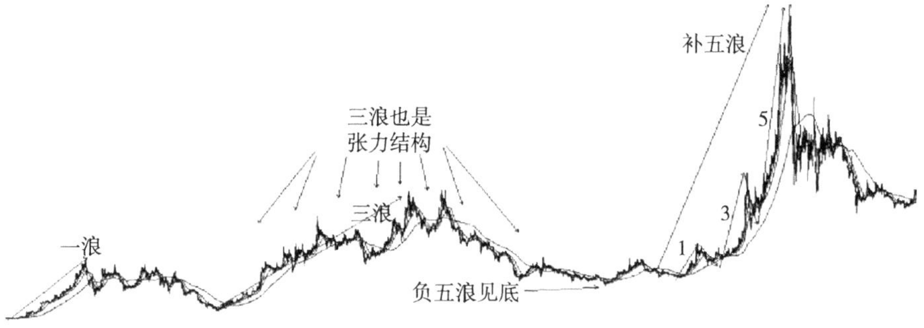

图 7-12　广汇汽车（600297）K 线

最大的五浪时空结构就是最大的叠加态周期。不同级别的叠加态周期形成不同级别的五浪时空结构，如图 7-13 所示。

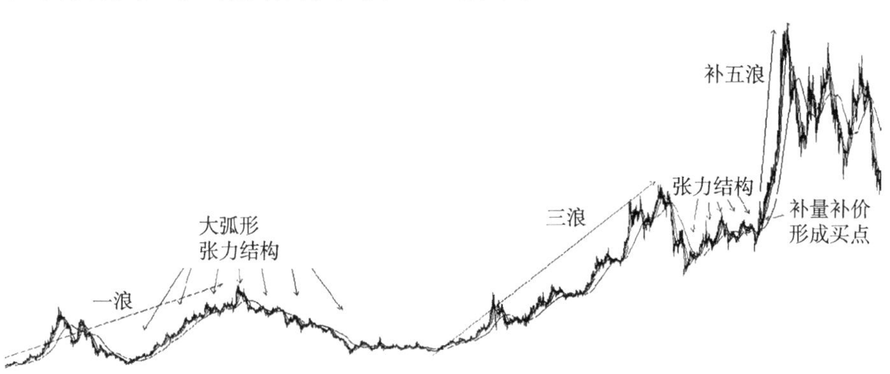

图 7-13　安琪酵母（600298）K 线

五浪时空结构中的多重叠加态为综合技术分析提供了用武之地，K 线的时空割裂制造出多重叠加的“弯曲时空”，确定性的“弯曲时空”带来确定性的交易机会。

图 7-14 为李嘉诚先生的上市公司长和（00001）近 30 年来的 K 线运行图。30 多年来长和股票经历数次时空割裂，始终运行在超大型的五浪时空结构中，数次形成张力结构，每一次张力结构后的补量补价动作都是准确的买点。

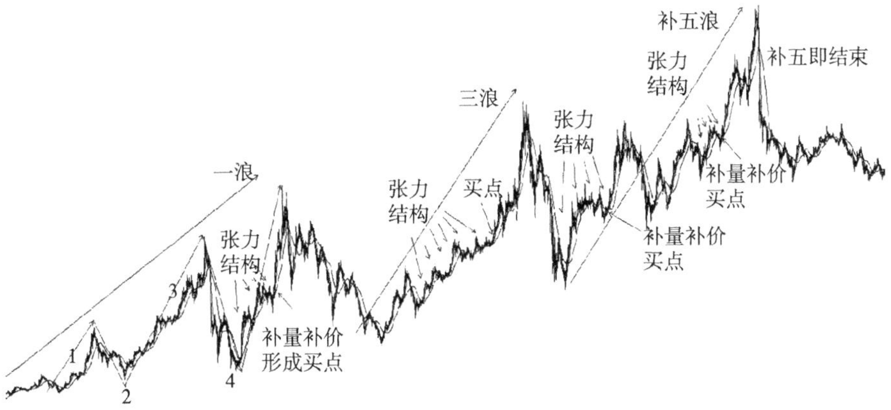

图 7-14 长和（00001）近 30 年来的 K 线运行图

图 7-15 中，鄂尔多斯（600295）的五浪时空结构是 K 线解剖利器。

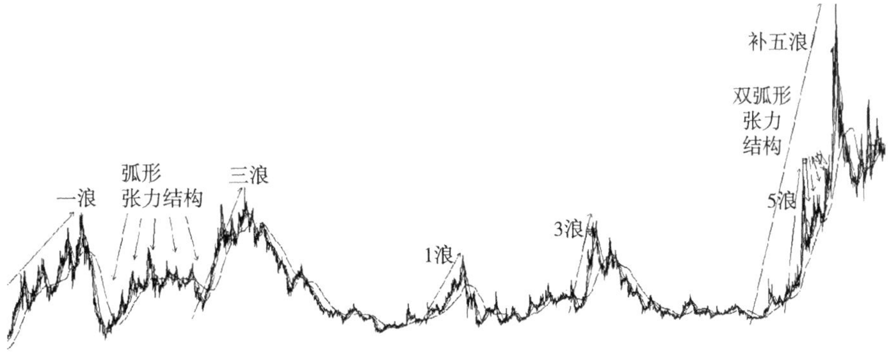

图 7-15 鄂尔多斯（600295）K 线

从图 7-16 中可以看到标准股份（600302）左侧的一三浪形态加上张力结构，时空右侧的补五浪就已经被确定。

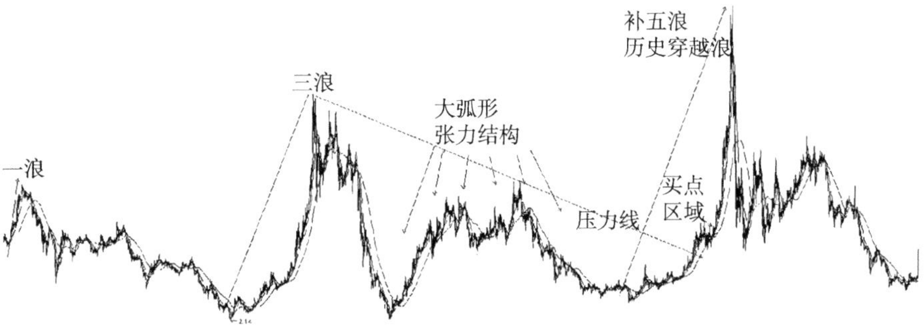

图 7-16 标准股份（600302）K 线

“左侧唤醒与右侧纠缠循环”“一三指方向，补五即结束”“张力结构”“补量补价”“箱体运动”，构成了 K 线解剖技术中的核心分析要素。

四、 K 线的时空穿梭——右侧左移，填平补齐

物理学家霍金有一段时间曾认为，当封闭的宇宙从膨胀转变为收缩时，时间就会开始逆流，事物会回到过去。后来，这种观点被驳回。在科幻作家威尔斯的小说《时间机器》中展示了人类希望时空穿梭的愿景。

时间的单一方向性不可逆转。我们回不到过去，过去给我们留下的只有记忆。但是在 K 线的技术分析中，我们可以基于五浪时空结构做到让 K 线经历“时空穿梭”。

在有的大周期浪形中，左侧一浪、三浪与补五浪之间的距离很远，看不清时空右侧缺失浪形的形态结构，怎么办?

以图 7-17 为例，我们来做一个动作。图中一浪、三浪、五浪之间有两条颈位横线，现在我们忽略颈线以下的区域，将右侧沿颈线高度平移到衔接区域，就像玩拼图游戏一样。

于是我们得到了图 7-18（可以在电脑上裁剪拼接）。

看吧，一个近乎完美的缩小版五浪循环周期展现在眼前。根据左侧浪形结构和三浪区域形成的张力结构，五浪在出现之前就可以被精确预测出来。K

图 7-17 天康生物（002100）K 线

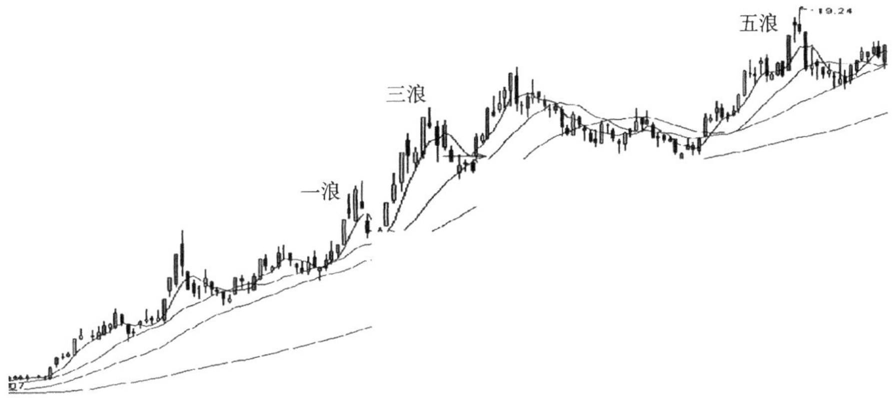

图 7-18 天康生物（002100）平移后的 K 线

线好像一直在这样循环而没有经过颈线下方的停顿，一气呵成。

对于任何股票，当左侧两浪间时空距离较远，看不清将要发生的穿越浪形态结构，以及大概会在哪儿调整回撤时，我们都可以这样右侧左移。

特别是针对复杂浪形结构，这样可以排除无效的 K 线干扰，看清股价前行的方向，在观察 K 线左侧历史全貌时，这尤为重要，因为左侧的历史浪形结构决定了未来这只股票再次出现穿越大浪的浪形结构。

图 7-19 是顺灏股份（002565）K 线。我们把时空右侧的大补五浪穿越时空平移到左侧小 3 浪节点附近，可以得到图 7-20。

从图 7-20 中，我们可以看到时空穿梭后的真相。当补五浪刚运动到左侧 3 浪高点时做这个平移动作，你会发现 3 浪的类弧形张力结构和随后的补量补价现象，那么，在 1 浪、3 浪后的小补 5 浪回调就是买点。随后股价与左侧大

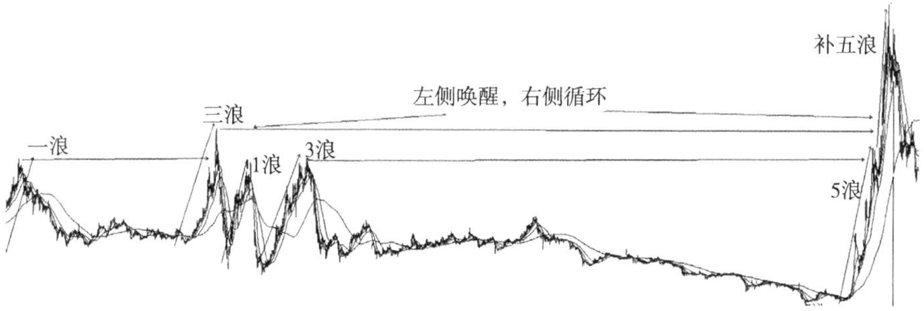

图 7-19　顺灏股份（002565）K 线

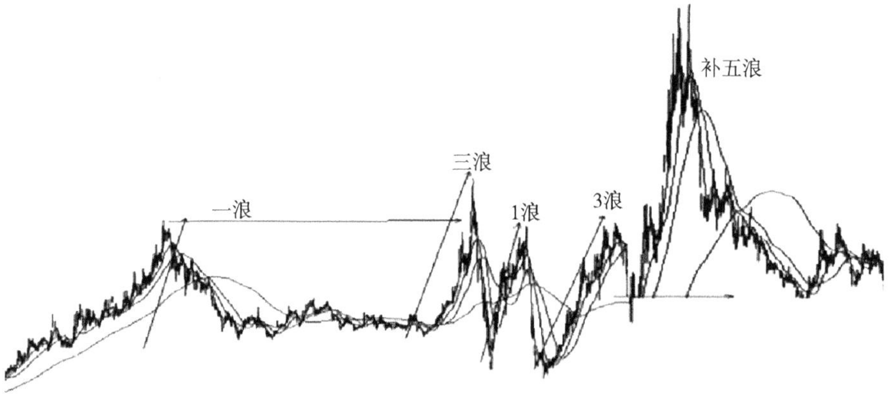

图 7-20　顺灏股份（002565）平移后的 K 线

一三浪纠缠循环，完成大补五浪结构。

让 K 线回到过去，以看清未来的方向。我把这种时空穿梭技术称为："右侧左移，填平补齐"。

用这个技术我们可以成功过滤掉时空干扰因素，直视 K 线结构的原貌。

熟能生巧，看得多了，在观察 K 线左侧历史浪形时，就能在脑海中完成 K 线"右侧左移，填平补齐"的动作，就能凭直觉判断出时空右侧有无历史穿越浪，以及大致的浪形结构。

基于这个原理，软件开发者可以开发证券交易系统的内嵌软件，在显示界面上能任意截取 K 线片段，跨时空完成"右侧左移，填平补齐"的动作，方便投资者预测时空右侧的浪形结构。

如果谁研发出来了这类软件，可别忘了告诉我一声。

五、五浪时空结构的其他应用

五浪时空结构不仅仅是 K 线的运行结构，还能用来解析很多现象。在本书的后半段，我们不妨轻松地聊一下其他的话题。当然，这一结构涉及其他领域，或许只是巧合，下一本书再深入研究。

图 7-21 为 2006 年以来中国一、二、三线城市房价的基本走势图（仅作为技术分析案例），振幅最大的为一线城市，中间线为二线城市。此图整体为一个完整的五浪上涨结构，箱体特征明显，遵循“一三指方向，补五即结束”的 K 线运行法则。

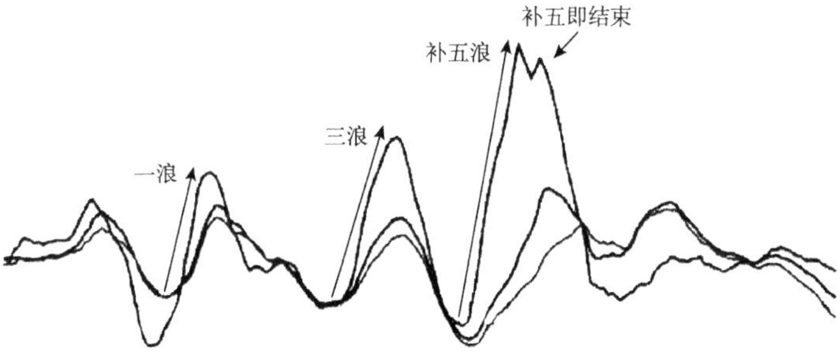

图 7-21　2006 年以来中国一、二、三线城市房价走势

注：图片来源于互联网。

图 7-22 是 2022 年能源危机背景下的欧洲电价走势。从图中可以看到基于五浪结构的左侧唤醒与右侧循环。左侧一三浪特征鲜明，右侧运行于左侧制造的“省力空间”中。

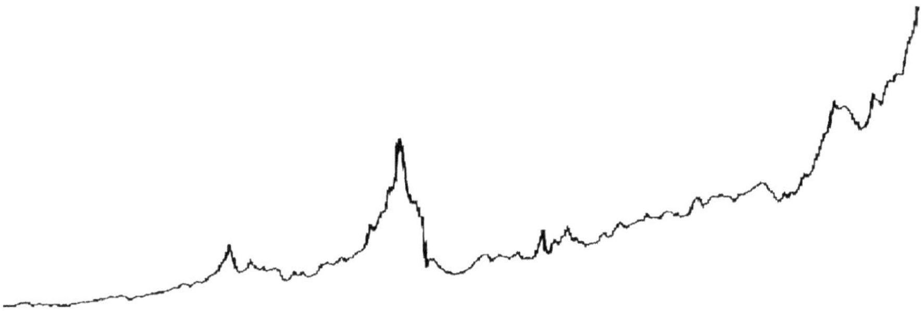

图 7-22　2022 年欧洲电价走势

美国桥水基金创始人瑞·达利欧近年来一直致力于世界秩序变迁以及国家生命周期的研究，图 7-23 是他综合历史数据绘制的公元 600 年至今的中国综合实力指数走势。

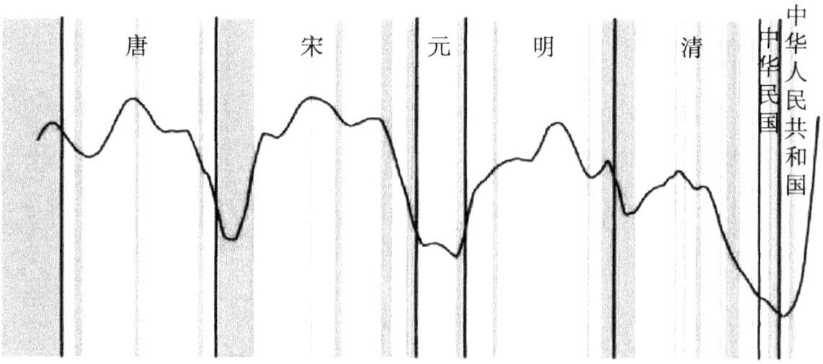

图 7-23　公元 600 年至今的中国综合实力指数走势

资料来源：《原则：应对变化中的世界秩序》，作者瑞·达利欧。

此图选取唐、宋、元、明、清、中华民国和中华人民共和国几个历史阶段绘制，观察右侧可以发现，在历史的大部分时间里，中国要么处于综合实力指数的高点区域，要么非常接近高点区域，直到清朝后期。新中国成立后，在中国共产党的领导下，政治经济周期重建，现在又回到了综合实力指数的高点区域，已经开启了技术上的左侧唤醒与右侧纠缠循环。

从图中可见，清末至中华民国时期恰恰处于走势图的调整负五浪见底阶段。当然，这张图如果囊括中国历史上所有政治经济周期会更全面，中国在战国、秦、汉的封建社会时期的政治经济走势形成了一个超级大周期的张力结构形态，现在正处于释放大浪的初始阶段。

瑞·达利欧在押注中国，这显然是穿越历史兴衰周期的大智慧。

中国梦，未来可期。

很多事物的发展都会遇到“省力空间”现象，有些企业或个人在某一时期会特别顺风顺水，就是进入了发展的“省力空间”。“省力空间”通常来自两种因素，一是外部环境提供的“省力空间”，就是所谓机遇期、好时候；二是自身长期的不懈努力给自己制造的“省力空间”。当两种因素叠加，事情就会一帆风顺。

“时来天地皆同力，运去英雄不自由”，就是这个道理。

可见不断努力搭建正循环周期多么重要，每一个努力奋斗的正循环周期都会在未来得到叠加，无数的正循环周期终有一日会形成一波波历史穿越浪，无论对国家还是对个人来说，哪怕功在当代、利在后世，这个确定性结果也值得付出。

我们无法选择出生地和家庭，但我们可以选择奋斗的方向，那就是适合自己的正循环的方向。因为同五浪时空结构一样，事物总会向着左侧最大量能扰动的方向运动，然后在叠加态出现后回调。

五浪时空结构理论可能还有很多不为人所知的应用领域，望有识者深入研究以造福社会。

第八章

股票的“波函数方程”

——符合条件的决定论

道常无为，而无不为。

——《老子·三十七章》

下面，我们尝试用严谨的数学语言来表述“跨时空纠缠的五浪结构”技术体系中的可预测性。

我们先来了解波的函数表达——波函数。

比如水波，q 表示水面的水波偏离平静状态时的位移，由于波动是整体运动，不同地方（用 x 表示）对应的位移不一样，这意味着 q 是 x 的函数；不同时间（用 t 表示）对应的位移也不一样，因此水波波动可以用函数 $q(x, t)$ 来表示。

函数 $q(x, t)$ 就是水波波动的波函数。

假如有两个波，这两个波在相同位置会叠加，如果这两个波振荡的频率 w 相同，会发生干涉现象。简单来说，如果两个波同步，那么波动叠加的结果就是波变强了；如果两个波正好节奏相反，一个达到最大，一个达到最小，那么波动的结果就是波减弱了，甚至被抵消。

我们已经知道 K 线是波浪式运动的，遵循最省力结构的自然法则，始终遵循并终将完成五浪结构，并且左侧的空间缺失浪会与右侧的运行浪产生跨时空纠缠现象，这是 K 线的运行规律。

假设股票 K 线在相同的价格节点存在符合条件的两列一三浪，其中一列为时空左侧的一浪、三浪，另一列为右侧刚刚形成的 1 浪、3 浪。设左侧一浪、三浪分别为↗1、↗3，根据五浪结构可知，其相对右侧时空 t（相对论中时空一体）和位置 d 一定存在尚未出现的叠加态——补五浪↗5。

那么，此波函数可表达为

$$↗5=↗1,\ ↗3\ (t,\ d) \tag{8-1}$$

不确定的量就是↗5 出现的时间 t 和位置 d，通俗来讲就是什么时间、什么位置出现补五浪。

同样地，对于右侧刚刚形成的符合条件的 1 浪、3 浪，用↑1、↑3 表示，所以对于即将出现的补五浪↑5，就存在关系式：

$$\uparrow 5=\uparrow 1,\ \uparrow 3\ (t,\ d) \tag{8-2}$$

在此，因为右侧是符合条件的 1 浪、3 浪组合，调整的时间周期相对于左侧时空距离可以忽略不计，浪形结构处于小 4 浪回调，补 5 浪出现的位置也可以确定，所以（t，d）就是定量，这样就只存在关系式：

$$\uparrow 5=\uparrow 1,\ \uparrow 3 \tag{8-3}$$

又因为右侧的 1 浪、3 浪形态符合要求，那么小调整后的补 5 浪就确认了与时空左侧浪的纠缠时间和位置，所以时空左侧五浪结构的波函数中的变量（t，d）成了被右侧确定的量，因为两列补五浪会同时叠加出现，于是有关系式：

$$↗5=↗1,\ ↗3\ (\uparrow 1,\ \uparrow 3) \tag{8-4}$$

由关系式可知，符合条件的左侧一浪、三浪和右侧 1 浪、3 浪可以共同确定叠加态的补五浪。

如图 8-1 所示，时空左侧一浪、三浪的补五浪与右侧 1 浪、3 浪的补 5 浪形成叠加补五浪，右侧确定了左侧补五浪的时空位置。

这个纠缠而成的补五浪就是时空左侧与右侧两个波函数的叠加态，完全可以根据左右一三浪的拉升速度与形态判断纠缠补五浪的浪形及高度。因此，符合条件的股票价格运动可以被提前预测。

用数学语言讲，当右侧一三浪可以确认左侧补五浪的时间和位置时，或者两个补五浪发生叠加纠缠的条件具备时，K 线未来的波浪运动可以被预测。

如图 8-2 所示，上海电力（600021）K 线图左侧存在两个级别的一三浪——图示左侧大一浪、三浪与左侧小 1 浪、3 浪。其中，左侧大一浪、三浪

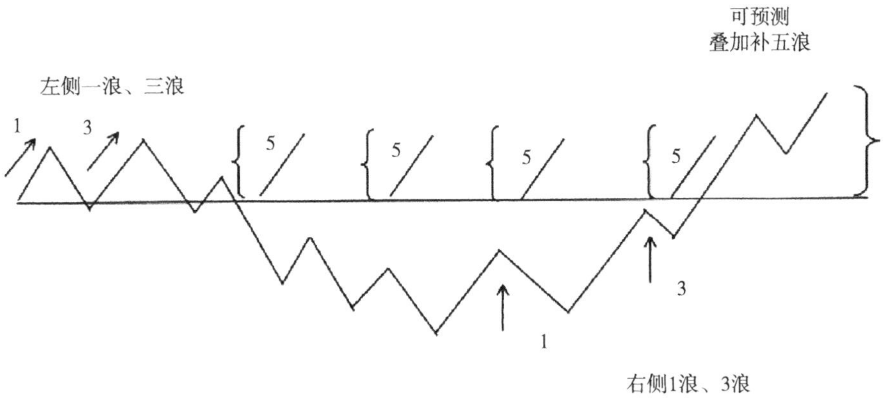

图 8-1　两个波函数叠加形成补五浪

有连板涨势，预判右侧跨时空“弯曲时空”必有补五浪；左侧 1 浪、3 浪涨幅略小但缺补 5 浪明显，组成的小箱体上下轨清晰。当 K 线运动到右侧小 1 浪、3 浪出现时，就能确认右侧将出现的补五浪会与左侧 1 浪、3 浪缺失的补 5 浪纠缠，出现叠加补 5 浪（图中叠加补 5 浪所指大阳），而后纠缠逐渐升级，直到出现以左侧三浪顶部最后那个涨停板为一浪的五浪循环方才宣告结束（循环升级的信号是图中 a、b 所指，互为指向一浪、三浪）。

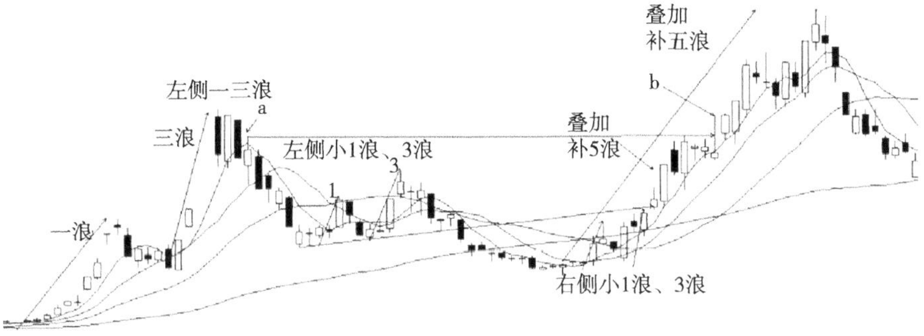

图 8-2　上海电力（600021）K 线

图 8-3 的宏柏新材（605366）是我 2022 年提前完美预测的牛股之一。我的交易过程不尽完美，顶部最后一波根据中继张力结构预测到但没买。左侧有一浪，距离稍远，限于篇幅，我将左侧一浪右移，形成图中左侧清晰的一三浪，而且三浪带板拉升，与一浪形成指向组合，预判时空右侧必有补五浪。

右侧1浪、3浪同样浪形清晰，带板拉升形成指向1浪、3浪，预判必有补5浪。左右补五浪时空重叠，必然叠加纠缠，预测应该形成历史穿越大浪，结果如我所愿。

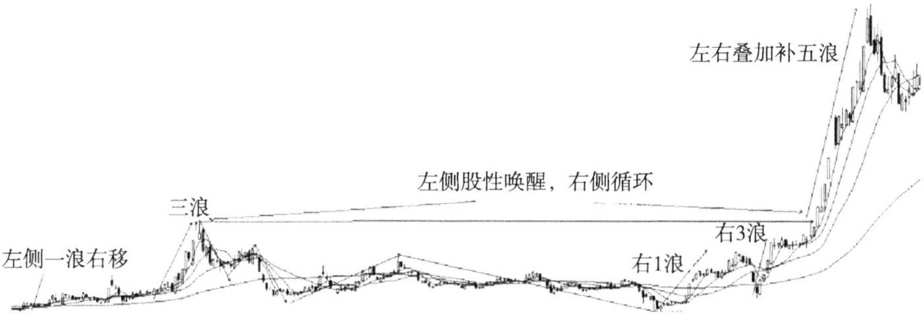

图8-3 宏柏新材（605366）K线

图8-4中的江河集团（601886）K线是符合可提前预测条件的经典图例。左侧一浪、三浪技术特征鲜明，三浪幅度大于一浪，预判时空右侧已形成“弯曲时空”，必有补五浪。右侧1浪、3浪清晰，同时对洗盘坑补量补价，然后出现的合并1浪、3浪就是入场信号，也就是说右侧3浪中的两连板已经有了左右共振浪的性质，而后的右侧5浪更是左侧一浪、三浪与右侧1浪、3浪的双重叠加态。

这就是完美的逐级纠缠周期。

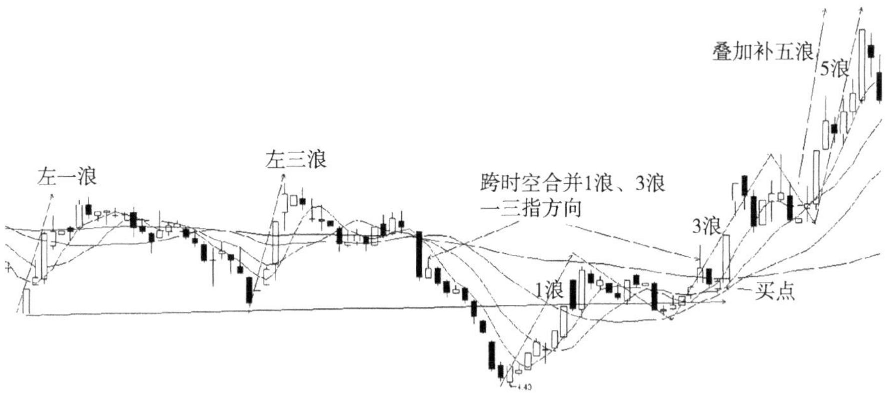

图8-4 江河集团（601886）K线

图 8-5 是紫光国微（002049）3 日线。右侧的连板补五大浪是时空左右侧叠加催生的历史穿越浪。时空左侧是连板指向一浪、三浪，三浪连板拉升幅度明显大于一浪，而后 K 线底部中间形成张力结构，量能蓄积，右侧底部 1 浪、3 浪形成，“一三指方向”成立，判断股价将向上运动，而且将与时空左侧缺失浪形纠缠，恢复左侧股性。所以右侧的连板拉升浪形完全可以预测。

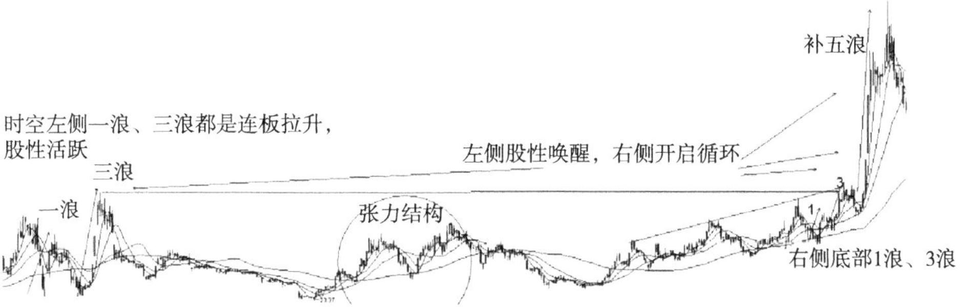

图 8-5　紫光国微（002049）3 日线

图 8-6 是长江投资（600119）左侧一浪与张力结构组合，可准确预测右侧三浪，最右侧的 1 浪、3 浪出现后，补五浪（共振浪）又是可以提前预测的穿越浪。

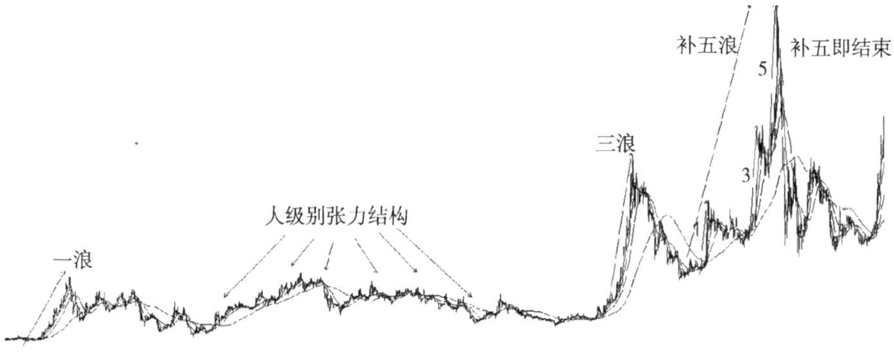

图 8-6　长江投资（600119）K 线

本章用数学方法论证了预测股价未来运动的可行性。结论是：

当时空左侧与右侧周期的补五浪叠加纠缠条件具备时，投资者完全可以预测股价的未来走势，并根据“补五即结束”的规律在历史高点全身而退。

或者说，当右侧 K 线具备进入时空左侧制造的“弯曲时空”的运动条件时，K 线接下来的运动完全可以预测。

股市每天都有涨停板，但是符合条件的股票走势才可成功被预测。判断股票是否符合条件需要投资者具有很强的短线分析鉴别能力，因为股票的左侧纠缠现象呈现量子运动的鲜明特征，而不确定性正是量子运动的特点。股票的逐级纠缠不是一蹴而就的，而是经常中断，然后继续向时空右侧延展，何况还有人性的弱点掺杂在内。我以前在短线交易中经常有小箱体下轨止损动作，后来改为大波段交易，就很少出现止损动作。投资者要综合运用本书的技术，多读、多看、多悟，提高形态识别能力。

随着全面注册制的推进，上市公司越来越多，投资者在股市中生存越来越需要真正的技术分析能力。本书所述技术不仅仅适用于 A 股，而且适用于外盘，并且不局限于股市、期货市场、外汇市场，只要是带有价格交易特性的衍生品市场，统统适用。只要我们能看到真实可靠的 K 线图，只要认真学习研读，很快就会发现技术分析的魔力。

本书教给投资者的是源于自然规律的技术分析，不是“炒”，也不是“赌”，而是真正的道法自然。

第九章

几个不容忽视的技术细节

信言不美，美言不信。

善者不辩，辩者不善。

——《老子·八十一章》

一、几个重要问题的答案

问题一：移动平均线重要吗？

答：没那么重要。

我的移动平均线也设置了自己定的参数：5 日、8 日、13 日、21 日、88 日、225 日、365 日七条均线。其中，5 日、8 日、13 日、21 日均线根据斐波那契数列设置，另三条分别根据水星、金星、地球对太阳的公转周期设置，但没有证据证明这样做的合理性。88 日线被我用作牛股回调的反弹线，但后来我连这种反弹的分析也不做了，有这个精力为什么不去寻找张力结构形成后的穿越浪呢？最关键的是，我找不出任何科学道理来支持均线技术，所以我认为均线只具有一定的参考意义。至于布林线等其他研判指标，说真的，我从来没有看过。

图 9-1 是天齐锂业（002466）88 日均线处的反弹。

图 9-2 是航发动力（600893）88 日均线处的反弹。

问题二：趋势重要吗？

答：重要，但我更喜欢用箱体运动来表达，比如处于上涨箱体还是处于下跌箱体。

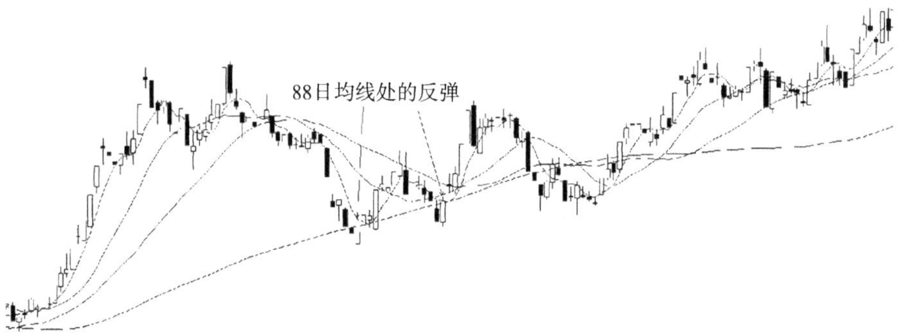

图 9-1 天齐锂业（002466）K 线

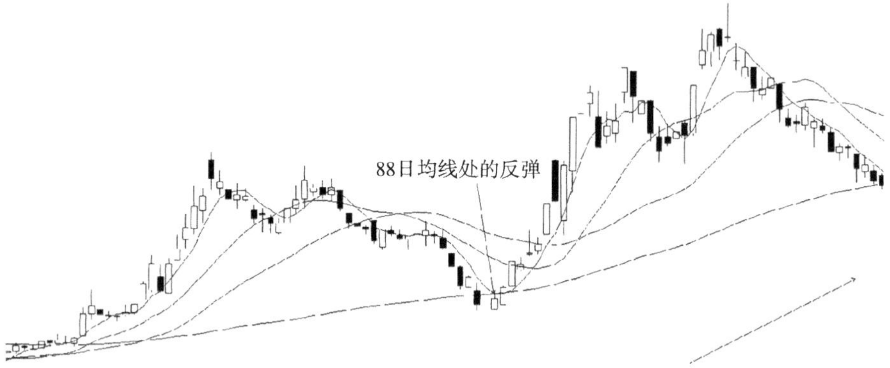

图 9-2 航发动力（600893）K 线

因为箱体运动具有可控性，一段历史穿越浪的上涨会与左侧形成大箱体和次箱体，还有顶部区域的最陡箱体，在大牛股的五浪中，我们可以用最陡的箱体上轨来止盈，用最陡的箱体下轨作为清仓线。

图 9-3 中，北新路桥（002307）补五浪末端的止盈点判断，需要综合运用小五浪结构末端和最陡箱体下轨技术，当两个条件同时符合，投资者就要果断止盈离场。

任何时候都要坚信“补五即结束”的铁律。特别是当好几个补五浪叠加的时候，左侧历史高点的五浪、自身最陡箱体的五浪、从底部上升形成的日线五浪，这种叠加历史高点一旦出来，通常是一个超大周期的结束，然后就是漫长的下跌。两个大周期之间距离很远，甚至长达十年之久。

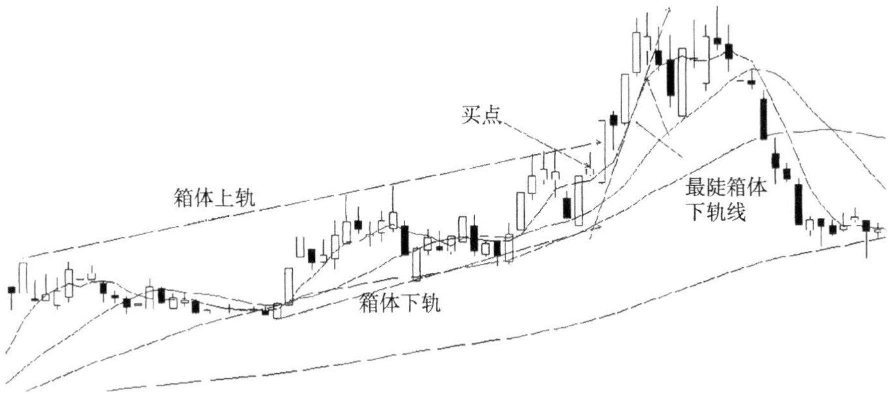

图 9-3 北新路桥（002307）K 线

问题三：基本面重要吗？

答：重要。

基本面代表一只股票的健康程度，一只健康的股票背后就是一家运转健康的公司。一只健康的股票在其运行周期中，或多或少都会出现确定性的交易波段。试想一下，一只负面新闻不断而且连续亏损的股票犹如久病缠身的人，怎么可能走出漂亮的图形？所以，要选择健康的股票进行交易。

在我看来，一只健康的股票包含两个方面的健康：一是基本面健康，二是技术面健康。如果一只股票不久前才结束大级别的历史穿越浪，那么，即使它的基本面再健康，技术面也属于不健康，因为在漫长的负五浪调整周期中很难找到交易机会。比如中国石油（601857），基本面很好，但是有多少基金从中获利了？没有多少，就是因为技术面不好。

如图 9-4 所示，中国石油负五浪才出现不久，根据“一三指方向”的规律，未来还是长路漫漫。

所以，要选择健康的股票进行交易。

问题四：大结构的补五浪结束后，循环如何继续？

答：仍然是从最小周期的五浪结构开始，然后出现各种级别的一三浪，补五浪后又形成更大的一三浪，有一天越过左侧原来的大补五浪高点。这时

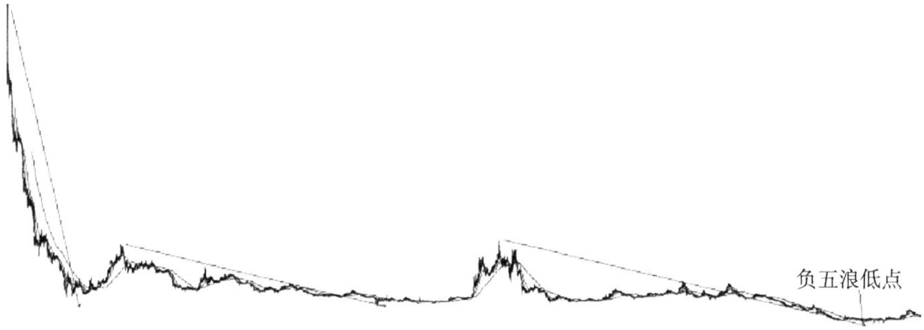

图 9-4　中国石油（601857）K 线

我们会发现，左侧曾经的大补五浪会转变为相对右侧的一浪或三浪。

图 9-5 中，甘化科工（000576）的时空左侧先形成 1 浪、3 浪，而后出现补 5 浪，为完整的 5 浪结构。3 浪与补 5 浪浪形特征变大，将其命名为 a 浪和 b 浪，a 浪 b 浪组合成新的一三浪，它们的补五浪就是 c 浪。根据浪形逐级变大的特征，b 浪与 c 浪又形成新的一三浪，然后右侧出现大补五浪，大补五浪就是在左侧浪形逐级变大的基础上形成的。

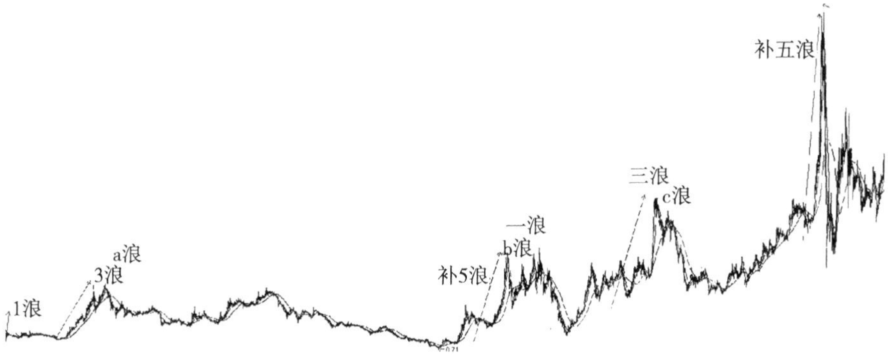

图 9-5　甘化科工（000576）K 线

图 9-6 中，双良节能（600481）左侧的一浪、三浪、五浪毫无疑问为第一个大五浪结构，但是五浪具备了新的特征，拉升速度比一浪、三浪快，浪形变大，当右侧新周期浪越过五浪高点后继续循环，此时左侧一三浪相对右侧的时空距离合并为 1 浪，而五浪就成了新的 3 浪，右侧就形成了补 5 浪。

如果右侧补5浪继续补量补价拉升，时空上继续向上延展，我们会发现原来左侧的一三五浪已经合并为大一浪，而右侧新的补5浪已经演化为大三浪。也就是说，当时空右侧的循环结构变大，原来左侧的结构就会相对变小，好比飞机起飞后，上面的乘客看地面上的一切都会缩小，这就是右侧循环的奥妙之处。

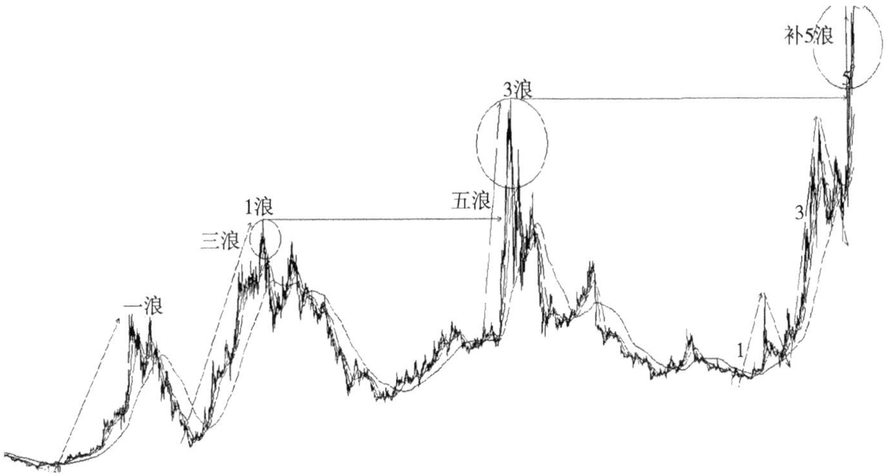

图 9-6　双良节能（600481）K 线

下面以湖南投资（000548）30年来的浪形结构演化来说明五浪的结构循环。

图9-7是湖南投资1994—1999年形成的五浪结构，3浪与5浪间有张力结构形态，3浪与5浪的浪形结构逐渐变大，形成完整的五浪结构后，“补五即结束”。

8年后，正直2007年大牛市，湖南投资走出十几倍涨幅。图9-7中的五浪结构中的3浪和5浪在时空右移中演化为一浪与三浪，右侧十几倍涨幅浪正是它们的补五浪（见图9-8）。随着浪形不断向右侧延展，被量能扰动的“弯曲时空”也会在时空右侧重新出现。

又过了8年，到了2015年，当年图9-7中的小5浪结构已经演化为时空左侧的大一浪，图9-8中2007年的补五浪变成大三浪。在2015年牛市行情中，湖南投资再次刷新2007年高点，完成极顶小结构的补5浪，但是并没有

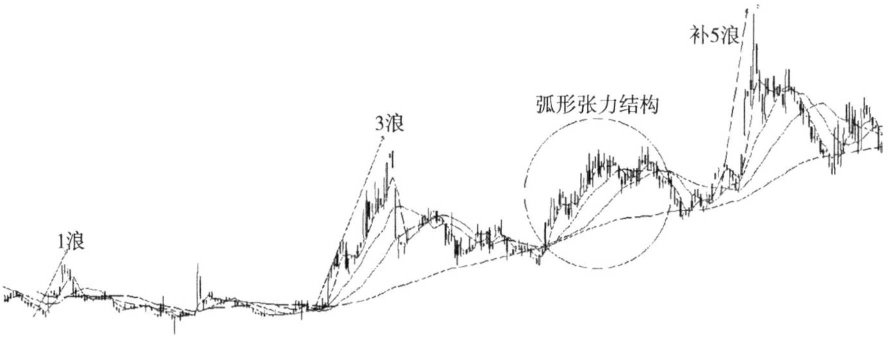

图 9-7 湖南投资（000548）K 线（1）

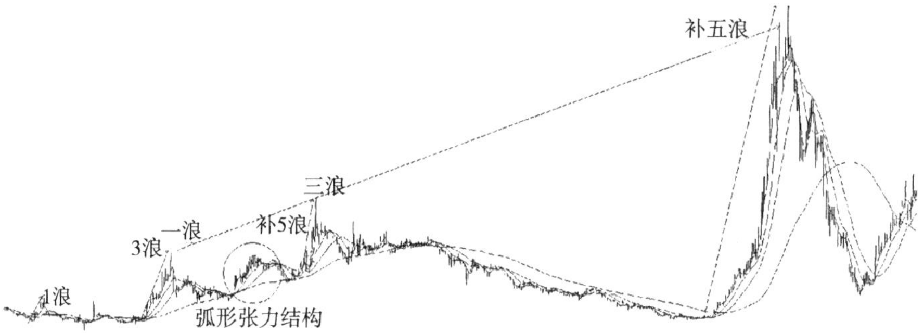

图 9-8 湖南投资（000548）K 线（2）

形成对 2007 年的浪形循环。不过我们看到，右侧一浪、三浪已经形成，2015 年的大浪只是未来更大补五浪的三浪，只是还需要沉寂几年，新的上涨大周期已经在时空的右侧若隐若现（见图 9-9）。

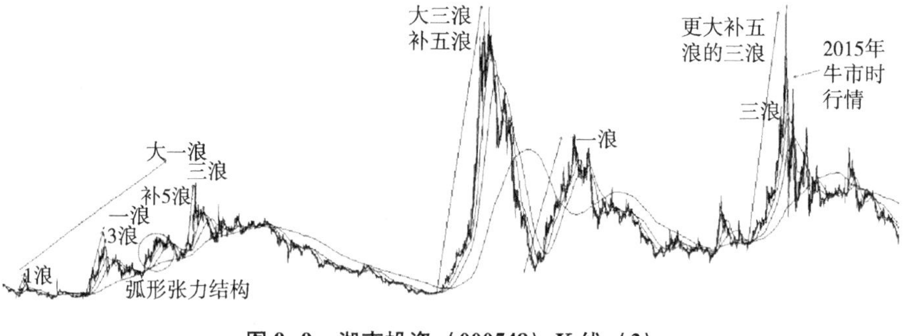

图 9-9 湖南投资（000548）K 线（3）

这就是美妙的循环，五浪结构纠缠互生，生生不息。但是无论涨多高，K

线都会一直遵循无限循环的五浪结构。从某种意义上来讲，股票的K线和自然万物一样，都处于遵循特定规律的时空旅行之中。

二、从全局看均线，形成高屋建瓴的时空观

古人云：不谋万世者，不足谋一时；不谋全局者，不足谋一域。复盘研究K线，鉴别浪形结构与张力结构，一定要从K线的全局着手，从该股票的历史起始点开始，从它左侧最大的结构开始，形成高屋建瓴的时空观，切忌纠缠于片段，导致一叶障目，不见泰山。我们能从左侧的历史形态中定位它现在的位置，从它的历史浪形结构中，穿越时空看出未来一段时间有没有可能出现大浪。一只不久前才结束历史穿越浪的股票，我们再情有独钟又有何益，不亦惑乎？

就像了解一个人，我们会在生活中了解他过去的信息，然后通过他的言语、行为来判断他的性格与人品。

左侧K线包含着一只股票所有的历史信息，最重要的是它的浪形与股性。人们说江山易改，禀性难移；我说“江山易改，股性难移”。股性就是股票左侧的活跃程度，左侧拉板多，一字板多，右侧在与左侧发生纠缠时很容易就会恢复左侧的股性唤醒，继续出现涨停板。

从图9-10中可以看到莱茵生物（002166）的左侧股性唤醒，左侧涨停板多，右侧涨停板也多，一直涨到五浪结构衰竭，省力结构结束。

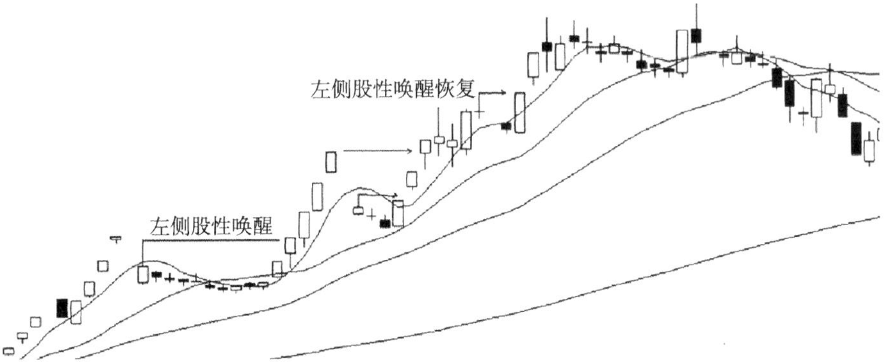

图9-10 莱茵生物（002166）K线

从图 9-11 中可以看到三钢闽光（002110）的左侧股性唤醒，左侧的波段封板浪唤醒右侧的波段封板浪。

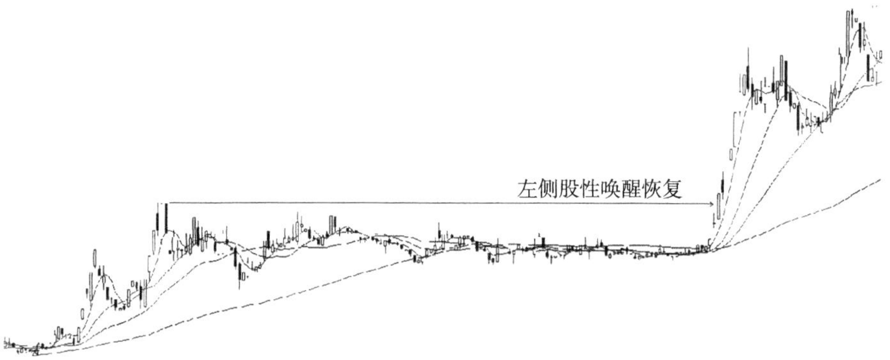

图 9-11　三钢闽光（002110）K 线

当我们形成正确的时空观，就会发现股票交易不是做概率，而是等待确定性，多数时候我们要做的就是等待。

就像俄罗斯堪察加半岛的棕熊，它们每年 8 月前后都会守在大马哈鱼洄游的必经之路上，张开大嘴，等待鱼儿跃入口中。棕熊们知道没有任何必要在鱼群到来之前瞎折腾，或许会早几天，或许会晚几天，但棕熊等待的是百分之百的确定性。

可见，掌握规律后，判断出时空右侧的确定性，然后耐心等待，这就是最佳策略。还有一个要点就是当鱼群到来后别忘了多吃，储存脂肪，因为后面可能有漫长的冬季。

三、股市中的打碗理论：你能百分百掌控的行为也会出错

据统计，90%的家庭主妇都打碎过碗碟。有人说这是概率现象，家庭主妇接触碗碟次数多，这是重要原因。问题是作为一个成年人，我们自认为可以百分百掌控一个碗或是碟子，紧紧将它们拿住，没人愿意打碎它们。可是，打碎碗碟的事情还是时有发生。

事实是，在我们认为自己对一件事有百分百掌控力的情况下仍然会出错，这就是打碗理论。

我们经常把有把握的事情搞砸：考试、比赛、演讲、约会、一份准备了好久的商业合同……在生活中，打碗现象出现后多数可以弥补；而在期货市场、“T+1”交易的股市中，一旦犯错，后果可能很严重而无法弥补。期货在激烈运动状态下，爆仓是常事；股票交易中有时候投资者刚买入不久就后悔了，可是当天卖不了，只能等到第二天在心烦意乱中止损离场，有时第二天也卖不了（一字跌停），这种现象在我身边的朋友中屡见不鲜。

是的，我们完全可以不买入，我们有对买入这个动作的掌控力，可是我们没有控制住。这就是股票交易中的打碗现象。

如何避免这种现象发生？

就是不做超短线的每日交易或小波段交易，只在发现被左侧确定的波段补五浪和历史穿越浪时交易。

打碗现象虽存在，但属于偶然因素，放在漫长的生活中来看就显得无足轻重了。股票操作中的打碗现象放在历史穿越大浪中也就是一朵浪花而已。

投资者要从整体看均线，放大格局做股票，花心思追寻历史穿越浪。

股票投资中，格局大小决定成败。不纠结于超短线，只着眼于大浪，判断出历史穿越浪，而且能气定神闲地拿住，气吞山河，心存雅量，才能于无声无息中潜入，在牛气冲天时离场。

我给初入股市的投资者的建议是：没有读懂本书，不要涉足股市；即使读懂了本书，也不要以炒股为生，因为炒股只能是锦上添花，我们一定要立足于踏踏实实地工作，就像股票的背后是千千万万拼搏的实体企业。

如你所见，本书中所述技术都是用于大波段预测分析的，正如每日的气温不同，但一年四季的季节更替千古不变。所以在股市中，勤劳地忙于短线只能是自取灭亡，只有淡定地顺应规律，捕捉个股数年一次的历史穿越浪，做大波段交易才是成功之路。

移动互联网时代，很多投资者用手机客户端交易股票，这种操作存在很大的弊端。手机界面难以展开 K 线，当你无法了解一只股票的全貌，当然也无法建立正确的时空观，无法解析 K 线的时空结构，除非你在用手机交易之前做足了功课。

建仓前用功，建仓后淡定。观察、分析一只股票的形态，不要仅仅从正循环中观察，这样有失偏颇，还要从负循环中观察。断定张力结构形态时，不能仅用日线，还要用2日线、3日线、周线及月线。研判大周期的形态时，不仅要正着看，还要把K线反转过来看。只有这样才能计划周详，不打无准备之仗。

图9-12是张家界（000430）周线，可以通过清晰的周线张力结构精确预测补五浪的存在。

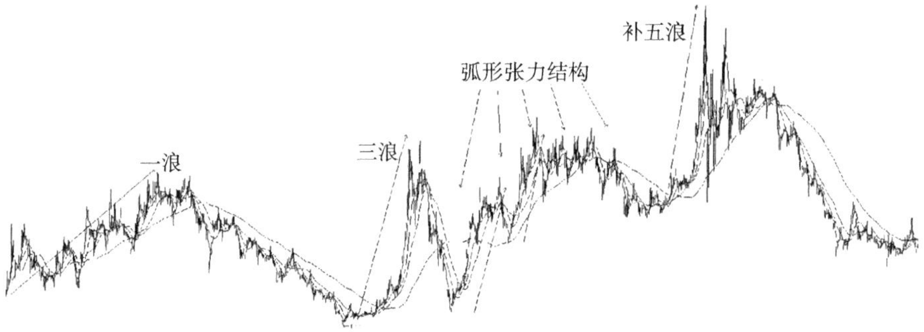

图9-12　张家界（000430）周线

“反以知古，覆以知今；反以知彼，覆以知己。动静虚实之理，不合来今，反古而求之。”鬼谷子先生之言，正合上段之意。

四、历史穿越浪的高度

2021年5月底，我自选股中的富临精工（300432）进入买点。这只股票我盯上有一年多了，它从2019年到2021年年初历时两年形成底部弧形张力结构，历史左侧一三浪非常清晰，预测右侧必有补五浪，题材上叠加了华为汽车和锂矿热点。我再次确认张力结构形态、左侧股性激活、题材热点。确认无误后，在5月28日尾盘买入（5月29日后又形成小弧形张力结构），涨到左侧历史高点17.82元时，我根据量能与浪形判断此浪必与历史左侧缺失的补五浪发生纠缠，也就是说形成历史穿越大浪，于是一直持有到9月5日清仓，获利近两倍（见图9-13）。结果是：后面从调整低点又涨了近50%。

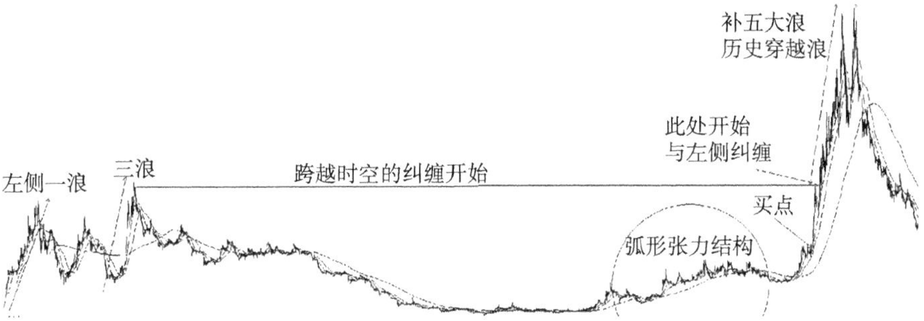

图9-13 富临精工（300432）K线

所以在指数与强题材行情中，历史穿越浪的涨幅比你我想象的要高得多。倒过来看，大熊市中很多股票的跌幅也比我们想象的要大得多。因此，要珍惜历史穿越浪，一旦判断正确，尽量在顶部采用分批减仓的策略。

2021年6月，我还分仓做了晨曦航空（300581，当时军工热点行情）的补五浪，赚到了3根“20cm阳线”，但是后面的背离浪没做，利润也非常丰厚（见图9-14）。

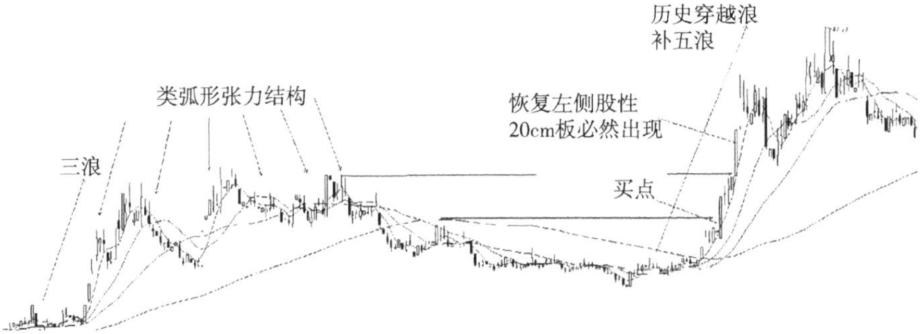

图9-14 晨曦航空（300581）K线

五、出现张力结构后的建仓时机要配合题材热点

从本书诸多图例中读者可以看出，有些张力结构形成后，过了很久才出现释放浪，最长的甚至要几年之久。比如大丰实业（603081），它在2019年

11月形成完美的张力结构，左浪清晰（见图9-15），可以预判20元价位必到。可是直到我即将写完此书时（2022年6月），它还在含苞待放。现在依然处于调整周期中（见图9-16）。

图9-15 大丰实业（603081）K线（1）

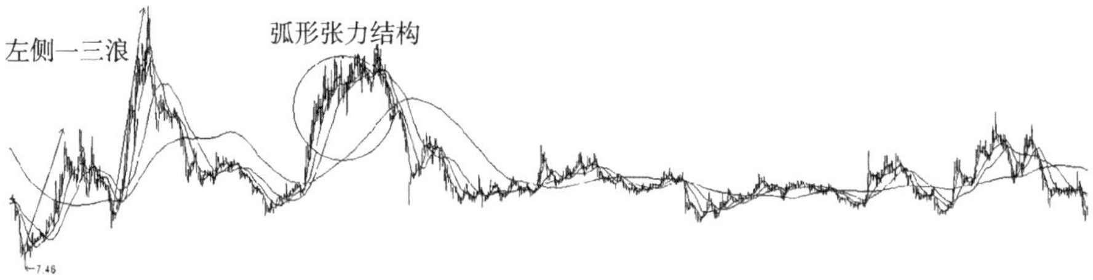

图9-16 大丰实业（603081）K线（2）

我不知道此股票最后会不会演化为历史穿越浪，但只要周期启动，无论如何我会奉陪到底。

图9-17中，中国长城（000066）刚刚形成大级别张力结构，后面是历史穿越浪无疑，但是启动时间可能要长一些。好在通常右侧相隔时空越长，未来穿越浪的涨幅越大，可以用张力结构出现后的调整箱体上轨线结合负五浪结构跟踪观察。

对图9-18中航发动力（600893）的K线进行综合技术分析可知，时空右侧必然存在至少翻倍级别的历史穿越浪。

能成为此书的第一批读者，也算是缘分，对以上三只股票的分析就当我送给第一批读者的练习作业和礼物吧！

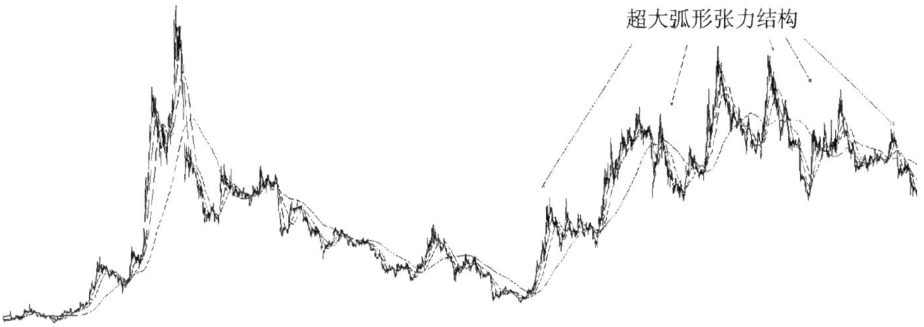

图 9-17 中国长城（000066）K 线

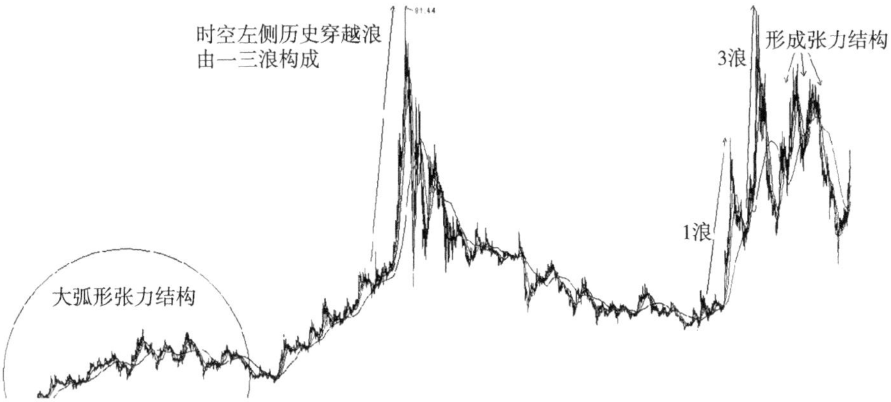

图 9-18 航发动力（600893）K 线

下面继续讲张力结构形成后的建仓时机。

第一，技术上用张力结构形成后的负五浪结构配合压力线跟踪转折信号。

第二，当大盘指数趋势处于上涨或反弹周期，此时处于做多氛围，易于开启释放浪，好比春天的花苞，必须在温度适宜的条件下才能绽放。

第三，要迎合题材热点。此条的重要性高于第二点。题材热点容易聚集炒作资金，吸引市场注意力，题材热度越高，释放浪越大。

有些投资者把题材热点理解为“事件推动”，也很有道理。图 9-19 中国宝安（000009），是 2021 年锂电池题材热点。

本书图例中所示的历史穿越浪大多处于当时的题材热点中，有些我标注了当时的题材热点。

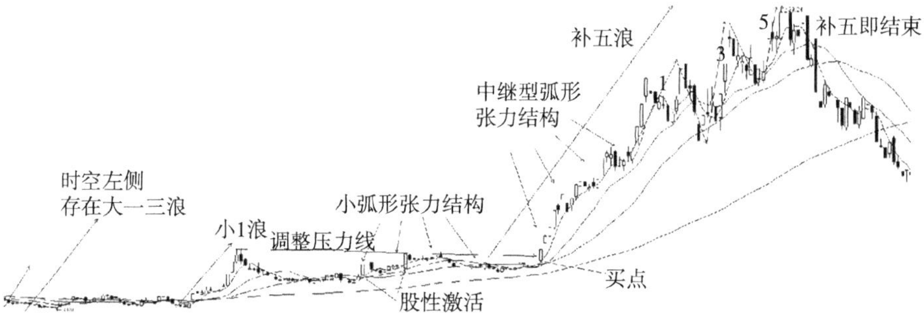

图 9-19　中国宝安（000009）K 线

投资者还要注意的细节是张力结构后的调整负五浪是否出来，箱体下压线是否过去，上攻转向一三浪是否出现。这些技术细节提供了入场的安全节点。

2022 年 6 月 2 日，我盯上了英杰电气（300820），我坚信此股即将开启历史穿越浪（图 9-20）。

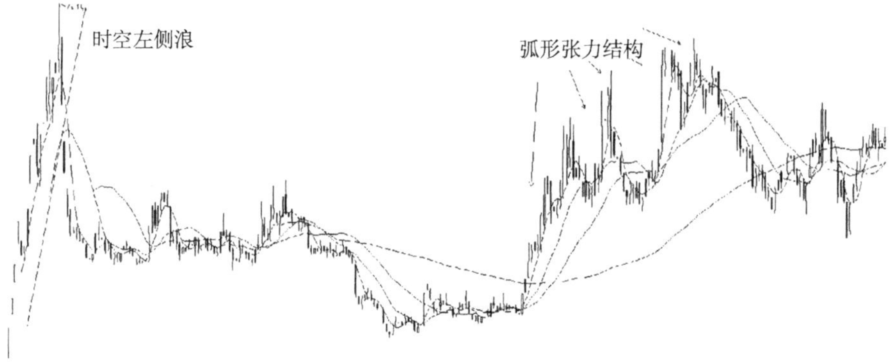

图 9-20　英杰电气（300820）2 日线

可见，做对了波段，任何股票都会让你赚钱；做错了波段，任何股票都会让你赔钱。野百合也有春天，能让你获利的就是有价值的投资。

宇宙万物都有一个产生、发展、消亡的过程，日月星辰也如此，没有一成不变的事物，所以无所谓什么白马股、赛道股和价值投资派。基本分析可以确定公司的内在价值，基于五浪结构的时空分析才能将其变现为市场价值。

六、熊市中的交易机会

在世界上的一些荒漠中，有时候十年才下一次雨，而且下雨的过程非常短暂，就是在这样恶劣的环境中，一些植物不仅能找到生存之道还能繁衍后代。

只要一场雨，毛沙马鞭草、沙丘月见草几周内就能从种子长成开满鲜花的植株，从而吸引远道而来的传粉昆虫。于是，不久前还是一片贫瘠的沙丘却虫蝶翻飞，生机勃勃。

不久，漫长的干旱又开始了，但又如何？这些植株结出的种子已经飘落在这片沙漠中，耐心等待着下一场雨水。

如同沙漠中偶遇的雨水一样，股市的大熊市周期中也有温和或急速的反弹阶段。与毛沙马鞭草一样，一些股票也会趁着这短暂的反弹阶段完成自己的左侧周期。

有些热点股票会趁机完成历史穿越浪，留下下一个周期的繁衍片段；有些会完成右侧小补五浪，此前它们已经走出了一三浪，并结束了负五浪下跌周期。

比如图 9-21 中的招商蛇口（001979），在 2022 年春节前后的熊市中悄无声息地形成了弧形张力结构，而后在短暂的反弹中走完了补五浪（从 12.00 元涨到了 17.70 元）。

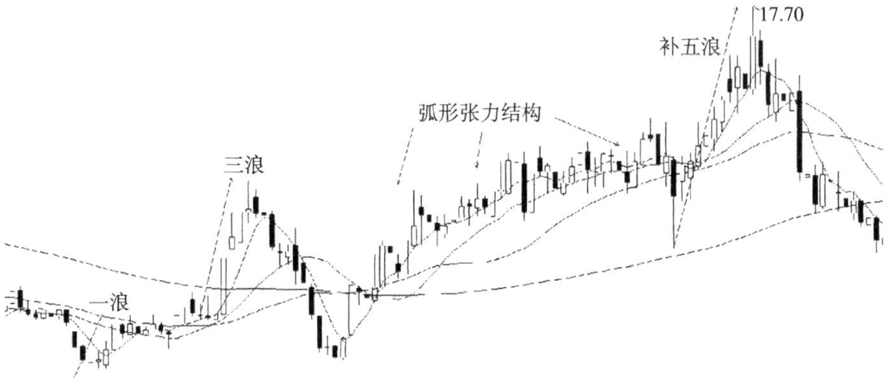

图 9-21　招商蛇口（001979）K 线

同时期的中交地产（000736）却趁机完成了历史穿越浪（见图 9-22）。

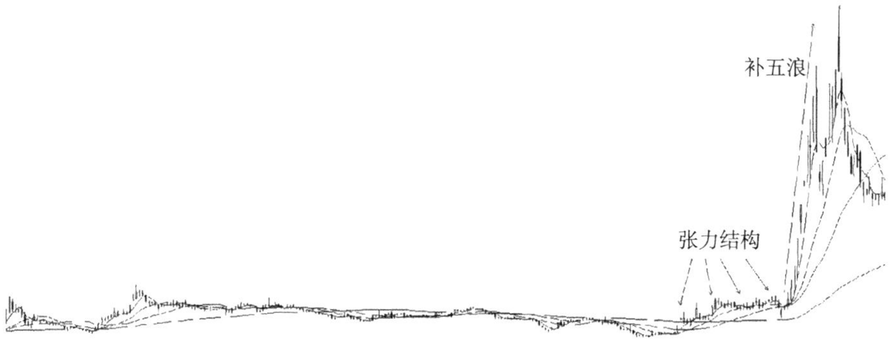

图 9-22　中交地产（000736）K 线

所以，并不是只有牛市才能让投资者在交易中获利，熊市中的反弹时光带来的结构性交易机会依然很多。关键是精准的形态分析叠加题材热点，投资者需要把握。

新潮能源（600777）也是在熊市中走出补五浪的股票。2022 年大盘弱反弹周期适逢国际油价大涨，此股趁机完成补五浪。图 9-23 中可见清晰的左侧一三浪及负五浪调整见底技术形态。

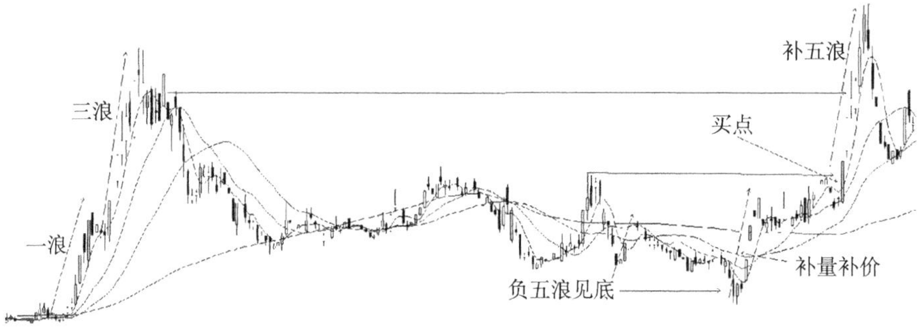

图 9-23　新潮能源（600777）K 线

生命自有其法，千里马无处不在。重要的是多看多悟，练就伯乐的双眼。

《孙子兵法》云：知己知彼，百战不殆；又云：知可以战与不可以战者胜，识众寡之用者胜。由此可见，欲获胜，“知”是多么的重要。

在股市中要想常胜，“知”更加重要。“知”就是获得左侧的信息，了解左侧的一切——了解它的浪形，了解它的形态，了解它遥远的过去，了解它正在运行的“刚刚”，如此才能知己知彼，百战不殆。

兵无常势，水无常形。正如世上没有两片相同的树叶，股票也从未有过两个相同的张力结构，只有悟透其中道理，才能成竹在胸。

七、当规律被所有人熟知，规律会改变吗？

宇宙间的规律分两类。一类是人类无法施加影响的规律，比如天体的运行。把地球上所有能量聚集起来，在宇宙间连个火苗也算不上。对这类规律，人类可以认知它，但无法改变它。另一类是可以施加影响的规律，比如生命的长短、商品价格的涨跌。股票就是金融商品之一。

当所有人都熟知了规律后，规律会改变吗？不会。规律会拉长周期，延展时空，但规律本身不会改变。比如一个人通过“人体冷冻术”冷冻了一百年后因为科学的发展治愈了绝症，但只要继续活下去，最后仍将归于死亡的终点。又如千里觅食归来的信天翁，快回到巢穴了，却遭到“空中强盗”军舰鸟的劫掠，不仅会丢失食物，甚至会面临亡命的风险，信天翁左冲右突，绕道翻飞，只要还活着，它就会想尽办法到达终点——回到巢中与幼鸟在一起。劫掠者很强大，但也有弱点，也有疲惫不堪的时候。

当 K 线的运行法则被所有投资者认知的时候，所有人都是劫掠的军舰鸟，K 线就成了四处躲避的信天翁，它也有生存之道，它也会上下闪躲，直到追逐者精疲力竭，最后仍然到达补五浪区域。

我们熟悉人体细胞的结构，却阻挡不了它的衰老。即使认知了股市规律，我们也永远阻挡不了 K 线终将完成的五浪时空结构。事实就是这样，人类能对自己发现和创造的价格运动施加影响，人性的贪婪、恐惧等弱点制造出商品价格的时空割裂和修复行情。价格规律反过来利用了人性的弱点，因为它也要在人类的手指缝中生存下去，只要人性的弱点一直存在，我们就永远抓不住它。

那么认知这些规律还有意义吗？规律被大众熟知后还能精准预测吗？

当疲惫的大众在延展的时空中不再相信规律的时候，规律就又开始显现身影了。所以即使掌握了规律，最终获得巨大成功的仍是少数人——少数站在人性弱点箱体之外的人。

我将在下一本书中详述人性的弱点真相及规避方法。

或许你不属于这类“少数人”，但好在规律被所有投资者认知是一个漫长的过程。而且堪察加半岛的棕熊再多，也捉不完洄游的大马哈鱼。

第十章

我的几次交易回顾

万物负阴而抱阳，冲气以为和。

——《老子·四十二章》

与股票大多数时间处于双边纠缠中一样，一个人的交易行为同样处于双边纠缠中——一方面是自己掌握的分析技术，另一方面是自身的禀性。禀性优良，没有技术也枉然；反之，技术再好，禀性缺陷也会制约技术的发挥，就像一个人平时枪打得再准，如果在战场上恐惧，就会大失水准。

一个人的交易过程始终处于技术与禀性的双边纠缠之中，虽然赢得了技术，但经常会输给禀性。

一、完美的波段交易必须有精确的技术分析和良好的心态

2021 年 4 月，我跟踪很久的上海贝岭（600171）出现技术转折信号，股价上穿了跟踪压力线。此股票时空左侧有清晰的一三浪，判断时空右侧必有补五浪。从 2018 年三季度起，此股票历经约三年形成了大级别弧形张力结构，由负五浪结构后的转向 1 浪、3 浪构成，经过各周期反复的形态确认，判断大张力结构成立，后面应该是历史穿越浪（见图 10-1）。

我在 5 月 20 日入场，7 月 14 日离场，赚到了完整的一倍利润。这是一次完整的大波段交易，因为有精确的技术分析和良好的持仓心态。在持仓过程中，我心态平和，没有出现以前经常产生的焦虑感。

这种完美的波段交易总是给我带来十分愉悦的感受。

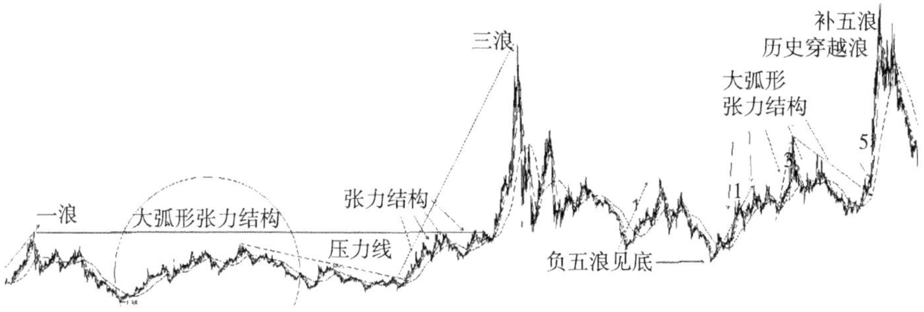

图 10-1　上海贝岭（600171）K 线

二、多次带有遗憾的交易源于走不出自己的性格缺陷箱体

1. 判断准确，中途变节

2020 年 1 月，千禾味业（603027）的大型张力结构被我发现，经过对日线、2 日线、周线反复分析，确认是大转折弧形张力结构，2 月初挖坑洗盘后迅速补量补价，我更加确信判断正确，于是在 2 月 18 日买入。可笑的是我在 4 月 10 日 13.5 元左右就卖出了。根据我的交易日记，后来此股票又涨了接近 3 倍，完成周线五浪才宣告结束（见图 10-2、图 10-3）。

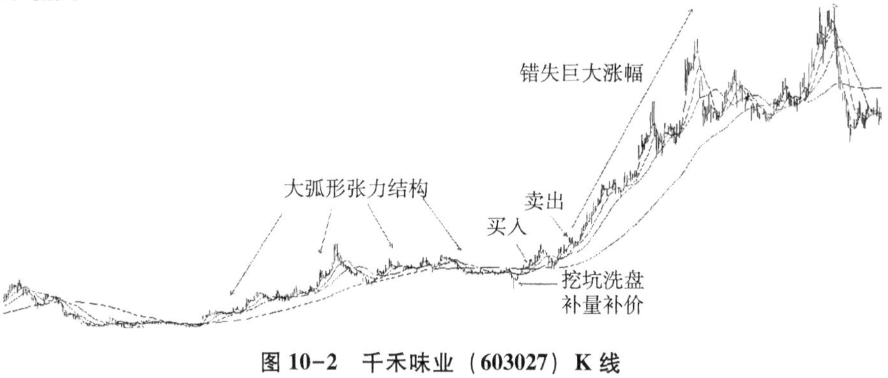

图 10-2　千禾味业（603027）K 线

我一直纳闷，之前经过反复确认，判断至少会有一倍多涨幅，为什么轻易卖出了呢？我翻看了当时的交易记录。原来，我看上了其他认为更好的股票。

2020 年 5 月初，顺丰控股（002352）底部形成双弧形张力结构，另根据

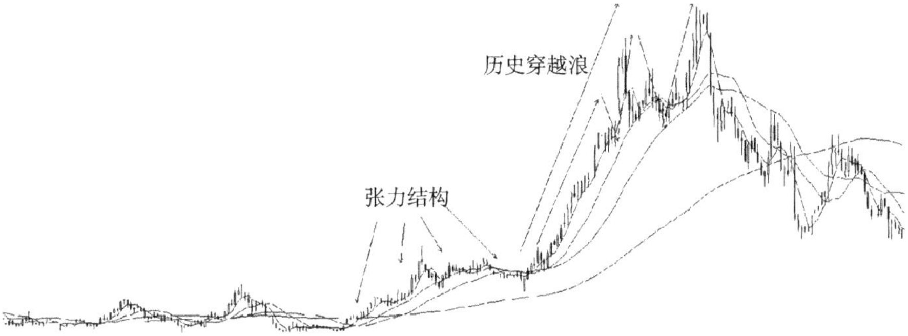

图 10-3　千禾味业（603027）周线

时空左侧浪形结构，我判断至少会有翻倍浪，于是在 5 月 15 日买入，准备拿长线。持股到 6 月 19 日我就忍不了了，涨得慢腾腾、太磨叽，微利出局。结果是：我卖出后，半年时间又涨了一倍，完成了历史穿越浪（见图 10-4）。

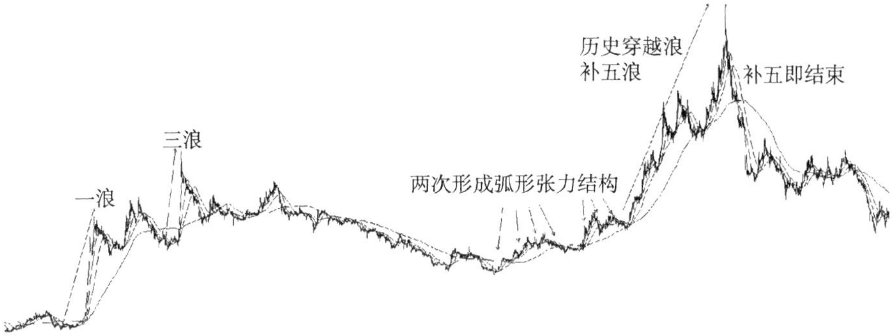

图 10-4　顺丰控股（002352）K 线

我之前的判断很准确，但是没有赚到大钱。我嫌涨得慢的区域其实是 K 线还没运动到达左侧兴奋区，还没有被左侧兴奋浪形唤醒。我在其他股票里进进出出，结果赚得并不多，远没有放在顺丰控股里面气定神闲赚上一倍多来得舒服。

2020 年，我好比掰棒子的狗熊，在一个个判断精准的张力结构中穿梭，看一个爱一个，爱上一个就抛弃另一个，几乎没有一个完整做到顶部。年末，我将自己的这一年总结为：判断准确，中途变节。

看来，凝神聚气、抱元守一，对我来说是另一种修炼箱体。

2. 自以为是，违反规则

2021 年开始，我感觉技术体系越来越完备，就增加了交易频率，凡是选中的张力结构都会分仓去做，其实心里仍是验证的想法。只有中途因人性弱点动摇退出的情况，预测结果很少失败。

2022 年春节前，我发现万东医疗（600055）形成了明显的张力结构，而且一三浪清晰，负五浪调整清晰，张力结构确定是五浪一（见图 10-5），于是我耐心等待四浪回调挖坑洗盘。

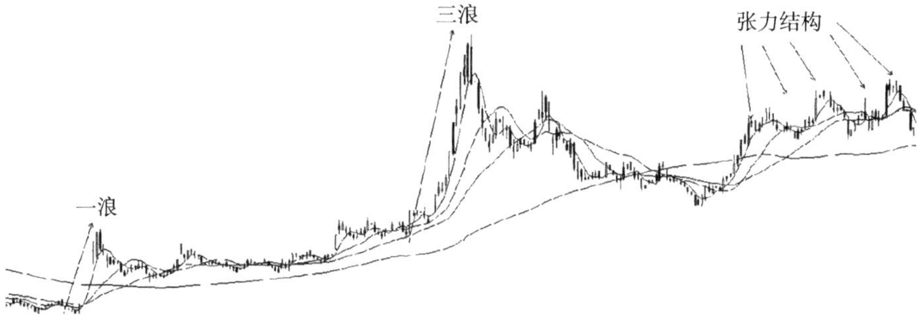

图 10-5 万东医疗（600055）K 线（1）

由于离历史高点实在太近，我断定将要出现历史穿越浪。1 月 26—27 日两天出现了补量补价阳线，于是我更加确认判断正确，于 2 月 9 日小回调负五浪 24.60 元附近买入，波段持有到 36.70 元的高点没有卖，因为预判是穿越浪。当时明确的顶部技术特征有：补五浪的五浪五走出了最陡箱体上轨向上击穿。可是我全部置之不理，坚信短调后会继续穿越浪。后来，股价跌破最陡箱体下轨后不再回头，到我猛然醒悟离场时，还剩下不到 10 个点利润（见图 10-6）。

我前面说过，“补五即结束”是交易铁律，不经意间我已经将它抛诸脑后。

后来我总结教训，我是人，受人性的弱点制约，人性的弱点就是我性格中阻力最小的方向，就像有的人明知道抽烟喝酒有害健康还乐此不疲一样。

走不出心的牢笼，到哪里都是囚徒。所以，磨炼自己，慢慢走出人性弱点的约束，严格执行股价运动规律，打造自己新的操盘心态最重要。

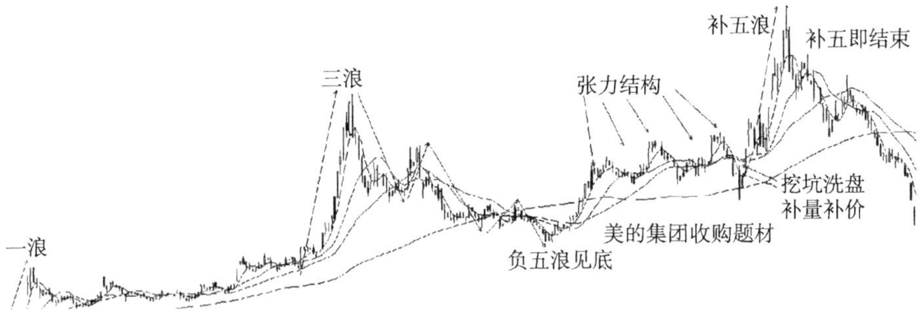

图 10-6 万东医疗（600055）K 线（2）

其实每个人都处于左侧纠缠中，你再优秀，也是左侧历史优秀基因唤醒后的右侧循环，也就是说，在你的时空左侧，你的祖辈中，曾经出现过优秀的人才，你是他的唤醒，也是他的循环接续。如果你还不够优秀，说明你还没有唤醒左侧最优秀的基因片段，这不容易，因为你看不到左侧，不知道到底哪儿最优秀，是文体、数理还是其他方面，所以只有依赖后天的广泛兴趣触碰带来唤醒的机会。

同样地，性格缺陷也会左侧唤醒，所以我们经常犯同样的错误。

3. 投机取巧，弄巧成拙

我还经常犯一种错，就是大浪判断正确，却在调整中做高抛低吸，意图投机取巧，结果适得其反。本以为会多调整几天的股票仅仅停顿了半天就迅猛拉升，尾盘拉板，次日高开高走，绝尘而去。而我又因为当日买了别的股票，只能眼睁睁看着股价扶摇直上。

2021 年 5 月，华为鸿蒙概念成为热点，我看中了润和软件（300339），此股票在 5 月 21 日到 6 月初形成上升中继型张力结构，我在 6 月 4 日尾盘买入，次日拉板 20cm，我却在 6 月 8 日高点卖出，因为以为要进入波段调整（见图 10-7）。

后来，我以为会出现的波段调整只是横盘震荡了大半天，9 日尾盘该股票急拉封板，4 天翻倍，形成疯狂的历史穿越浪。我失去了位置，没有信心再上车。我为自己弄巧成拙而捶胸顿足，懊悔不已。

2021 年 7 月，上能电气（300827）做出了小周期极其完美的张力结构，

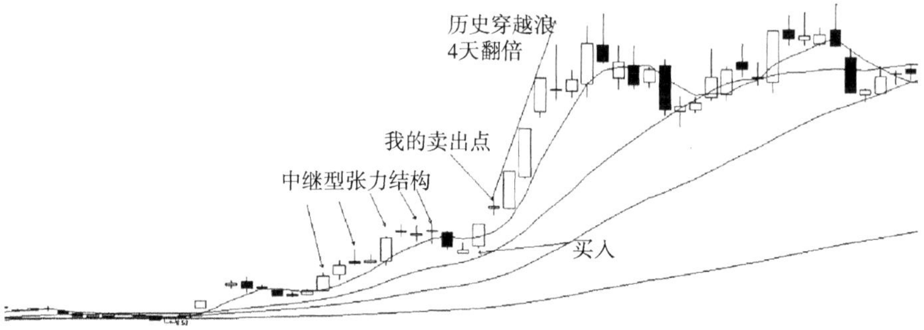

图 10-7 润和软件（300339）K 线

我判断出后面的上涨，并告诉了朋友二岗。张力结构形成后利空洗盘，接连两天走出分时上攻颈线，利空成底，我对此心知肚明。

7 月 22 日，我全天跟踪，上午走出分时弧形结构，下午开盘后，我在 54 元左右买入，之后一路急拉带量封板，我心花怒放，不仅仅是因为赚钱，主要是因为预测正确的成就感。

我拿到了 7 月 27 日，当时最陡箱体上轨出现击穿，我又几乎卖在分时最高点，我扬扬得意。出局后判断上攻三浪成立，必出现四浪回调，调整两三天，于是次日我就去追踪别的股票。谁知次日上能电气震荡攀升，尾盘拉板，而我当天早盘已经买入别的股票，29 日股价继续高开高走封 20cm 涨停板，至此我心烦意乱，痛心不已，失去了再次买入的勇气。结果上能电气几乎五天五板，轻松翻倍，演化为大级别历史穿越浪（见图 10-8）。

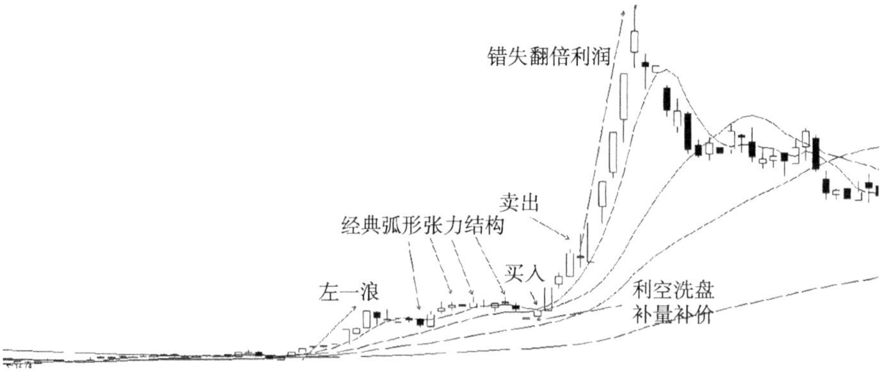

图 10-8 上能电气（300827）K 线

我失去的不仅仅是一倍多的利润，还有原本应该无比快乐的心情与自信。

为此，我低迷了很长时间，我又犯了与6月在润和软件操作上同样的错误，这简直不可饶恕。自以为是让我饱受折磨。一个张力结构的形成如同即将绽放的花苞，我很早就看到了，在那儿守着。刚刚开出第一个花瓣我就忙着摘走了，跑得比兔子还快，却错过了后面更美丽的绽放，世上还有比这更愚蠢的行为吗？

我曾因这种性格缺陷一度陷入崩溃。

2021年的煤炭行情中，我继续犯同样的错误。当时我看上了平煤股份（601666），它在2021年6月形成完美张力结构，我确认无误后预判了后面的释放浪，却在上升一浪刚结束就离场了，错失了后面的大幅拉升浪，同期煤炭期货价格共振拉升（见图10-9）。

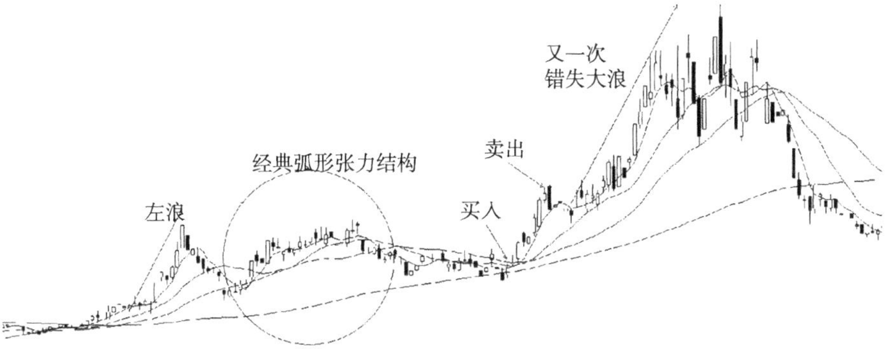

图10-9 平煤股份（601666）K线

2021年3月到8月上旬，以岭药业形成张力结构（见图10-10、图10-11）。我在以岭药业的历史穿越浪中两上两下，结果错失近50%利润。要知道，一个张力结构的形成短则数月，长则经年，本应该倍加珍惜，而我却像个猴子一样，在里面进进出出，上蹿下跳。

一个人最大的敌人就是自己，这句话一点也不假。

有句话说得好：你永远赚不到认知以外的钱。但我虽然已经认知到其中的规律，可谓深谙此道，却经常因为自身的性格缺陷做不到完美，犹如一幅美丽无比的画，到了我手中，总是会有一部分残缺。

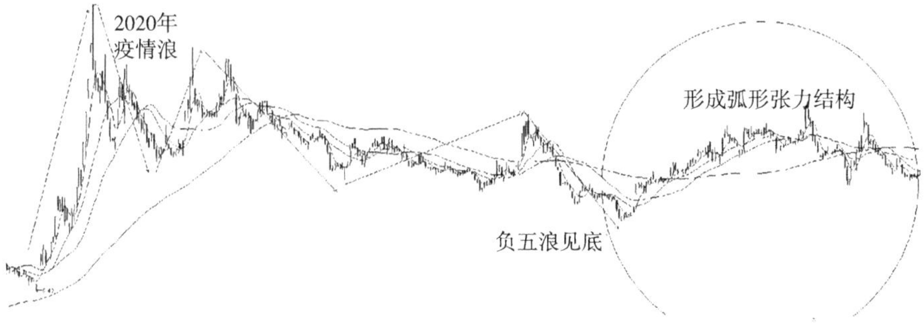

图 10-10　以岭药业（002603）K 线（1）

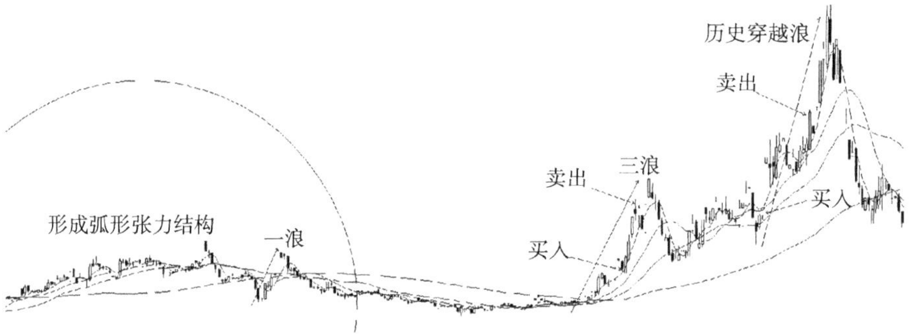

图 10-11　以岭药业（002603）K 线（2）

“今日长缨在手，何时缚住苍龙？”

如果不能克服自身弱点，走不出这种性格缺陷箱体，类似的错误一定还会再犯，真应了那句“江山易改，禀性难移”了。

相信读者中一定有人能规避我的性格缺陷，因为个体禀性不同。如能用心领悟，吃透本书，定能笑傲江湖，大快人生。

鲜花送美女，宝剑赠英雄；

大道似明月，为君照前程。

这就是我决定写此书的目的。

谨以此书度有缘者。

“你们当受我的教训，不受白银。宁得知识，胜过黄金。

一切可喜爱的，都不足与之比较。”

——《旧约·箴言》

最后以两幅我认为最重要的图例来结束本书。

上证指数（000001）自2007年走完大周期三浪以来，一直运行在倾斜向下收缩三角箱体中，而且右侧形成张力结构形态，收缩箱体的末端区域必会产生变盘。从大周期来看，上证指数右侧缺少两个叠加纠缠补五浪，时空右侧必会形成历史穿越浪，左侧6124历史高点被刷新只是时间问题（见图10-12）。

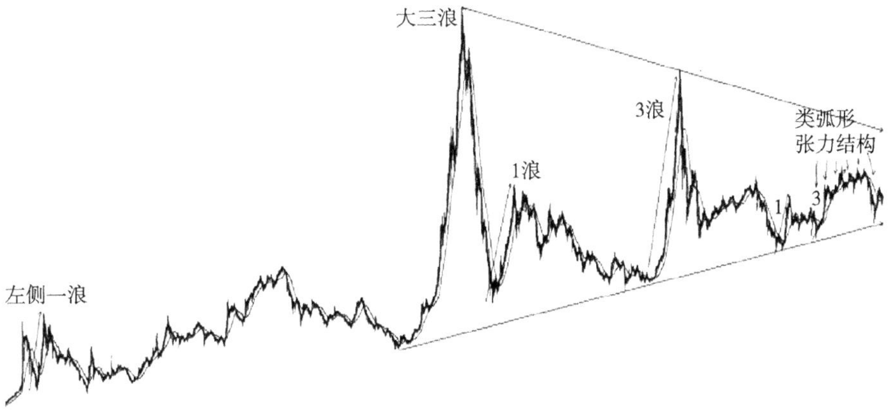

图10-12 上证指数（000001）日线

根据收缩三角的运动规律，右侧大浪开始前会先向下跌破收缩三角下轨，向下挖坑，待到补量补价再回到三角箱体下轨之上，超级大牛市周期就有望开启了。

再看创业板指（399006）周线（见图10-13），左侧存在涨势凶猛的历史大浪，而后负五浪见大底，指向一三浪已出，三浪K线发生弹性形变，形成了类弧形张力结构，不远的时空右侧必有下一波历史穿越浪。

好了，从上证指数与创业板指数技术分析互相印证可以看出，中国股市的下一波大牛市波段已经不远了，就在不久的时空右侧。

读完此书，你们应该知道用什么技术去跟踪，或者届时买入哪些股票。而且，你们当然也知道在什么节点退出。

下一本书再见，我的读者朋友。

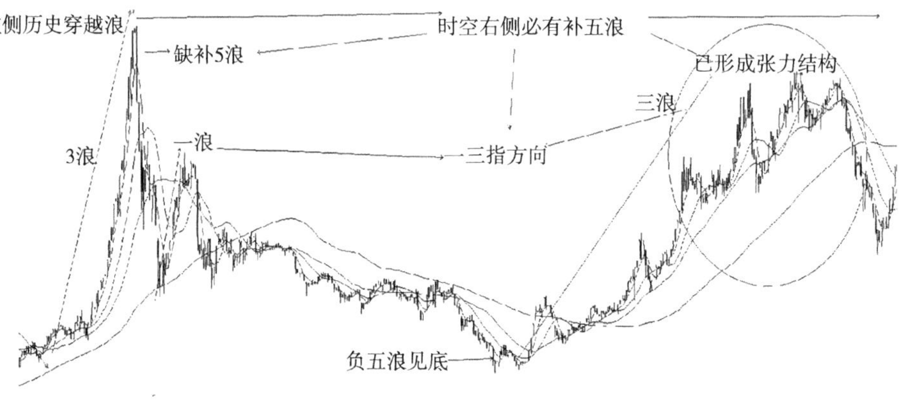

图 10-13 创业板指（399006）周线

附录 1　不同时期的部分张力结构例图

万物共有数与形，凡是规律性的东西，都能用数学来表达。希望有朝一日，有识者能用方程来表达“跨时空纠缠的五浪结构”的规律性。

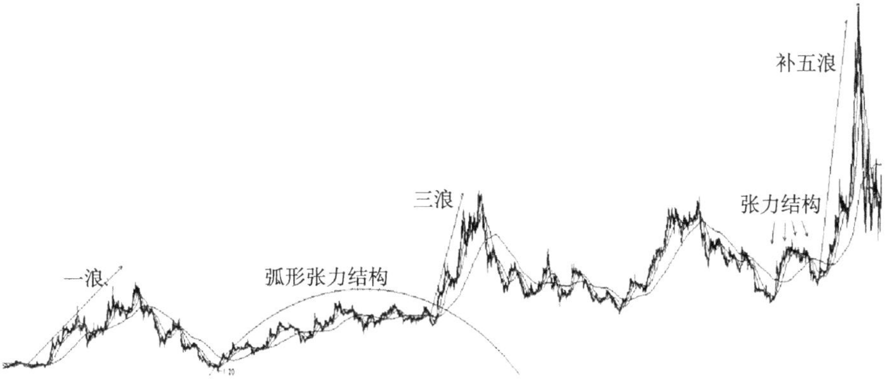

图 1　皇庭国际（000056）2022 年 K 线

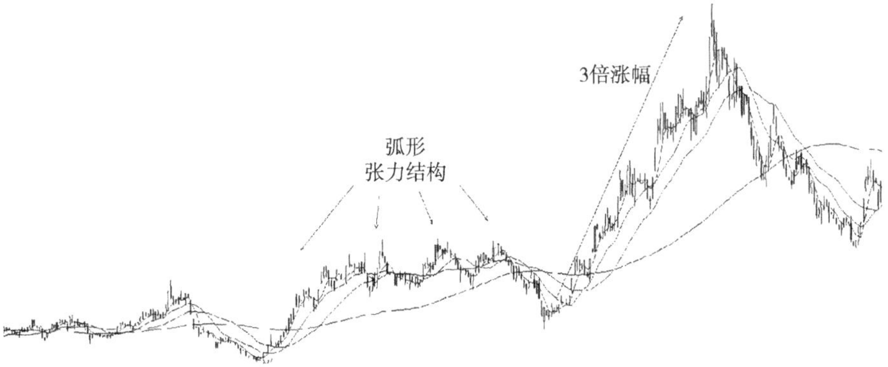

图 2　黑猫股份（002068）K 线

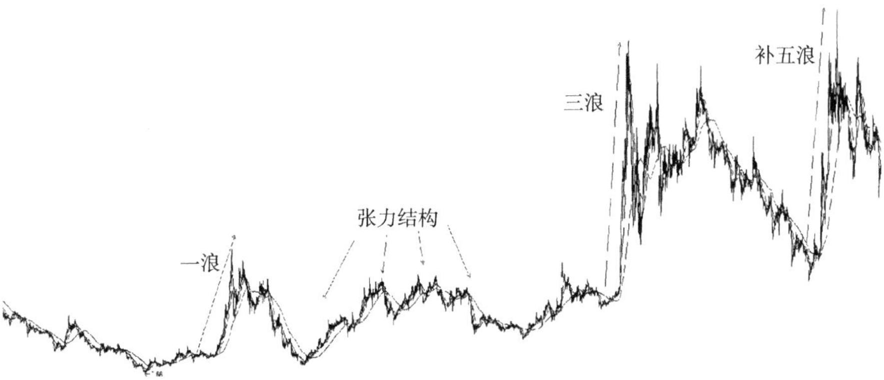

图 3　特发信息（000070）K 线

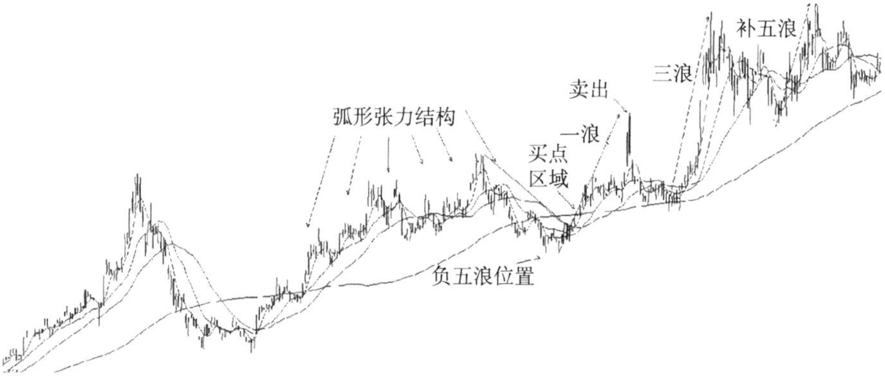

图 4　TCL 科技（000100）K 线

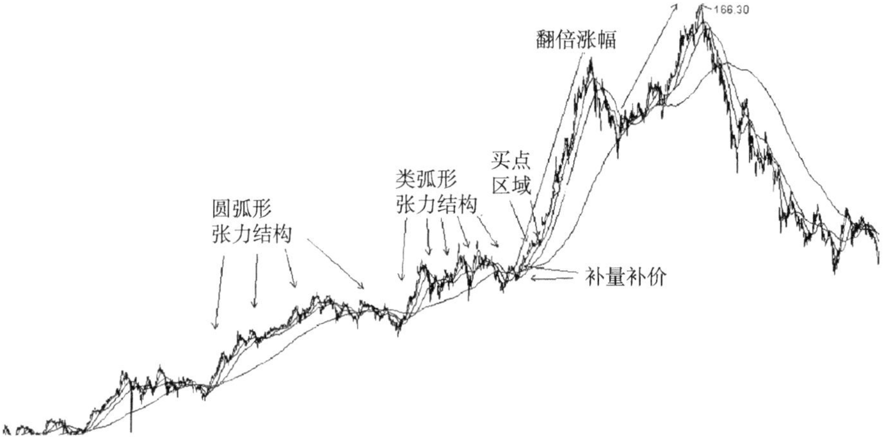

图 5　苹果公司（AAPL）日线

注：K 线的弹性形变后要叠加大盘指数分析才更加精准。

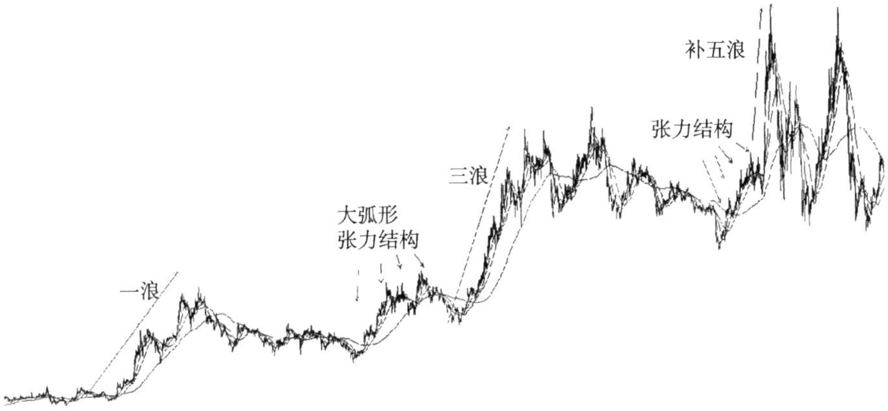

图 6　德赛电池（000049）K 线

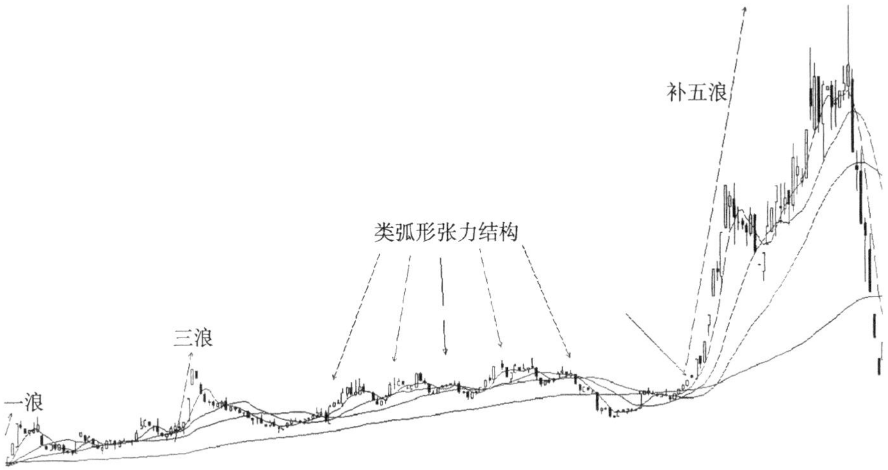

图 7　开元股份（已更名为"ST 开元"，300338）K 线

注：补五浪结束后回落太快了。

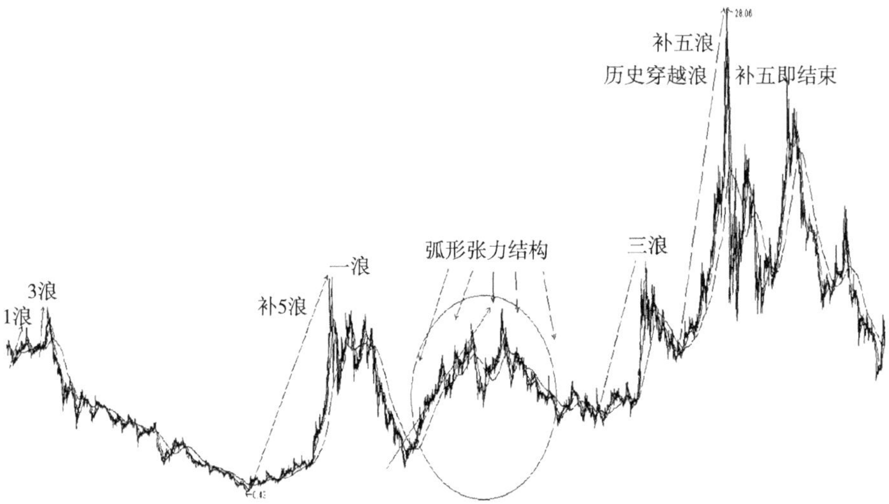

图 8　东方创业（600278）跨时空逐级纠缠的五浪结构

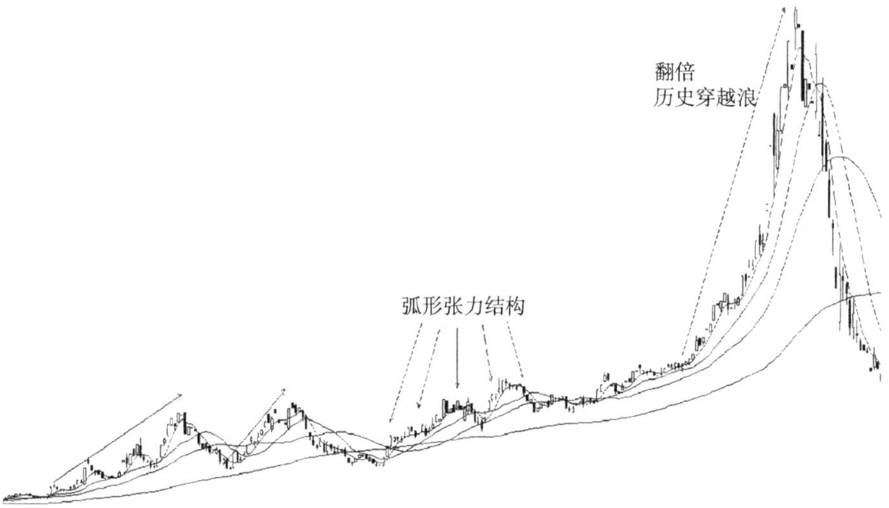

图 9　硅铁期货 K 线

注：硅铁期货主力 2021 年 5—6 月形成张力结构，而后价格涨幅翻倍。此时千万别忘了“补五即结束”。

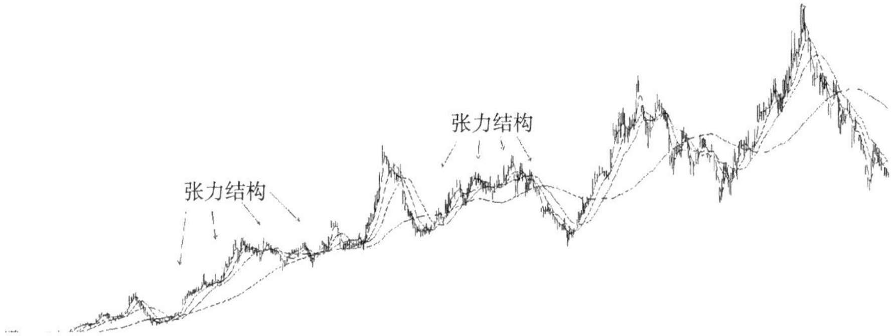

图 10　德赛西威（002920）K 线

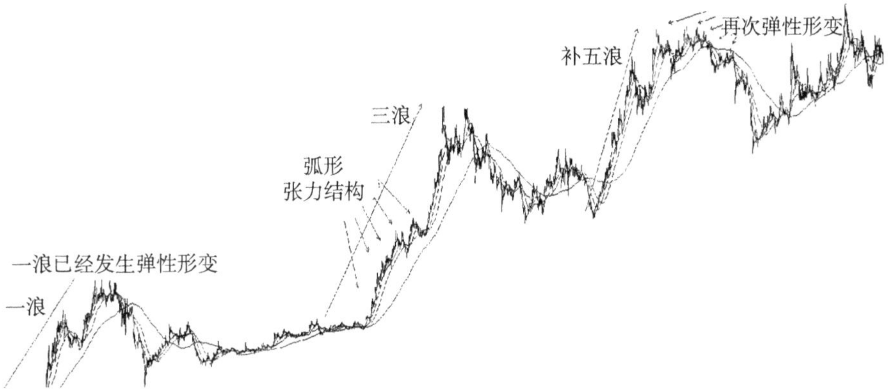

图 11　高德红外（002414）K 线

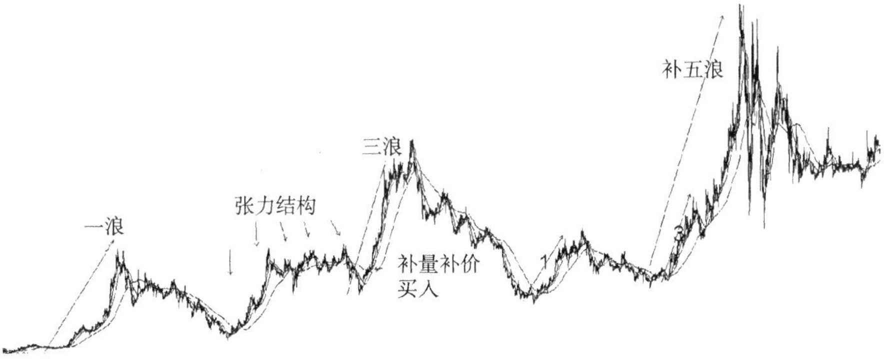

图 12　光电股份（600184）K 线

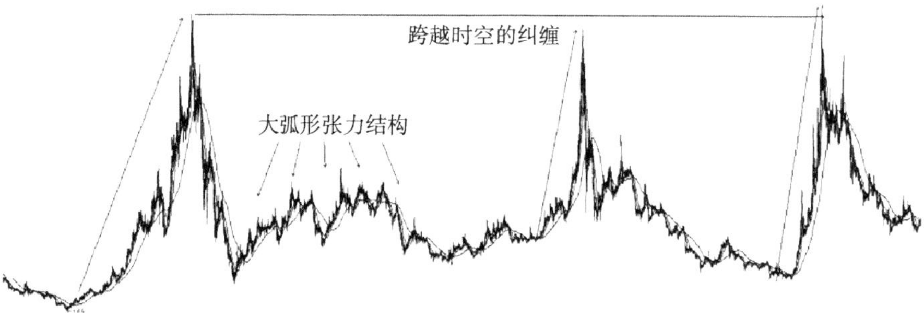

图 13 泉阳泉（600189）K 线

注：泉阳泉是 2021 年牛股之一。2021 年的大浪是 2015 年大浪的延续，2015 年没完成的任务在 2021 年完成了。你明白吗？一切都源于 2009—2011 年形成的转折型张力结构。

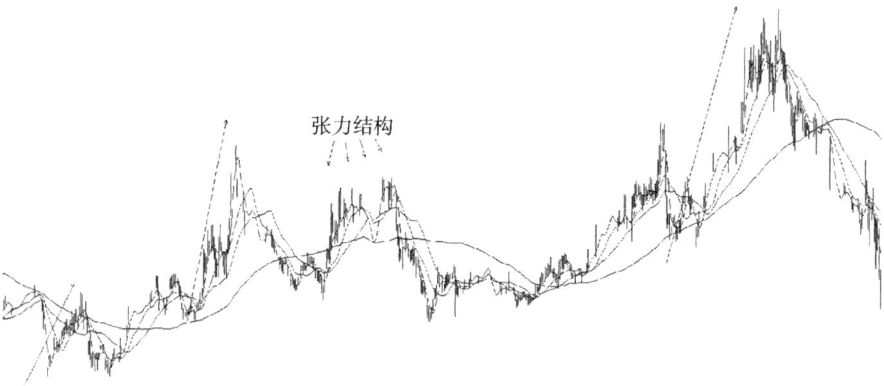

图 14 四方科技（603339）K 线

注：右侧还隐藏着两三处张力结构，你发现了吗？

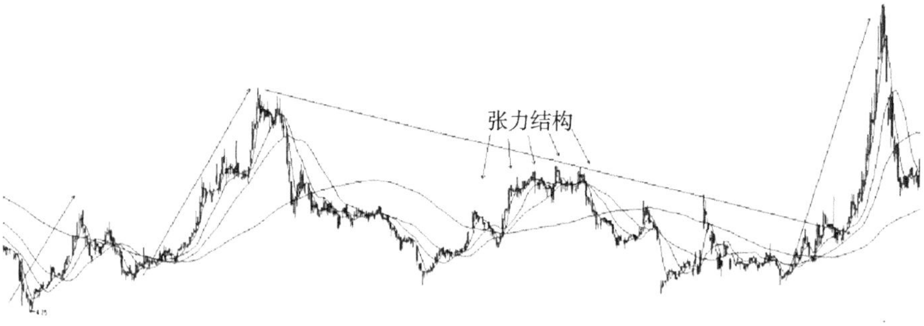

图 15 全筑股份（603030）K 线

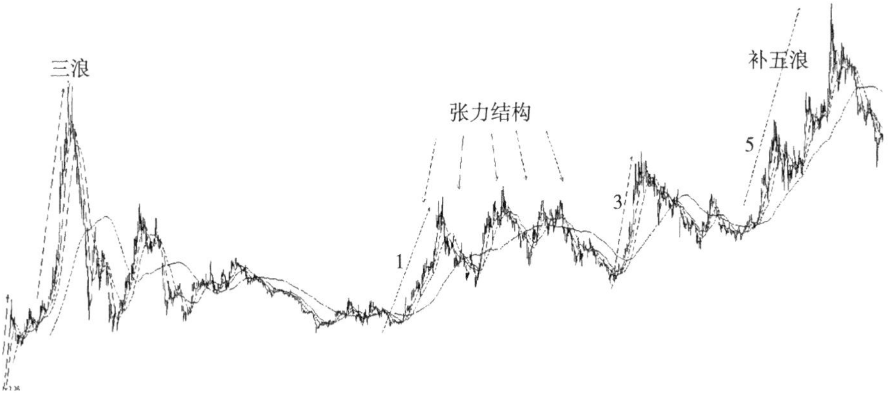

图 16　中科曙光（603019）K 线

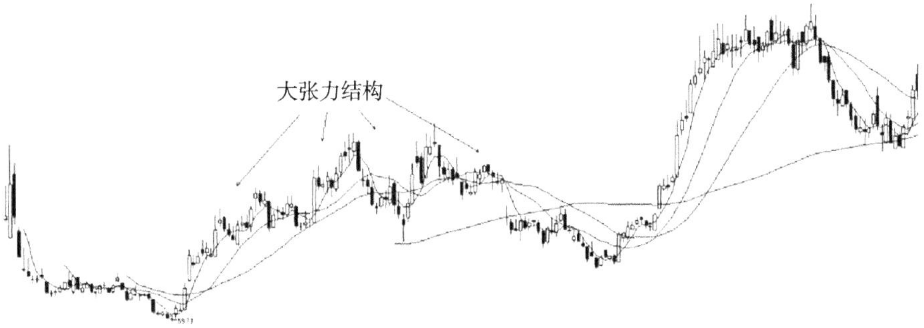

图 17　震裕科技（300953）K 线

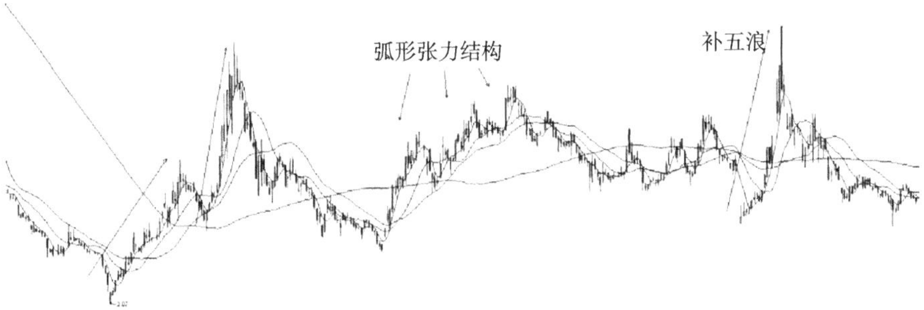

图 18　露笑科技（002617）K 线

注：中继型张力结构。其中负五浪以利空洗盘的方式出现，当然应该用补量补价来跟踪应对。

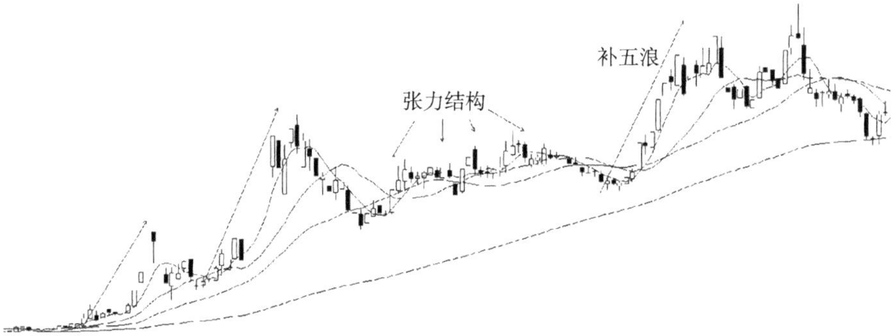

图 19　云内动力（000903）K 线

注：注意挖坑洗盘区域的补量补价。

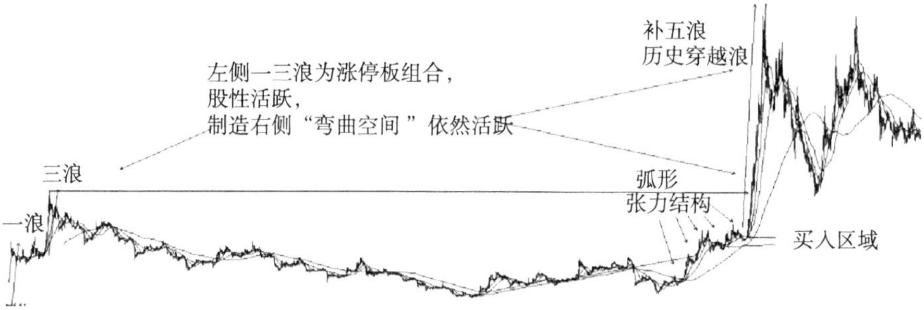

图 20　金徽酒（603919）2020 年白酒行情

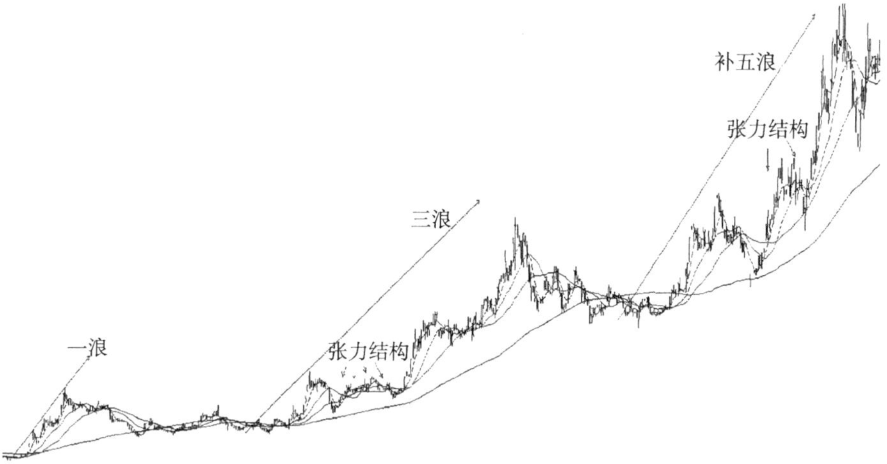

图 21　亚钾国际（000893）K 线

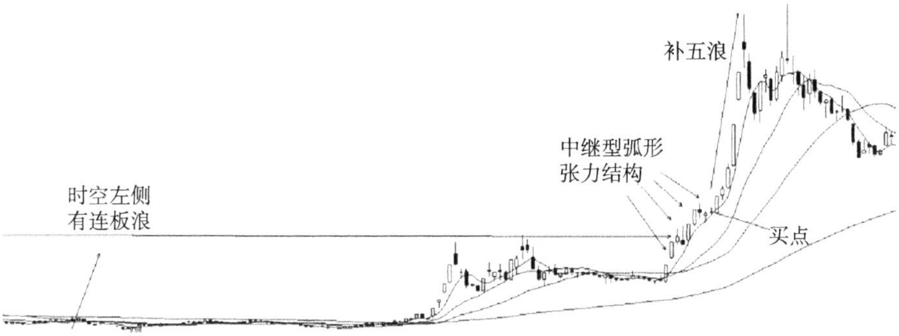

图 22　振德医疗（603301）2 日线

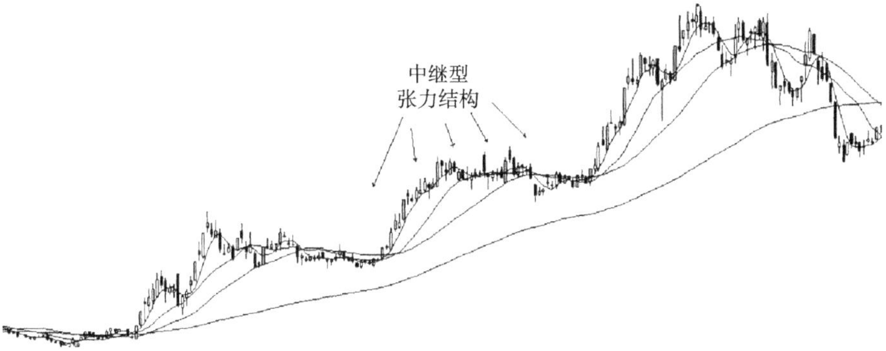

图 23　中核钛白（002145）中继型张力结构

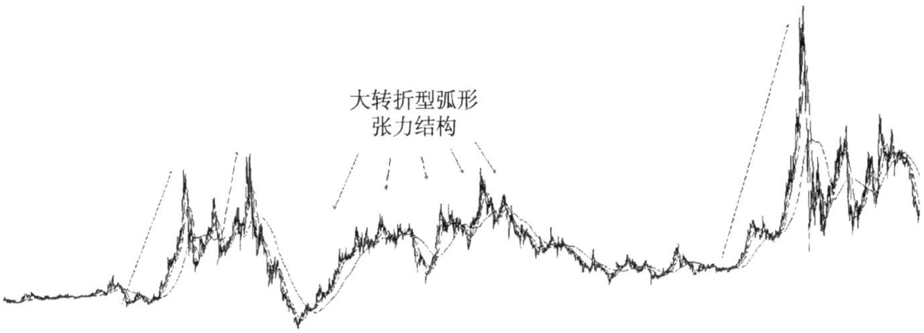

图 24　钱江生化（600796）大转折型弧形张力结构

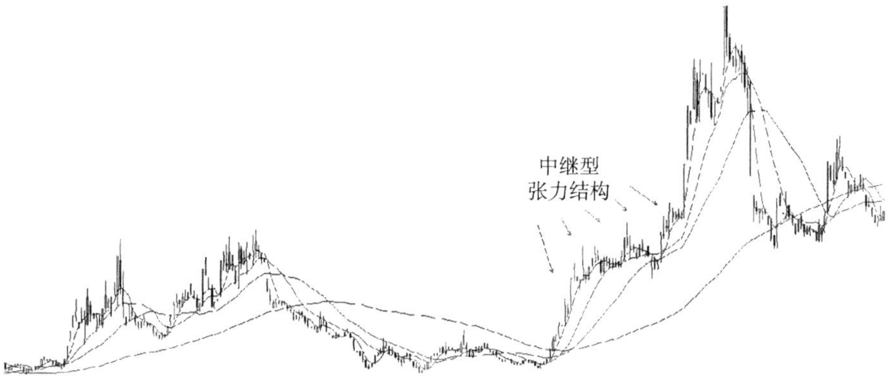

图 25　华鹏飞（300350）中继型张力结构

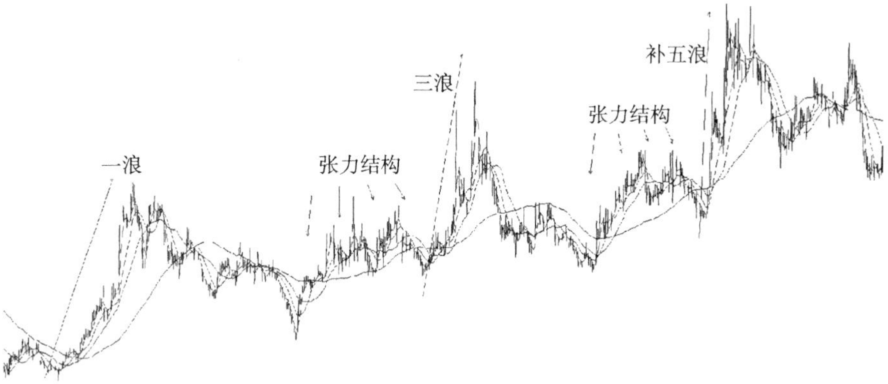

图 26　一品红（300723）K 线

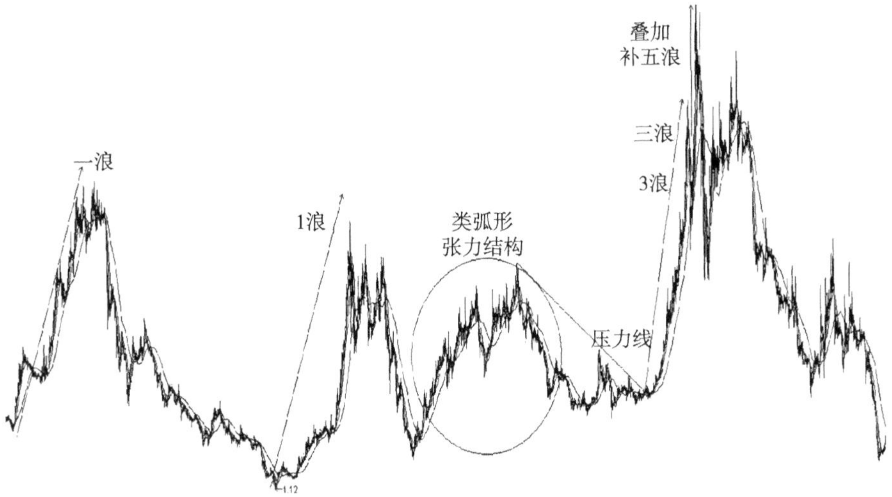

图 27　法尔胜（000890）K 线

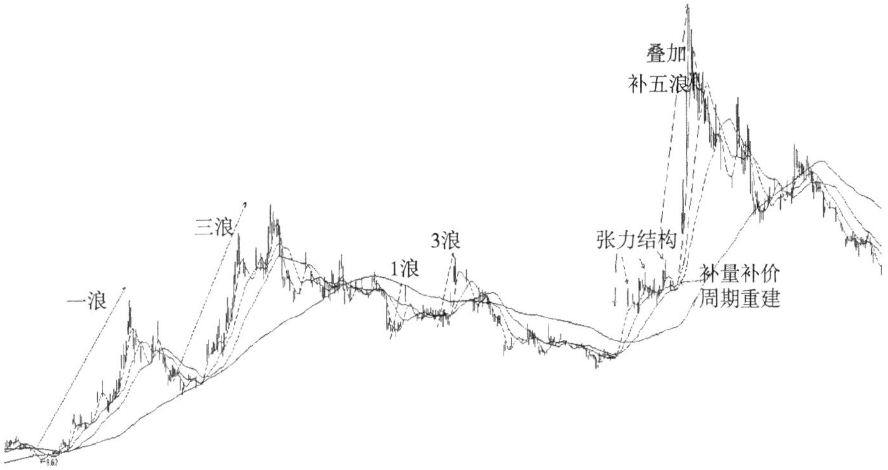

图 28　南大光电（300346）K 线

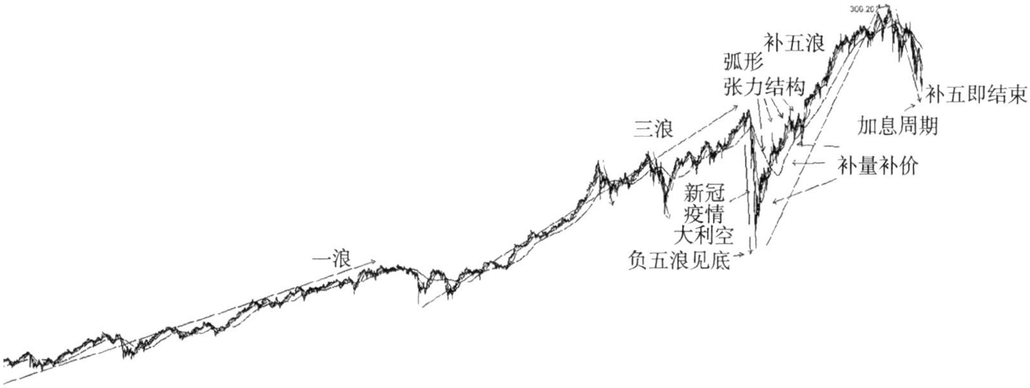

图 29　道琼斯指数日线

注：任何市场都会验证跨时空纠缠的五浪结构理论的规律性。

图 30　上海瀚讯（300762）K 线

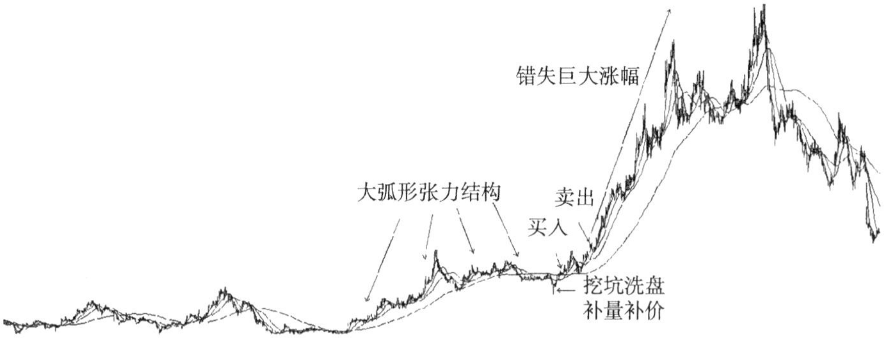

图 31　千禾味业（603027）K 线

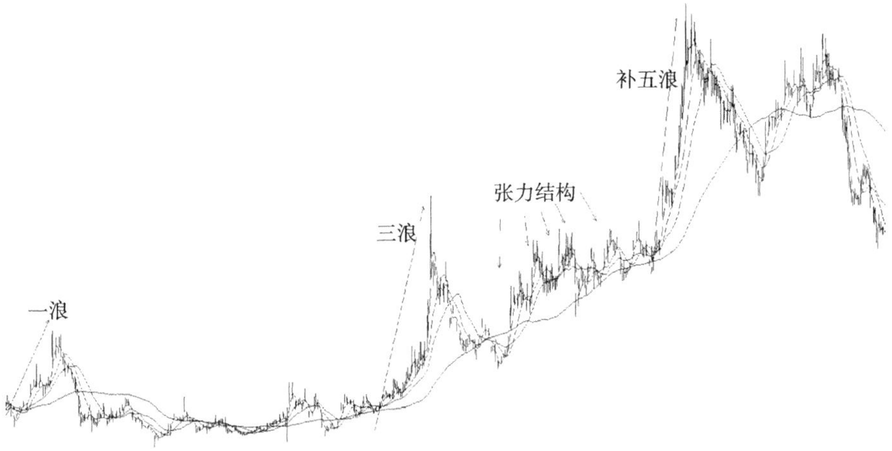

图 32　仙鹤股份（603733）K 线

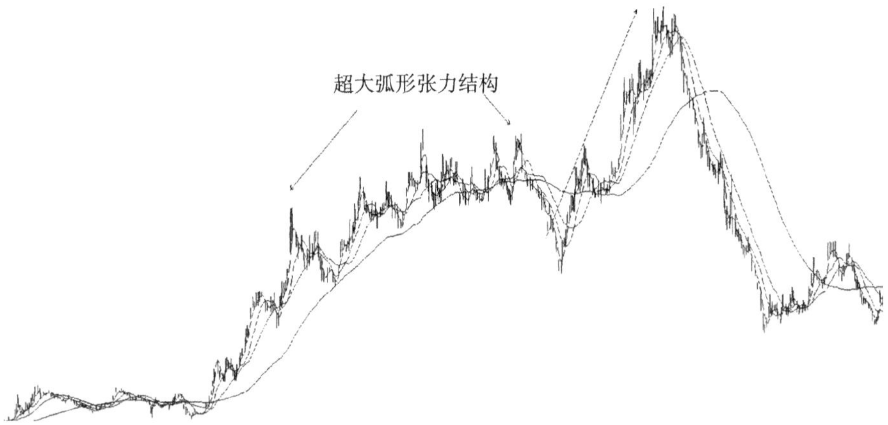

图 33　昌红科技（300151）K 线

注：切记，出现补量补价动作后才是上车信号。

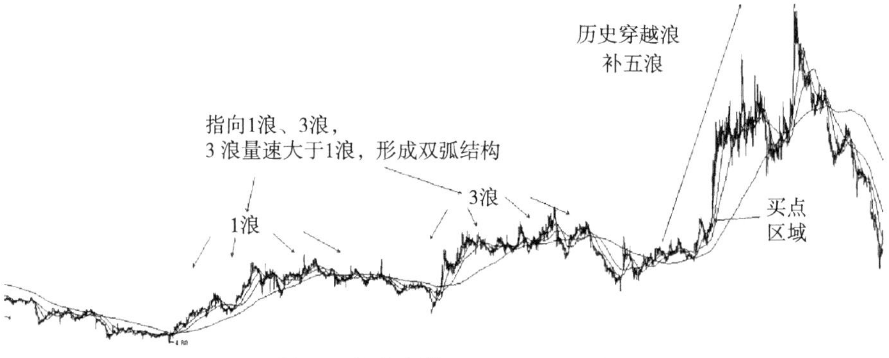

图 34　裕兴股份（300305）K 线

注：张力结构形成后我跟踪了很久，进入早了，挖坑洗盘区域很折磨人。补量补价后入场就轻松多了。

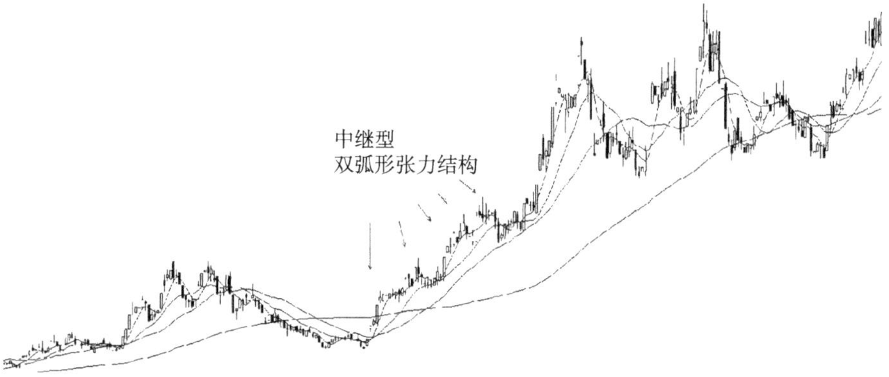

图 35　中矿资源（002738）中继型双弧形张力结构

注：此股票我从 24 元附近做到 50 元就跑了，可直到我写此书时，它还在涨。我的格局小了。

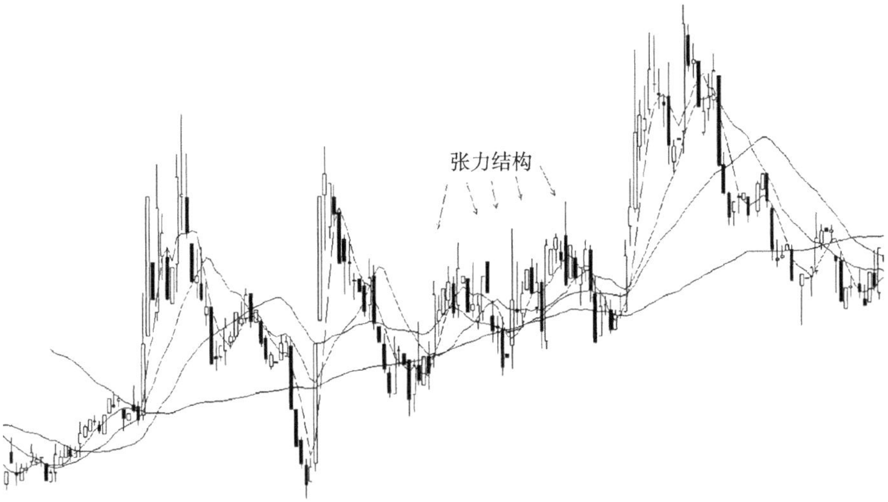

图 36　法本信息（300925）K 线

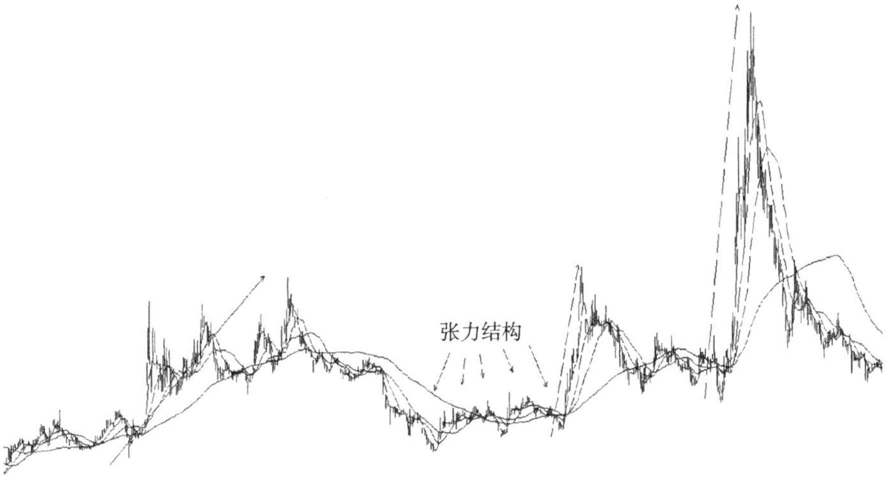

图 37　黑牡丹（600510）K 线

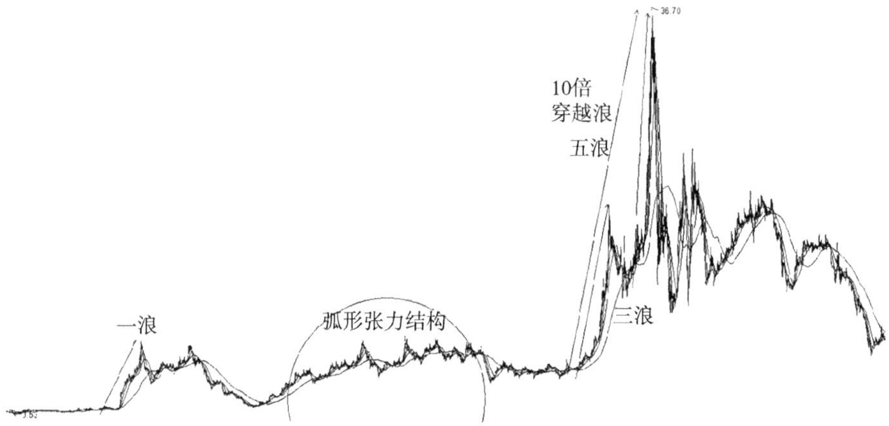

图 38　科新发展（600234）K 线

注：正确了解左侧信息是在右侧获利的前提。张力结构形成后要合理使用压力线跟踪转折信号。

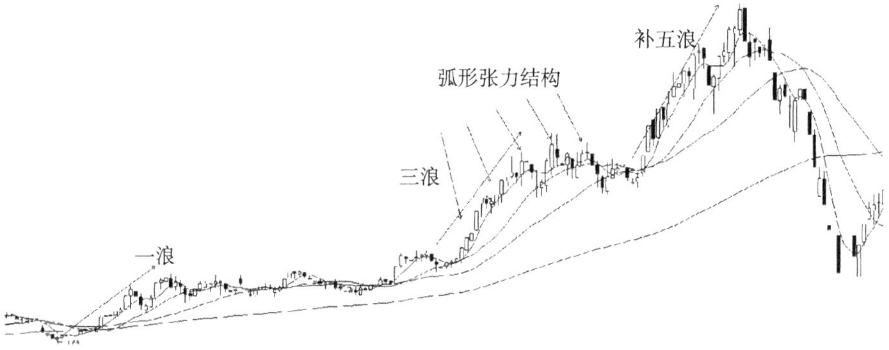

图 39　通达动力（002576）K 线

注：中继型张力结构是短线小波段获利最佳形态。张力结构右侧的洗盘区域，补量补价形态作为买入动作的判断信号依然十分重要。

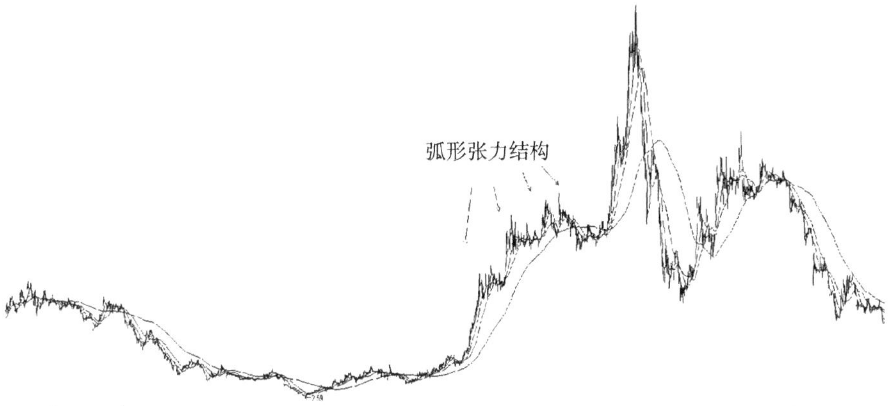

图 40　大富科技（300134）K 线

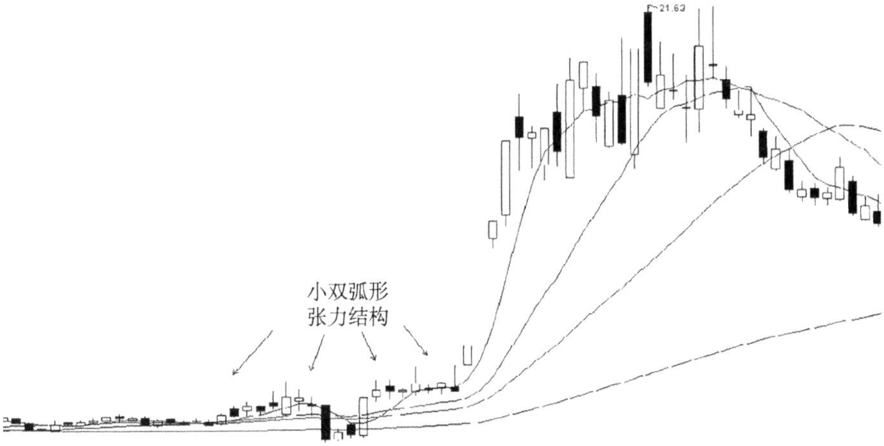

图 41　依米康（300249）小双弧形张力结构

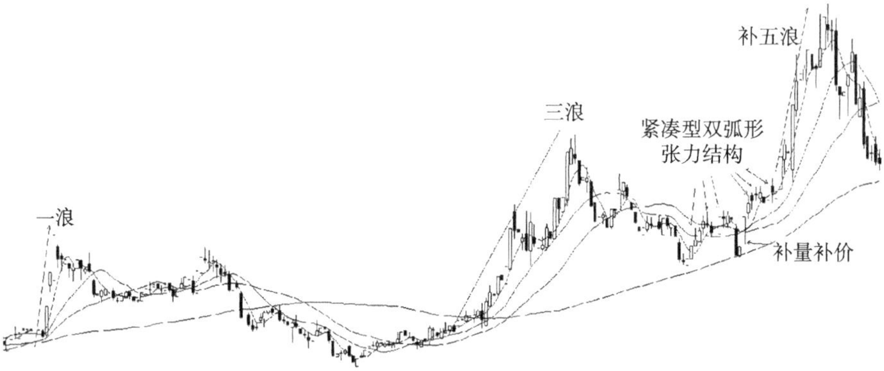

图 42 杭氧股份（002430）K 线

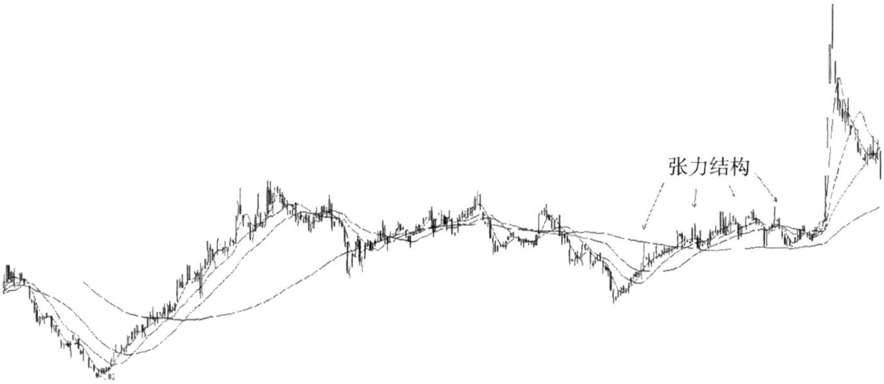

图 43 大连重工（002204）2 日线

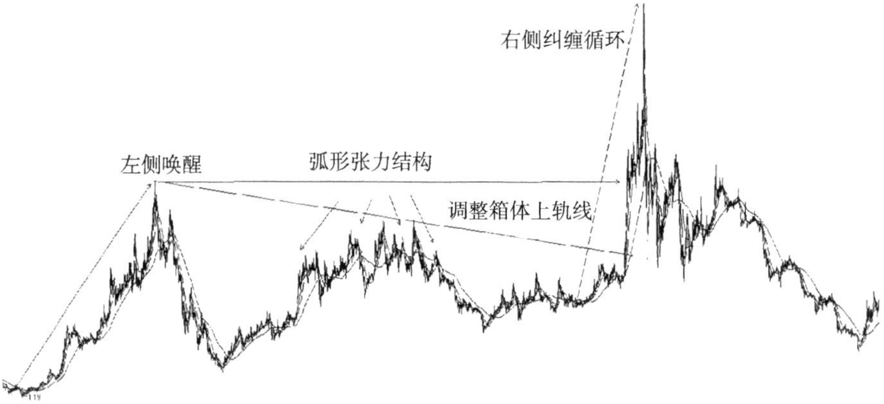

图 44 广电网络（600831）K 线

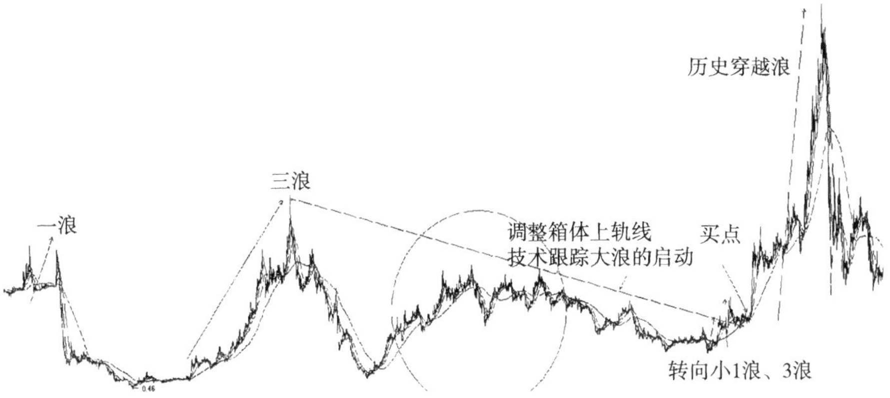

图 45　浙商中拓（000906）K 线

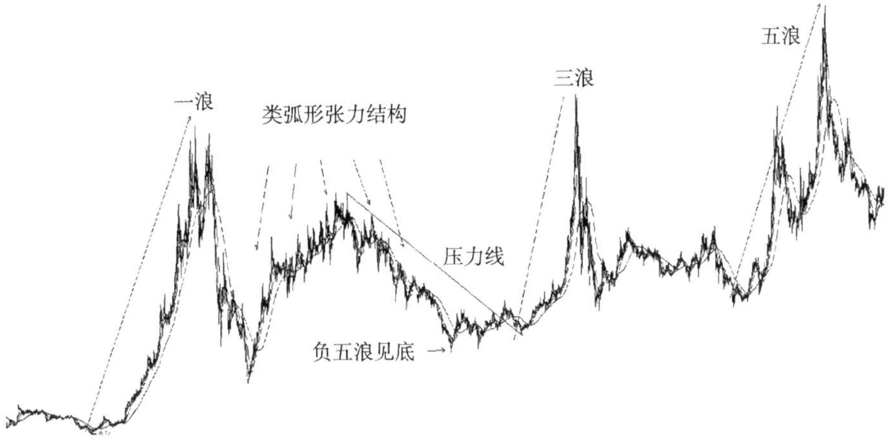

图 46　中牧股份（600195）张力结构和五浪结构

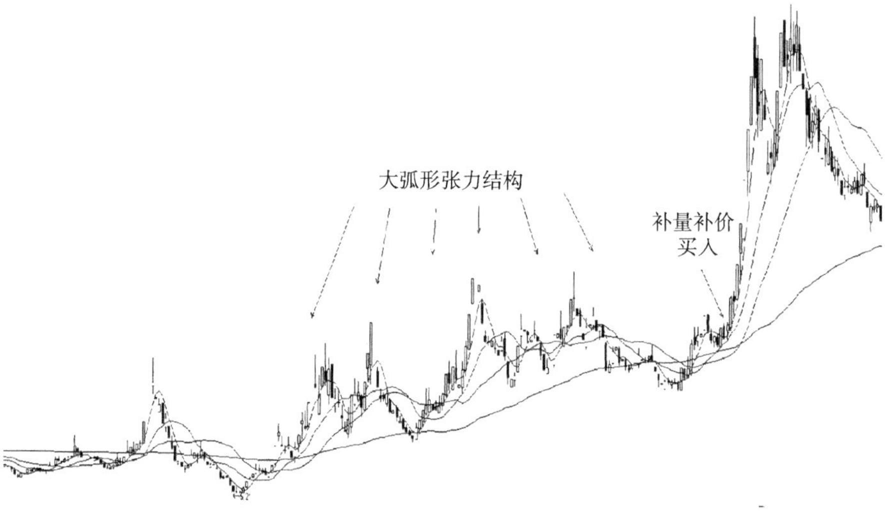

图 47　闽东电力（000993）K 线

注：左侧“妖性”，右侧仍然“妖性”。

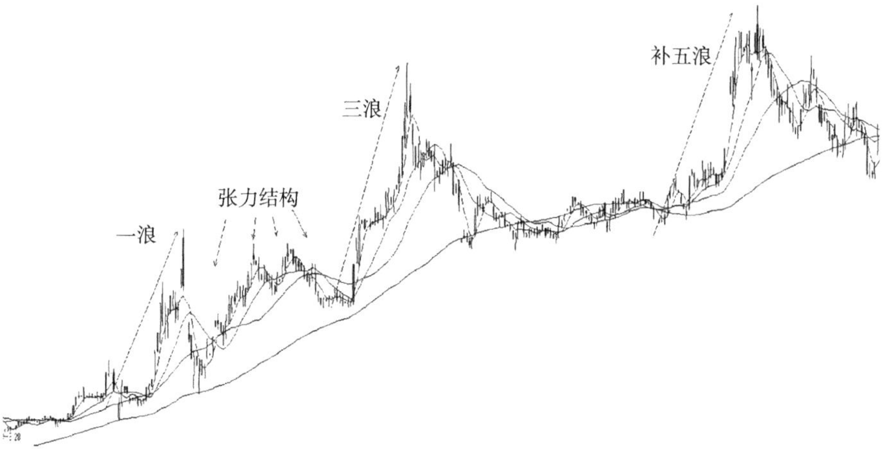

图 48　普利特（002324）K 线

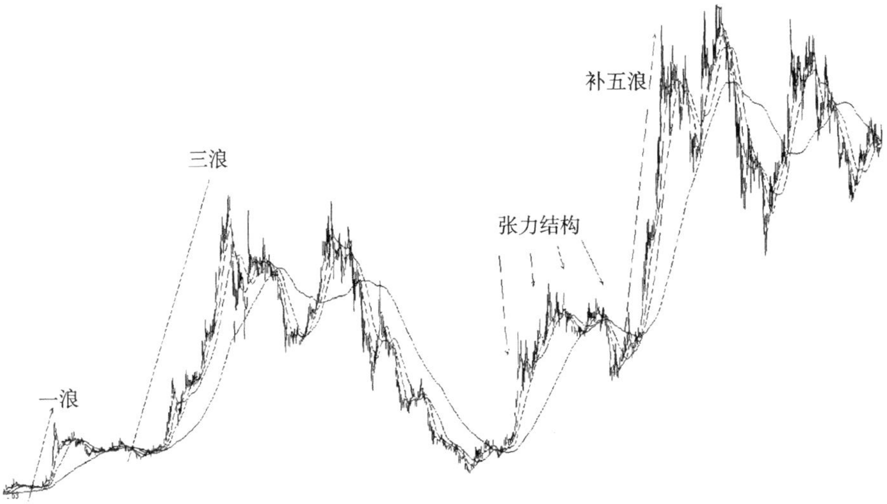

图 49　安凯客车（000868）K 线

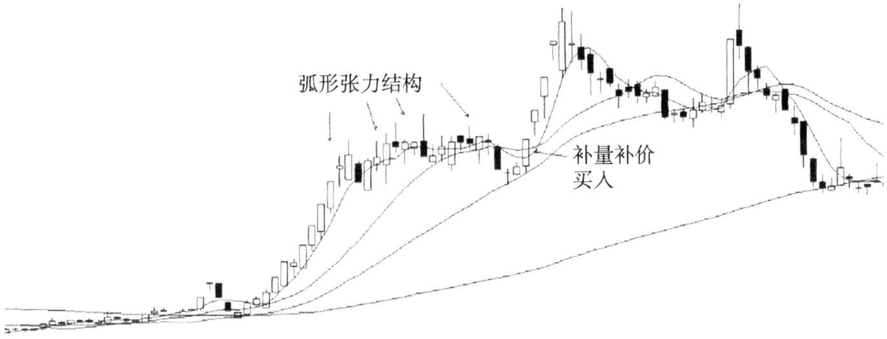

图 50　宣亚国际（300612）K 线

注：弧形张力结构与补量补价的完美结合。

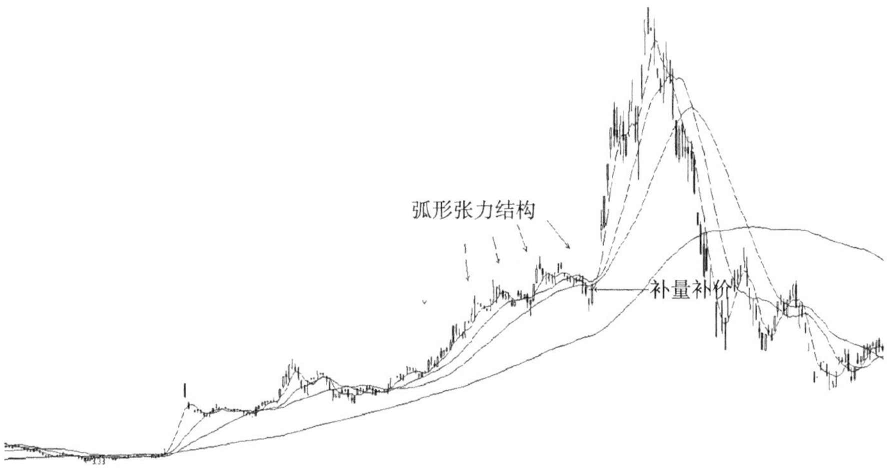

图 51 常山百明（000158）K 线

注：发现这种张力结构一定要用补量补价技术来配合入场。

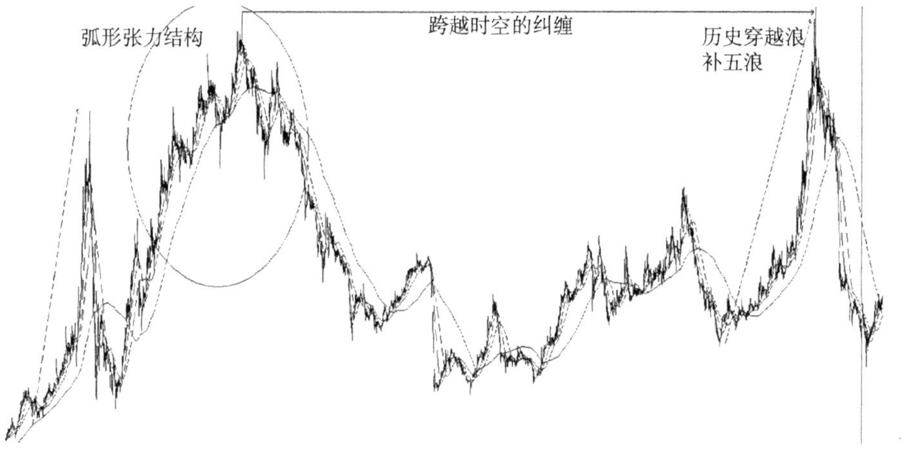

图 52 万里扬（002434）K 线

注：靠近左侧穿越浪的大弧形张力结构（这只股票有意思，应了名字，因为张力结构的魅力，不远万里来相见，结果见一面就扬长而去了）。

附录 2　诗文三篇

思想的白天

这是一片心仪已久的地方。夜色美妙，寂静无人，特别是这临近午夜的时段。我半开车门，试图让夜接受突然闯入的不速之客。

博大的夜瞬间又恢复了喧嚣，絮絮叨叨的蛐蛐叫、稀稀落落的青蛙鸣，各种不知名的声音轮番交替，演绎弱小者激昂的生命力。

我融入了夜的静谧。如我者何尝在劳作之余发自心灵地为自己高歌欢唱？如果有，又有多久？真正的快乐一年又几次，一生又几时？

而现在与我为邻的生灵却在这盛夏之夜激情迸发，终夜不舍。

今夜有人入睡，今夜有人不眠。原来，这本应熟睡的夜却是思想的白天。

夜已深，我点燃一支烟，引来细手细脚的蚊虫亲吻我的脸，而我的思想失去了世俗的牵绊，如幽灵在夜空游荡。是的，我忙碌，强制忙碌或假装忙碌，忙碌着逃避心灵的静闲。我和我的心灵在分居，怕它追问，尴尬无言。我也不敢倾听它的幽诉，游针穿线，乱我心弦。

可是，我将逃到何天何年？

今夜，它逼着我来到野外荒郊，却默默无言，只让我聆听自然的脉动——或许，我有些懂。

露更深，我毫无睡意，聆听依然。

星移斗转几十年，夜空一如我小时清纯无变，而我已满面人间烟火色。一年又一年，时间徒增心的尘灰，打扫起来竟然那么难。所谓的城府、阅历，只是人在江湖身不由己的茫然。

心披硬壳，只有自己知道哪儿最柔软。

白天的繁华充塞了凡人的双眼，黑夜的美丽只有心灵才能明辨。到底哪儿是醒，哪儿是梦？如果黑夜是白天的醒来，那么白天岂不成梦？如果黑夜应该成梦，那么心灵何时苏醒？

到底该听从谁的声音？心灵说黑夜，现实说白天。

写于 2003 年

柳叶儿茶

茶铺里是买不到柳叶儿茶的。我也是后来才知道它可以入药，但先前，却是实在地喜欢那青涩的味道。

那是我最艰难的一段时光，因为失意而迷茫，因为迷茫而困苦。我极喜欢喝茶，那一天却找不到茶叶，也无钱去买，忽想起柳树的新芽，跑到野外河边仔细摘下，洗净晾干便是。

泡茶时用透明的玻璃杯，因为柳芽儿在热水里起舞是极美的画面，如音符，如舞蹈，如有话说却相对无言。渐渐出来淡绿的底色，然后是沁人的清香，一口下去，好像洗去了许多浊气。

茶可以静心，因为植物是静的，百千年不出一言。不像人，每日口进口出，污秽内生。故善饮者取其静心之妙。

柳叶儿茶因其随手可得，故不登大雅之堂；又因其不为人知，却是极品小家碧玉。柳叶儿茶，出于村野道旁，虽有小俗，却是大雅。

那些年，在我破败的院落里，一把藤椅一支烟，看着杯中的柳叶儿翻腾舒展，我知道，我手里捧着一个明媚的春天。

写于2000年

凡高的世界

谁在孤寂的原野踟蹰，
流连于虫蝶翻飞的乡路？
我心中有一万个世界，
每一个都比今天精彩。

到处是静止而美妙的时光，
生活像炊烟一样舒缓悠长。
看花儿开了永不凋落，
看麦子黄了没有收割，
向日葵开花不为了结果，
只为了展示深情似火。
四季都是色彩的胶着，
没有了爱就没有生活。

谁能逃脱？
来我的世界相约；
谁在或明或暗的光影里，
勾勒一个人的山河。

写于 2012 年